ZU DIESEM BUCH

Sind Sie
- eine berufstätige Frau mit Ambitionen?
- erwerbslos und auf der Suche nach Kontakt zu Berufskolleginnen, die Ihnen vielleicht einen heißen Stellentip geben können?
- schon in Ihrer Traumposition auf Führungsebene und interessiert am gelegentlichen Austausch über berufliche Themen und Probleme mit Gleichgesinnten?
- in der Beratungsarbeit für Frauen tätig und auf der Suche nach neuen Adressen und Ansprechpartnerinnen?
- eine Frau aus den neuen Bundesländern mit dem Wunsch, ihre berufliche Situation zu verbessern?

Dieses Handbuch informiert Sie in kurzen Porträts über die wichtigsten Netzwerke und Berufsverbände für Frauen, liefert einen schnellen Überblick über relevante Details wie Zielgruppe, Fortbildungsangebote, Mitgliedsbeitrag, Gründungsjahr etc. und eröffnet über einen umfangreichen Adressen- und Serviceteil den Zugang zu den für Ihre individuelle Situation nützlichen Daten.

DIE AUTORIN:

Ulla Dick, Jahrgang 1951, Diplompsychologin. Nach mehrjähriger Tätigkeit als medizinisch-technische Assistentin Abitur über den zweiten Bildungsweg und Studium der Psychologie in Hamburg. Sie arbeitete als wissenschaftliche Angestellte, Therapeutin, Trainerin und Dozentin und ist zur Zeit als Verantwortliche für Personalentwicklung und Frauenförderung in einem Hamburger Unternehmen tätig.

Ulla Dick

NETZWERKE UND BERUFSVERBÄNDE FÜR FRAUEN

Ein Handbuch

Mit einem Vorwort von Prof. Dr. Heide Pfarr

rororo

Rowohlt

Dank an meine Mutter und A. S. für die Unterstützung

Originalausgabe
Lektorat Heike Wilhelmi
Veröffentlicht im Rowohlt Taschenbuch Verlag GmbH,
Reinbek bei Hamburg, März 1992

Umschlaggestaltung Walter Hellmann
Satz Aldus (Linotronic 500)
Gesamtherstellung Clausen & Bosse, Leck
Printed in Germany
1480-ISBN 3 499 19167 9

INHALT

II. BERUFSVERBÄNDE

EINLEITUNG

Vor Ihnen liegt ein erstes umfassendes Handbuch, das Sie über Netzwerke und Berufsverbände für Frauen und ähnliche Einrichtungen informiert.

In diesem Handbuch finden Sie sowohl Institutionen in den neuen Bundesländern als auch einige aus dem vorwiegend deutschsprachigen benachbarten Ausland. Internationale Vereinigungen finden ebenfalls Erwähnung, dabei handelt es sich dann jedoch in der Regel um Dachverbände.

Die Grundlage für dieses Buch ist unter anderem meine Sammlung von Zeitungsartikeln der vergangenen Jahre, die berufliche Netzwerke für Frauen zum Thema hatten. Auch in verschiedenen Seminaren, die ich zum Thema «Frau und Beruf» durchgeführt hatte, waren diese Netzwerke Thema gewesen.

Meine ursprüngliche Idee, nämlich nur über Netzwerke zu schreiben, ließ ich fallen, als ich Zugang zu den Berufsverbänden für Frauen bekam. Abgesehen davon, daß die Anzahl der Netzwerke (noch) relativ gering ist, wäre eine Ausklammerung der Berufsverbände auch aus inhaltlichen Gründen unsinnig gewesen. Der Definition nach (Meyers Taschenlexikon, Ausgabe 1983) sind Berufsverbände nämlich «vorwiegend auf freiwilliger Basis gebildete fachliche und/oder regional organisierte Vereinigungen mit dem Ziel, gemeinsame berufliche, wirtschaftliche und auch kulturelle Interessen der Mitglieder zu wahren und nach außen hin zu vertreten». Vergleicht man nun die in diesem Buch aufgelisteten Netzwerke und Berufsverbände hinsichtlich ihrer Aufgabenstellung, ergeben sich definitionsgemäß nur wenige Unterschiede, jedoch viele Parallelen. Dies gilt z. B. für Serviceleistungen, Fort- und Weiterbildungsmöglichkeiten. Wesentliche Unterschiede liegen im Alter: während einige Berufsverbände schon im letzten Jahrhundert bestanden, sind die ältesten Netzwerke lediglich zehn Jahre alt. Es gibt Berufsverbände, die sich als Standesorganisation verstehen und von daher einen speziellen Betätigungs- und Aktionsradius haben. Die Vertreterinnen dieser Verbände sind anerkannte Expertinnen bei Anhörungen im Parlament, bei gesetzgeberischen Vorhaben. Sie arbeiten mit anderen Verbänden auf internationaler Ebene zusammen. Nicht wenige Verbände sind beteiligt an der Lehrplangestaltung und erarbeiten Prüfungskataloge für staatliche Abschlußprüfungen. Diese Möglichkeiten der öffentlichen Einflußnahme fehlen jedoch bei den Netzwerken in aller Regel. Auf den Punkt gebracht, könnte man sagen: Berufsverbände haben offiziellen, Netzwerke eher informellen Charakter.

Es ist bei den hier zu findenden Beispielen nicht immer leicht gewesen, eine eindeutige Zuordnung zu treffen, eine klare Trennlinie zu ziehen. So gibt es durchaus «Zwitterorganisationen», die in der einen, aber auch der anderen Kategorie ihre Daseinsberechtigung gehabt hätten. Eine exakte Abgrenzung wird zudem dadurch erschwert, daß einige Berufsverbände zu ihren Aufgaben die Etablierung von Netzwerken unter ihren Mitgliedern zählen!

Neben den Berufsverbänden für Frauen gibt es auch sogenannte Frauenfachgruppen in den gemischten Berufsverbänden. Diese Verbände sind vorwiegend im technischen Bereich zu finden.

Zusätzlich sind einige Institutionen genannt, die weder zu der einen, noch zu der anderen Kategorie gehören: die Stiftung für Frauen sowie Messe und Kongreß für Frauen, Clubs und Frauenförderkreise in der Wirtschaft. Ich habe sie mitaufgenommen, weil diese Organisationen letztendlich auch auf dem Prinzip der beruflichen Vernetzung und Förderung von Frauen basieren.

Mein Ziel war, einen möglichst vollständigen und umfassenden Überblick zusammenzustellen. Nichtsdestotrotz werden Sie möglicherweise die eine oder andere Organisation vermissen. Das hat mehrere Gründe: Einige Berufsverbände und Netzwerke/Vereine für Frauen wollten in dieses Handbuch nicht aufgenommen werden. Ein Berufsverband wollte z. B. nicht als «Frauenverband» apostrophiert werden, da eine beträchtliche Zahl von Männern Mitglied sei. Einige wenige Netzwerke haben auf meine Anfragen überhaupt nicht reagiert. Andere Netzwerke, die geantwortet haben, fehlen dennoch, weil ich mich entschieden habe, nur solche Institutionen aufzunehmen, die – mangels finanzieller Masse – nicht in der Lage sind, großangelegte Werbemaßnahmen durchzuführen, d. h. also Nicht-Kommerzielle. So sind im Hauptteil einige kommerzielle Frauennetzwerke herausgefallen, im Anhang, bei den kommerziellen Bildungsanbietern sind sie jedoch berücksichtigt.

Auch berufsbezogene Frauengruppen aus Gewerkschaften, Parteien und aus dem kirchlichen Bereich sind hier nicht aufgeführt. Ich habe bewußt darauf verzichtet, weil jede interessierte Frau sich über Telefon- und Branchenfernsprechbuch ihrer Kommune selbst informieren und Recherchen starten kann. Im Anhang finden Sie eine lange Auflistung der Bundesgeschäftsstellen, die Ihnen weitere Auskünfte geben können.

Was ich sehr bedauere ist die Tatsache, daß in diesem Buch – mit einer Ausnahme – noch keine Netzwerke vorkommen, die vorrangig die Frauen in den neuen Bundesländern betreffen bzw. dort ihren Ursprung haben. Dies spiegelt leider die politische und berufliche Realität der Ost-Frauen wider. Gab es bis zum Frühjahr 1991 noch einige Netzwerke, Arbeitskreise und ähnliche Einrichtungen für Wissenschaftlerinnen der neuen Länder, so war deren Ende zeitgleich mit der «Abwicklung» bzw. der «Evaluierung» der Hochschulen schon vorprogrammiert. Interessierte Frauen hatten mit elementaren Dingen, wie z. B. der Sicherung der eigenen Existenz so viel zu tun, daß es für Netzwerkelei keinen Platz mehr gab. Ich wünsche allen Ost-Kolleginnen, daß sie nicht nur den Kontakt zu ihren ehemaligen Kolleginnen behalten, sondern auch, daß sie über ein gutes Stück Durchhaltevermögen verfügen, die vor ihnen liegende Durststrecke zu überstehen. Nichtsdestotrotz möchte ich ausdrücklich die Frauen in den neuen Ländern mit diesem Buch ansprechen und sie ermuntern, sich trotz ihrer miserablen Lage in einem Netzwerk oder einem Berufsverband zu organisieren. Dies erscheint mir ein geeigneter Weg zu sein, um auch mittel- und langfristig am Ball zu bleiben, um nicht von den wichtigen Informationen abgeschnitten zu sein. Unabhängig davon sind Fachkenntnisse und Erfahrungen der »Ost-Kolleginnen« auch für »West-Kolleginnen« ein Gewinn. Es wäre für beide Teile schade, wenn dieses Wissen verlorenginge. Von vielen Netzwerken und Verbänden weiß ich überdies, daß ein großes Interesse daran besteht, in den neuen Ländern Gruppen zu etablieren.

Als Service finden Sie im Anhang eine nach Orten und Regionen vorgenommene alphabetische Sortierung aller Netzwerke und Berufsverbände. Sie können dort – auf einen Blick – feststellen, ob sich in Ihrer Heimatgemeinde, in Ihrem Bundesland das gewünschte Netzwerk oder derVerband befindet. Sollten Sie in einer Gegend beheimatet sein, die in puncto Netzwerke eher strukturschwach zu nennen ist, so finden Sie in diesem Handbuch «Tips zur Grundung eines Netzwerkes».

Dieses Buch wäre sicher nicht zustande gekommen, wenn mich die meist ehrenamtlich tätigen Mitarbeiterinnen der Netzwerke und Verbände nicht mit Material versorgt hätten und mal mehr, mal weniger schnell meinen Fragebogen beantwortet hätten. Ich bedanke mich bei allen für die Beteiligung!

Danken möchte ich darüber hinaus Frau Prof. Heide Pfarr, die sich nicht nur durch ihr großes Engagement im Bereich «Frau und Beruf» und ihre Tätigkeit als Vizepräsidentin der Universität Hamburg profiliert hat, sondern auch selbst eine Netzwerklerin der ersten Stunde ist. Sie gehörte zum Kreis der Berliner Senatorinnen (im Momper-Senat), die schon vor einigen Jahren ein ganz besonderes Netzwerk ins Leben riefen, das sogenannte «Hexenfrühstück». Heute ist sie Ministerin für Frauen, Arbeit und Soziales in Hessen. Ich habe mich sehr darüber gefreut, daß sie meinem Wunsch nach einem Vorwort nachkam.

Damit dieses Handbuch auch seinen Namen verdient, bedarf es einer regelmäßigen Aktualisierung. Es wäre schön, wenn mich die «alten» Netzwerke und Verbände über Veränderungen informieren würden, sei es bei den Adressen, sei es bei Beiträgen oder bei Neugründung von Gruppen (vor allem in den neuen Ländern). In diesem Zusammenhang bitte ich um Nachsicht, falls sich bei der Datenübermittlung Fehler eingeschlichen haben sollten. All jene Einrichtungen, die hier nicht aufgeführt sind, die aber in diesem Handbuch aufgenommen werden möchten, bitte ich um Mitteilung. Dasselbe gilt natürlich auch für alle Neugründungen.

Hamburg, im Dezember 1991

Ulla Dick
Weidenallee 23 · 2000 Hamburg 36

VORWORT VON PROF. DR. HEIDE PFARR

Die Zeichen der Zeit – so hören wir allenthalben – stehen gut für die Frauen.

Weibliche Qualifikationen – so sagt man/Mann uns – werden gebraucht in den dicken Chefpolstern, der dünnen Luft der oberen Etagen privater Unternehmen und öffentlicher Arbeitgeber.

Es ist nicht so, daß wir, die Frauen, uns nicht freuten über derlei Sinneswandel. Haben wir, die bewegten Frauen, ihn doch mit steinalten Forderungen selbst herbeigeredet und -gekämpft. Nur: Vorsicht! Wachsamkeit ist geboten. Lassen wir uns nicht einlullen von werbenden, lobenden Worten und dabei wieder einmal in die Rolle der therapierenden, harmonisierenden, atmosphärisch aufheiternden Helferin in der weiterhin männlich dominierten Welt abschieben. Die Männer sind kurz davor, ihr Lieblingsspielzeug, die Welt, zu demolieren, da müssen nun die Frauen her, um zu verhindern, zu trösten, zuzuhören und zu erklären. «Frauen sind soviel bessere Kommunikatorinnen», heißt es dann.

Sie sind es (geworden), gewiß, aber nicht nur darauf beschränkt. Mit solcherart manipulierter und reduzierter Teilnahme am Erwerbsleben bleiben Frauen rollenbeengt und weiterhin Ausnahmeerscheinungen bei machtverteilenden Männerbünden. Und: sie zementieren durch die Akzeptanz dieses Klischees nur um so fester die geschlechtshierarchische Realität der Arbeitswelt, in der Männerdominanz herrscht, wohin wir auch schauen.

Wichtig soll für uns sein, nicht die Brosamen vom Tisch der Herren aufzuschnappen, sondern im Sinne ganzheitlicher Gleichberechtigung mit am gedeckten Tisch zu sitzen und genauso selbstverständlich an der gemeinsamen Mahlzeit teilzunehmen.

Wie kann uns das gelingen?

Wir müssen uns eigenständige Strukturen schaffen, die auf unsere Bedürfnisse, Fähigkeiten und Kenntnisse haargenau zugeschnitten sind. Sie müssen so stabil sein, daß sie taugen, ein Machtgebäude darauf zu errichten. Wir müssen Informationen, Wissen und Schlauheit einbringen, bündeln und anderen Frauen zugänglich machen. Wir müssen feministische Klettergerüste bauen, weibliche Seilschaften bilden, drumherum ein filigranes Geflecht von Frauen-Netzwerken knüpfen.

Denn, nur GEMEINSAM SIND WIR STARK.

Wie notwendig, erfolgreich, aber auch schwierig gemeinsames Wissen und Handeln ist, um gesamtgesellschaftliche Zustände zu verändern, davon erzählt die jetzt rund 140jährige Geschichte der Frauenbewegung in Deutschland.

Erst die politischen Veränderungen und das aufkeimende Selbstbewußtsein bürgerlicher Schichten nach 1848 machten eine organisierte Frauenbewegung in der 2. Hälfte des 19. Jahrhunderts möglich. Was bis dahin unfaßbar schien, es geschah: bürgerliche Frauen muckten auf und forderten, allen voran Luise Otto-Peters, ihr Recht auf Bildung und Arbeit. Die Befreiung der Frau aus Unmündigkeit und verordneter Hilflosigkeit sollte in erster Linie der gesamten Gesellschaft zugute kommen, dem Fortschritt dienen und die Welt sozial gerechter zu gestalten helfen. Frauenbewegung nicht um ihrer selbst willen, sondern um hehrer, übergeordneter Menschheitsziele willen.

Kurze Zeit später formierte sich innerhalb der Arbeiterinnenschaft auf Grund von Unterdrückung, Ausbeutung und Benachteiligung hinter Clara Zetkin eine proletarische Frauenbewegung. Im Unterschied zu den bürgerlichen Frauenorganisationen mußten die Arbeiterinnen ihr Recht auf *Arbeit* nicht erstreiten, sie hatten wahrlich mehr als genug davon, ihnen ging es um die Rechte innerhalb des Arbeitslebens: Arbeits- und Sozialschutz, gleicher Lohn für gleiche Arbeit – das waren die elementaren Forderungen der ohnmächtigen Arbeiterinnen des vergangenen Jahrhunderts. (Sind das nicht exakt die gleichen Forderungen, mit denen wir uns Ende des 20. Jahrhunderts immer noch rumquälen...?) Die Frauen um Clara Zetkin sahen im kapitalistischen Wirtschaftssystem den Quell weiblicher Unterdrückung. In der Aufhebung der bürgerlichen Gesellschaft, in der Veränderung zu einer sozialistischen Ordnung erblickten sie die Lösung jeder Unterdrückung, die des Mannes als auch die der Frau. Insoweit war die proletarische Frauenbewegung immer ein Teil der Arbeiterbewegung, lebte aus oder vielmehr in ihr.

Beide Teile der ersten Frauenbewegung im vorigen Jahrhundert blieben seltsam unvermischt miteinander, begründet sicherlich im unterschiedlichen Ansatz. Die Bürgerlichen wollten die bestehende Gesellschaftsordnung nicht zerstören, sondern sie nur mit Beteiligung der

Frauen zum Besten führen. Die Proletarierinnen hingegen kämpften für eine ganz neue Weltordnung – klassenlos und endlich frei. Die bürgerliche und die proletarische Frauenbewegung distanzierten sich bald kompromißlos voneinander. Der bürgerliche Teil sah, die proletarische Frau wollte ihre soziale Befreiung nur zusammen mit dem Manne ihrer Klasse erringen, und zwar im Kampf gegen die gesamte bürgerliche Gesellschaft. August Bebel dagegen empfahl den sozialistischen Frauen, gemeinsam mit den bürgerlichen für die Gleichberechtigung zu kämpfen.

Trotz der Berührungsängste und dem jeweiligen Unverständnis zwischen beiden Teilen der älteren Frauenbewegung, ohne die unsere bewegten Ururgroßmütter noch sehr viel kraftvoller hätten werden können, war doch jeder Feministin jener Zeit eines klar: «Die freie Berufstätigkeit ist die Grundlage für die wirtschaftliche Unabhängigkeit der Frau vom Manne und der Familie; sie ist mithin die Grundlage für die soziale Gleichberechtigung des weiblichen Geschlechts. Die politische Gleichberechtigung der Frau ist das Mittel auf dem Weg der Gesetzgebung, alle sozialen Schranken zu beseitigen, welche zugunsten der Herrscherstellung des Mannes die weibliche Entwicklungs- und Betätigungsfreiheit hemmen» (Clara Zetkin).

Und diese Einschätzung gilt auch heute noch. Immer mehr Frauen halten eine Erwerbstätigkeit und ein eigenes Einkommen für einen selbstverständlichen Bestandteil ihres Lebenskonzepts. Es ist ins Bewußtsein der meisten Frauen eingedrungen, daß die Emanzipation beider Geschlechter nur über eine gleichberechtigte Beteiligung von Männern und Frauen an der Erwerbsarbeit und an der Familienarbeit zu erreichen ist. Das wird sich nur unter Lebens- und Arbeitsbedingungen realisieren lassen, die auch Frauen die Möglichkeit eröffnet, ihre Existenz eigenständig zu sichern, d. h. unabhängig von Partnern, Eltern oder Staat.

Gemeinsame Stärke entwickeln Frauen, die sich in gleicher Interessenlage in Verbänden und Vereinen zusammentun. Wie viele das inzwischen sind, macht die vorliegende Zusammenstellung von Berufsverbänden überraschend deutlich. Neben den berufsübergreifenden Verbänden, wie dem Akademikerinnenbund, dem Deutschen Verband berufstätiger Frauen und dem Verband der weiblichen Arbeitnehmer, haben sich Frauen nahezu in allen berufsspezifischen Bereichen organisiert: Die Medizinerinnen, die Sekretärinnen, die in Haus- und Landwirtschaft Beschäftigten, Juristinnen, Volks- und Betriebswirtschaftlerinnen, Unternehmerinnen und die Frauen aus dem Bereich Kunst und Medien.

Alle diese Verbände bilden bereits in sich ein Netzwerk. Sie arbeiten bundesweit und häufig sogar international als Dachorganisationen, die enge Fäden zu den mehr oder weniger zahlreichen regionalen Untergliederungen knüpfen.

Die Erfahrung der frühen Frauenbewegung, im Zusammenschluß stärker zu sein, machen sich heute die Frauenverbände durch die Bildung von Netzwerken zu eigen. In den USA, in Großbritanien und in den Niederlanden haben solche «networks» schon eine längere Tradition, in der sich erwiesen hat, daß sie eine effiziente Form nichtstaatlicher Frauenförderung sind.

Die Netzwerke erschließen den Zugang zu beruflich relevanten Erfahrungen, Informationen und Fähigkeiten.

Berufliche Qualifikation allein führt nur selten zu beruflichem Aufstieg von Frauen und ihrer Teilhabe an beruflicher, gesellschaftlicher und politischer Macht. Erst der Zusammenschluß vieler Frauen und die Vernetzung ihrer Interessen können auf Dauer zu einer Teilhabe auf allen Ebenen führen. Nur wenn im Erwerbssystem viele Frauen in allen Bereichen und auf allen Hierarchiestufen arbeiten, können sie von ihren Interessen und Zwangslagen her die Arbeitswelt und die gesellschaftlichen Rahmenbedingungen mit- und damit umgestalten. Wer außen vor ist, kann die Spielregeln nicht ändern. Ulla Dicks Buch ist ein erfreulicher Beleg dafür, daß diese Erkenntnis sich durchsetzt. Ihre Zusammenstellung von Verbänden und Netzwerken ist die erste Veröffentlichung über den beruflichen Bereich. Da Berufsverband und Netzwerk von ihrer Zielsetzung her nicht immer voneinander zu unterscheiden sind, begrüße ich, daß hier beide Organisationsformen zusammengefaßt wurden: Auch dies sicher eine Konsequenz aus den Netzwerkgedanken, daß man einander erst kennen muß, um einander nützen zu können.

I.
NETZWERKE

ergo e.V. – information · training · karriereplanung für frauen

Der Netzwerkgedanke, der erst in den letzten zehn Jahren in Europa Fuß faßte, stammt – wie so vieles – aus den USA. Kein Wunder also, daß Amerikanerinnen des öfteren Gründerinnen von Netzwerken hierzulande sind. So auch bei «ergo e. V. information·training·karriereplanung für frauen», das 1987 von der Amerikanerin Cathy Matz und anderen Frauen nach dem Vorbild des Women's Resource Center Palo Alto / Kalifornien in Frankfurt / Main gegründet wurde.

Das Hauptziel ihrer Arbeit sehen die ergo-Frauen in der Unterstützung von Frauen, die eine berufliche Gleichberechtigung zwischen Männern und Frauen anstreben. Sie sprechen insbesondere *bewußt* berufstätige Frauen an, die über eine Ausbildung sowie Berufserfahrung verfügen. Auch «Aufsteigerinnen» und «Umsteigerinnen» sind willkommen.

Aus den Anfängen vor wenigen Jahren mit kopierten Infos hat sich mittlerweile ein professioneller Verein mit einem äußerst breit gefächerten Angebot für Frauen entwickelt. So können Frauen ein Archiv nutzen (von Nichtmitgliedern wird eine Spende erwartet), das folgende Themenschwerpunkte aufweist:

- Frauen im / ins Management,
- Unternehmensphilosophien,
- Frauenforschung,
- Frauen und Bildung,
- Gleichstellungspolitik,

- Frauenbewegung,
- Frauen und Reisen / Medien / Kunst / Sprache,
- Frauen und Kirche,
- Frauenpolitik der Gewerkschaften,
- Frauen und Justiz.

Diverse Frauenzeitschriften und Informationsdienste für Frauen sind ebenfalls einzusehen.

Als weiteres Angebot neben dem Archiv gibt es Vortragsforen, Gesprächskreise und Fachdiskussionen. Es wird beraten und genetzelt, und auf den alle zwei Monate stattfindenden Infoabenden sind Frauen, die ergo erst einmal kennenlernen möchten, gerne gesehen.

Das Seminarprogramm bietet Veranstaltungen zu den Themen:

- Streitkultur
- Rhetorik
- Lebens- und Berufsplanung
- Führung und Kooperation
- Verhandeln

und für die Trendsetterinnen zum Beispiel:

- Moderne Umgangsformen – Etikette '91

Die Preise der Seminare liegen zwischen DM 335 bis DM 1135 für Mitglieder bzw. DM 350 bis DM 1300 für Nicht-Mitglieder.

Seit Februar 1991 ist die Stelle einer Fachreferentin besetzt worden, «ein wichtiger, hart erkämpfter Schritt in die verstärkte Professionalität». Bleibt zu hoffen, daß sich die Wünsche der ergo-Frauen hinsichtlich geringerer Konsumhaltung und mehr Engagements vieler Mitglieder auch noch erfüllen.

Wichtigste Aufgaben des Netzwerks:

- Unterstützung von Frauen, die eine berufliche Gleichberechtigung zwischen Männern und Frauen anstreben
- Erfahrungsaustausch für und mit Frauen
- Hilfe bei Wiedereingliederung in den Beruf

Gründungsjahr: 1987

Mitgliederzahl: ca. 120

Berufe / Arbeitsfelder der Mitglieder:

- *bewußt* berufstätige Frauen
- «Aufsteigerinnen» und «Umsteigerinnen»

Gliederung in: Frankfurt/Main
Mitgliedsbeitrag:
DM 120,– jährlich,
Fördermitglieder DM 200,– bis DM 500,–
Verbandsorgan: Informationsfaltblatt
Möglichkeiten des Kennenlernens:
- bei den Infoabenden (alle zwei Monate)
- Netzwerkabende
- durch Besuch von Seminaren, Foren, Gesprächskreisen

Angebote/Serviceleistungen für die Mitglieder:
- ergo-Archiv (deutschsprachige Printmedien, Datenbank in Planung)
- ergo-Forum: z. B. 1991 «Was ist dran am neuen Mann?», «Sexuelle Belästigung am Arbeitsplatz», «Emanzipatorische Leitbilder und uneingestandene Wünsche»
- ergo-Gesprächskreis für beruflich engagierte Frauen
- Beratung, Unterstützung und Förderung im Rahmen des Netzwerkes
- Austausch mit anderen berufstätigen und qualifizierten Frauen

Fort- und Weiterbildungsmöglichkeiten:
umfangreiches und vielfältiges Seminarangebot:
- Streitkultur
- Rhetorik
- Lebens- und Berufsplanung
- Verhandeln
- Führung und Kooperation I + II
- Überzeugend Präsentieren
- Moderne Umgangsformen: Etikette '91
- Activate your English uvm.

Weitere Auskünfte und Unterlagen:
ergo e. V.
information · training · karriereplanung für frauen
Bornemannstr. 10
6000 Frankfurt/Main 70
Tel.: 069/629669

Expertinnen-Beratungsnetz

Nach dem Vorbild der bislang nur in den alten Bundesländern vorhandenen Senior-Expertendienste, in denen Senioren berufliche Tips an junge Kollegen weitergeben, ist 1989 an der Universität Hamburg ein Modellprojekt angelaufen mit dem Ziel, etwas Vergleichbares auch für Frauen zu schaffen. Dieses Modellprojekt ist bundesweit das erste und einzige. Beruflich arrivierten oder nun im Ruhestand befindlichen Expertinnen sollte die Möglichkeit gegeben werden, ihre reichhaltigen beruflichen und persönlichen Erfahrungen an junge Kolleginnen weiterzugeben. Vor allem die Weitergabe von «Erfahrungswissen» steht dabei im Zentrum des Interesses. Denn bekanntermaßen verfügen die meisten jungen Frauen über eine solide fachliche Ausbildung (von den besseren Examensabschlüssen einmal ganz abgesehen), was ihnen oftmals fehlt, sind die «Connections» einerseits und andererseits, aufgrund fehlender Vorbilder, eine Strategie, wie und wo sie sich am besten z. B. um eine adäquate Position bemühen. Hier sollen nun die «Seniorinnen» ansetzen und aus fraulicher Sicht den «Juniorinnen» auf die Karriere-Sprünge helfen.

Für beide Seiten ist dies ein Geschäft auf Gegenseitigkeit. Die Juniorinnen einerseits erhalten wertvolle Tips für ihr berufliches Weiterkommen, wie sie sich beispielsweise als Führungskraft behaupten können, wie sie als Existenzgründerin die Probleme umschiffen können, wie sie Familie und Beruf oder den Wiedereinstieg ins Berufsleben managen können.

Die älteren Expertinnen erfahren andererseits durch die Gespräche, daß ihre persönlichen Erfahrungen kein totes Wissen sind, daß sie als Leitbild fungieren können und daß sie gebraucht werden.

Um dies in die Tat umzusetzen, ist nicht nur eine Trägerinstitution nötig, sondern vor allem auch ein realisierbares Konzept. Für dessen Erstellung und Umsetzung sind bislang Prof. Angelika Wagner als Leiterin des Modellprojektes und zwei wissenschaftliche Mitarbeiterinnen (auf ABM-Basis) mit tatkräftiger Unterstützung einer Sekretärin tätig geworden. Seit Beginn der offiziellen Beratungstätigkeit – nach einer Pressekonferenz – im Januar 1990 haben sich mehr als 350 ratsuchende Frauen (Alter: 25–55) an das Expertinnen-Beratungsnetz gewandt.

Zu den Fragen, die am häufigsten gestellt wurden, gehörten folgende (aus einer Projektmitteilung):

- Wie kann ich in meinem Beruf weiterkommen?
- Welche beruflichen Möglichkeiten gibt es für mich, und wie kann ich sie nutzen?
- Wie kann ich als Existenzgründerin oder als selbständige Unternehmerin Probleme lösen?
- Wie kann ich mich in einer Führungsposition behaupten?
- Wie kann ich Schwierigkeiten am Arbeitsplatz – mit Vorgesetzten oder Kolleginnen und Kollegen – bewältigen?
- Wie lassen sich Beruf und Familie in Übereinstimmung bringen, oder wie läßt sich der berufliche Wiedereinstieg vorbereiten?
- Wie kann ich langfristig mein Berufsleben oder meine Karriere planen?

Wie aus dieser Zusammenstellung hervorgeht, waren vor allem praktische Tips und Hinweise gefragt. Darüber hinaus war es für viele Frauen wichtig, einen Kontakt zu Frauen hergestellt zu haben, «die es geschafft haben und die als Vorbild dienen und ihr den Rücken stärken können» (Projektmitteilung).

Nach einem in der Regel telefonischen ersten Kontakt führt eine der beiden Projektmitarbeiterinnen mit der ratsuchenden Frau ein Vorgespräch. In diesem Gespräch wird das anstehende Problem herausgearbeitet und die dafür am besten geeignete Expertin gesucht. Das nächste Gespräch findet dann schon zwischen Ratsuchender und Expertin statt. Bislang sind in 30 % der Fälle die beiden auch noch zu einem zweiten Gespräch zusammengekommen.

Grundsätzlich gilt: Anruf genügt!

P. S. Seit 1991 haben auch die Frauen in Dresden die Möglichkeit, sich eine qualifizierte Karriereberatung zu organisieren. Weitere Städte in Ostdeutschland sollen folgen.

Wichtigste Aufgaben des Netzwerkes:

- Beratung von berufstätigen Frauen bei der Planung ihres beruflichen Weiterkommens durch Expertinnen, d. h. durch Frauen, die langjährig berufstätig waren oder sind;
- Sichtbarmachen der Kompetenz älterer Frauen in der Öffentlichkeit

Gründungsjahr: 1989

Zahl der Expertinnen: über 40

Zielgruppe:

berufstätige Frauen (angestellt und freiberuflich), Existenzgründerinnen, Beamtinnen, Akademikerinnen, Handwerksmeisterinnen usw.

Berufe bzw. ehem. Arbeitsfelder der Expertinnen:

Juristinnen, Journalistinnen, Ärztinnen, Pastorinnen, Ingenieurinnen, Wirtschaftsprüferinnen, Volkswirtinnen, Wissenschaftlerinnen, Kauffrauen / Führungsebene bzw. Frauen in gehobenen Positionen von Verbänden, Behörden, Unternehmen

Gliederungen in:

Dresden, Hamburg

Mitgliedsbeitrag:

Beratungen derzeit noch kostenlos

Möglichkeiten des Kennenlernens:

telefonische Vereinbarung eines Erstgesprächs

Angebote / Serviceleistungen:

ausführliche Beratung / Vermittlung eines Kontaktes

Weitere Auskünfte und Unterlagen:

Expertinnen-Beratungsnetz Hamburg

Büroadresse:	*Postadresse:*
Schule Brucknerstr. 1	c/o Prof. Angelika Wagner
2000 Hamburg 76	Universität Hamburg
Tel.: 040/2997607	Fachbereich Erziehungswissenschaft
	Von-Melle-Park 8
	2000 Hamburg 13

Expertinnen-Beratungsnetz Dresden
c/o Dr. Karin Reiche
Lehrgebäude AWP 5 (TU)
Am Weberplatz 5, Dresden
Tel.: 003751/4636423

FAU – Frauen als Unternehmerinnen e. V.

Interessante Geschäftsbeziehungen und die gegenseitige Förderung und Unterstützung verspricht ein Netzwerk in Nürnberg, dessen Name «FAU – Frauen als Unternehmerinnen e. V.» ist.

Einmal monatlich, genaugenommen jeden zweiten Mittwoch des Monats, ist netzwerkeln angesagt. Im «Deutschen Hof» in Nürnberg stehen ab 20 Uhr für interessierte Frauen Vereinsangelegenheiten, Austauch und Kontakte auf dem Programm. Bei diesen Infoabenden wird zudem jeweils ein festgelegtes Thema mit anschließender Aussprache behandelt. So wurde in der Vergangenheit beispielsweise bereits über

- «Die verbotene Tür», Ursachen der Sprechangst bei Frauen
- «Steuern – ohne Spesen nichts gewesen»
- «Altersvorsorge»
- Einführung in die Fußreflexzonenmassage
- «Arbeitstechnik» – Wie organisierte ich mein eigenes Büro?
- Familientherapeutische Sichtweisen
- «Versicherungen» – Welche brauche ich wirklich? uvm.

gesprochen und diskutiert. Die Referentinnen dabei kamen jeweils aus den eigenen Reihen.

«FAU» wendet sich insbesondere an Unternehmerinnen, Selbständige, Freiberufliche oder Künstlerinnen. «FAU ... macht Geld zum Thema», so steht es im Faltblatt des Vereins. Gemeint ist damit ein Aspekt der Vereinsarbeit – die Vermehrung von Einnahmen und Gewinnen, aber auch die Sicherung des Ertrags der FAU-Mitglieder. Expertinnen in dieser noch wenig «fraulichen» Sphäre stehen dafür den Mitgliedern für die Themen Steuern, Finanzierung, Kapitalsicherung und -anlage mit Rat und Tat zur Seite.

Aber nicht allein monetäre Interessen prägen die Vereinsarbeit. So besteht z. B. für alle FAU-Mitglieder die Möglichkeit, zu jedem gewünschten Thema einen Arbeitskreis zu gründen und darin zu wirken.

Ein paar Beispiele:

- Betrieb Haushalt – Die Hausfrau als Unternehmerin
- Supervision für Beraterinnen/Therapeutinnen

Die Organisationsstruktur sieht übrigens vor, daß sich die Arbeitskreise auch zu bestimmten Anlässen bilden können. Dies kann die Gestaltung eines Festes sein oder die Idee des Kunst-Leasings (als Alternative zum Kauf) und dessen Umsetzung. Aber auch Existenzgründungen und «Die Unternehmerin im Einzelhandel» sind Arbeitskreisthemen.

Zu guter Letzt: FAU ist grenzenlos! Die bayrischen Grenzen wurden nicht nur bereits in westlicher Richtung überschritten (mit dem Resultat einer Kontaktstelle in Freiburg), auch in der Nähe Würzburgs und in Gera/Thüringen fanden Frauen das vorliegende Konzept so ansprechend, daß sie es sogleich importierten und mit Erfolg kopierten.

Wichtigste Aufgaben des Vereins:

- Verbesserung des Image der Unternehmerinnen, Selbständigen, Freiberuflichen und Künstlerinnen in der Öffentlichkeit
- Interessensvertretung von selbständigen, freiberuflich und künstlerisch tätigen Frauen
- Sprachrohr für die sozialen Anliegen und Erwartungen der genannten Personengruppen, insbesondere auch derjenigen, die Kinder haben
- Unterstützung der beruflichen Aktivitäten von Unternehmerinnen durch Informationen und Kontakte
- Förderung von Begegnungen und die Pflege der Kontakte seiner Mitglieder
- Netzwerken mit anderen Gruppen, die sich der Frauenförderung verschrieben haben

Gründungsjahr: 1989
Mitgliederzahl: ca. 35
Berufe/Arbeitsfelder der Mitglieder:
Unternehmerinnen, Selbständige, Freiberufliche und Künstlerinnen

Gliederungen in:
Nürnberg und Umgebung, Gera / Thüringen, Freiburg, Wiesentheid / Raum Würzburg

Mitgliedsbeitrag: ab DM 20,– monatlich

Verbandsorgan:
- Informationsfaltblatt
- «FAU»-Papiere

Möglichkeiten des Kennenlernens:
- auf dem Infotreff jeden zweiten Mittwoch des Monats im Hotel «Deutscher Hof», Frauentorgraben 29 in Nürnberg; um 20.00 Uhr
- auf «FAU»-Tagungen

Angebote / Seviceleistungen für die Mitglieder:
- Erfahrungsaustausch und Kooperation
- Mitgliedskarte

Fort- und Weiterbildungsmöglichkeiten:
- Seminare, Vorträge, Workshops, Schulungen und Informationsveranstaltungen
- Referatsabende
- Künstlerausstellungen
- Vereinsfeste

Weitere Auskünfte und Unterlagen:

FAU – Frauen als Unternehmerinnen e. V.
Am Weinberge 10 E
8501 Schwaig 2
Tel.: 0911/5075734

FAU c/o Carmen Held
Johannisstr. 4
O-6500 Gera/Thüringen
Tel.: 003770/23055, 22459
Fax: 003770/22459

FAU c/o Christiane Brode
Sägewerksstr. 5
8714 Wiesentheid
Tel.: 09383/1654
Fax: 09383/1654

FAU c/o Irene Charlotte Sentner
Jägerhäusleweg 47
7800 Freiburg
Tel.: 0761/554905

Frauennetzwerk zur Arbeitssituation e. V.

Als Teil der autonomen Frauenbewegung versteht sich das «Frauennetzwerk zur Arbeitssituation», das 1985 in Kiel gegründet wurde und auch nur dort wirkt. Vorbild für diesen Verein war kofra in München (siehe Seite 33). Die Kieler Frauen sehen sich als Forum von Frauen für Frauen,

- die ihren Arbeitsalltag feministischer gestalten und ihre Positionen entsprechend nutzen wollen,
- die sich mit Frauen in ähnlichen Berufssituationen austauschen wollen,
- die Alternativen zur Erwerbslosigkeit oder zur momentanen Lebens- und Arbeitssituation suchen

Das Besondere an diesem Netzwerk ist, daß es als Trägerin eines Beratungs- und Bildungsprojektes zu den Themen Berufs- und Lebensplanung sowie Existenzgründungsberatung auch bezahlte Arbeitsplätze für Frauen zur Verfügung stellt. Im Programm von 1991 wird dies wie folgt untermauert:

«Wir stellen fest, daß die Arbeitssituation von Frauen zwar zum gesellschaftsfähigen Thema geworden ist, daß Frauen und ihre Fähigkeiten gefragt sind und – in einigen Bereichen – besonders gefördert werden. Das grundlegende Gewaltverhältnis der Geschlechter ist jedoch kein Thema mehr. Deshalb sehen wir mehr und mehr die Notwendigkeit der Schaffung autonomer Frauenräume, sowohl im sozialen als auch im gewerblichen Bereich...»

Die weiteren Arbeitsschwerpunkte des Vereins ergeben sich aus der besonderen Bedeutung der beruflichen Weichenstellung für Frauen. Immer noch heißt es für viele Frauen Kinder und Familie oder Selbstverwirklichung im Beruf. Die Netzwerkfrauen geben hier in ihren Beratungen Hilfestellung. So sind berufliche Krisen und Umbruchsituationen ebenso Gegenstand von Gesprächen wie auch die Suche nach beruflichen

Alternativen und Weiterbildungsmöglichkeiten. Bei der Wiederaufnahme einer beruflichen Tätigkeit, z. B. nach Kindererziehung oder nach einer längeren Arbeitslosigkeit wird ebenso Unterstützung angeboten wie in Fällen von Diskriminierung und Ausbeutung. Zur Bearbeitung der Problemfelder besteht die Möglichkeit einer Einzelberatung oder darüber hinausgehend der Besuch eines Seminars. Das zweimal jährlich erscheinende Programm bietet Seminarthemen wie zum Beispiel «Lebenslauf und beruflicher Standpunkt» sowie «Selbstbehauptungs- und Durchsetzungsstrategien für Frauen» an.

Während es sich bei dem zuletzt genannten Titel um eine Veranstaltung handelt, die an zwei Wochenenden durchgeführt wird und sich an Mitarbeiterinnen in Frauenprojekten richtet, ist die erste Veranstaltung ein Novum in der Vereinsgeschichte, die das «Bildungsfreistellungsgesetz» in Schleswig-Holstein erst möglich gemacht hat: es ist ein Bildungsurlaubsseminar von fünftägiger Dauer.

Die Schaffung neuer Arbeitsplätze steht im «Existenzgründungsseminar für Frauen» im Mittelpunkt. Flankierend dazu empfiehlt sich der Besuch eines «Aufbaukurs Finanzbuchhaltung», in dem «Soll und Haben» ins rechte Licht gerückt werden. Wer zusätzlich «im Bilde sein möchte», kann sich dies durch einen Besuch in der Bibliothek mit ca. 1200 Bänden bzw. dem Zeitschriftenarchiv, in dem auch englischsprachige Journale zu finden sind, ermöglichen.

Wichtigste Aufgaben des Netzwerkes:

- Vernetzung von Frauen durch Gruppen, Kurse und Seminare durch Trägerschaft eines Beratungs- und Bildungsprojektes
- Schaffung autonomer Frauenräume im sozialen und gewerblichen Bereich durch ein Frauenprojekt mit bezahlten Arbeitsplätzen, Verbreitung feministischer Inhalte und Entwicklung feministischer Inhalte in der Betrachtung von weiblichen (Berufs-)Biographien

Gründungsjahr: 1985

Mitgliederzahl: (keine Angabe)

Berufe / Arbeitsfelder der Mitglieder:

erwerbstätige und erwerbslose Frauen

Gliederung in: Kiel

Mitgliedschaft bei:

- Deutscher Paritätischer Wohlfahrtsverband (DPWV)

- Frauenprojektehaus Kiel
- Landesarbeitsgemeinschaft autonomer Frauenprojekte Schleswig-Holstein

Mitgliedsbeitrag: ab DM 5,– monatlich
Verbandsorgan: Programm (erscheint halbjährlich)
Möglichkeiten des Kennenlernens:

- Besuch der Veranstaltungen
- Bildungsurlaub

Angebote / Serviceleistungen für die Mitglieder:

- Beratung in beruflichen Krisen und Umbruchsituationen
- Beratung bei der Suche nach beruflichen Alternativen
- Bibliothek (Vereinsfrauen können ausleihen, andere dürfen stöbern)
- Existenzgründungs- und Projektberatung
- Veranstaltungen z. B. «Spinnen – Schwestern, Müttter, Freundinnen ... ?», «Feministische Soziale Arbeit»

Fort- und Weiterbildungsmöglichkeiten:

- Wochenveranstaltungen «Lebenslauf und beruflicher Standpunkt» sowie «Frauen lernen Gruppen leiten»
- Kursus «Finanzbuchhaltung»
- Jahresgruppe «Zeit der Entscheidung»
- Selbstbehauptungs- und Durchsetzungsstrategien für Mitarbeiterinnen in Frauenprojekten

Weitere Auskünfte und Unterlagen:

Frauennetzwerk zur Arbeitssituation
Frauenprojektehaus
Schaßstr. 4
2300 Kiel 1
Tel.: 0431/678830

kofra
Kommunikationszentrum für Frauen zur Arbeitssituation e. V.

1991 konnten die kofra-Frauen auf ihr 10jähriges Bestehen zurückblikken. In diesem Zeitraum vergrößerte sich der in München ansässige Verein von 30 auf 110 Frauen im Alter von 25–55 Jahren, die gemeinsam daran arbeiten möchten, die offenen und verborgenen Formen von Frauendiskriminierung im Arbeitsbereich zu verändern.

kofra ist ein autonomes Selbsthilfeprojekt. Dank mehrerer «bezahlter Arbeitskräfte» ist der Verein in der Lage, Frauen in vielfältiger Art und Weise Unterstützung zu geben. So verfügt kofra seit 1983 über eigene Räume, die z. B. für Treffen und Gruppenaktivitäten zur Verfügung gestellt werden. 1991 tagten beispielsweise die Arbeitsgruppen Erwerbslose Frauen, Juristinnen, Handwerkerinnen, Frauen im Verlagswesen, «Emanzen»/Feministinnen am Arbeitsplatz, Sexuelle Belästigung am Arbeitsplatz.

Die Gruppenarbeit wird unterstützt und ermöglicht durch die kofra-Organisationsfrauen, die die organisatorische Bewältigung von Finanzangelegenheiten, Anfragen, Anträgen, Öffentlichkeitsarbeit und Institutionenkontakten übernommen haben.

Neben den Möglichkeiten, die die Arbeit der verschiedenen Gruppen bietet, können Frauen sich Auskunft in Rechts- und Sozialfragen bei den Fachfrauen von kofra holen. Auch gibt es von Zeit zu Zeit ein Durchsetzungs- und Berufsentwicklungstraining und öffentliche Veranstaltungen wie z. B. die Vorstellung eines Versorgungsnetzwerks für Frauen in Frauenbetrieben «Schöne Aussichten» (siehe Seite 107).

Eine Reihe von Serviceleistungen macht das Angebot bei kofra «rund». Nach anstrengenden Gruppendiskussionen steht montags bis freitags von 16–22 Uhr das Café zum Entspannen, Klönen und Kontakten bereit. In einer Fachbibliothek und einem Archiv können aktuelle Informationen abgerufen werden. Und wer dem erhitzten

Kopf noch eins draufsetzen möchte, kann dies in der Frauensauna tun.

Wichtigste Aufgaben des Vereins:
«Das Zentrum soll das Bewußtsein über die vielfältigen, offenen und verborgenen Formen der Diskriminierung von Frauen im Arbeitsbereich sowohl in uns selbst als auch in der Öffentlichkeit fördern und dazu beitragen, diese Situation zu verändern, indem wir handlungsfähiger werden, unsere Interessen gemeinsam zu vertreten und durchzusetzen.» (Auszug aus dem Informationsfaltblatt)
Gründungsjahr: 1981
Mitgliederzahl: 110
Berufe / Arbeitsfelder der Mitglieder: verschiedene
Gliederungen in:
München (Schwesterorganisationen in Essen und Kiel)
Mitgliedschaft bei:
Deutscher Paritätischer Wohlfahrtsverband (DPWV)
Mitgliedsbeitrag: ab DM 10,– monatlich
Verbandsorgan:
- kofra-Informationsdienst (erscheint alle 2 Monate), wird im Abonnement bundesweit vertrieben
- Informationsfaltblatt

Möglichkeiten des Kennenlernens:
- im kofra-Café
- bei öffentlichen Diskussionen und größeren Veranstaltungen
- bei Kursen (Durchsetzungstraining, Berufsentwicklungstraining)

Angebote / Serviceleistungen für die Mitglieder:
- Beratung in Rechts- und Sozialfragen
- Hilfestellung zur Bildung von Selbsthilfegruppen
- organisatorische Unterstützung und Beratung
- Räume werden zur Verfügung gestellt
- Fachbibliothek / Archiv
- Frauenberufskartei

Fort- und Weiterbildungsmöglichkeiten:
in den Kursen s. o.

Weitere Auskünfte und Unterlagen:

kofra e. V.
Kommunikationszentrum für Frauen zur Arbeitssituation
Baldestr. 8
8000 München 5
Tel.: 089/2010450

kom!ma Verein für Frauen-Kommunikation e. V.

Keine der fünf Frauen, die 1981 gemeinsam einen Veranstaltungskalender für Frauen in Düsseldorf zusammenstellten, hatte sich wohl je vorstellen können, was ihr Kalender, «kom!ma» genannt, alles nach sich ziehen würde. Aus den fünf Frauen wurden im Nu 20, die Kalenderredaktion entwickelte sich zur Informations- und Kontaktstelle. Ein Verein, von dem viele Initiativen ausgingen, gründete sich 1984. Er erarbeitete unter anderem das «Frauenstadtbuch», ein Projekt zur Geschichte der Frauenarbeit in Düsseldorf, als Buch 1988 unter dem Titel «Zierlich und zerbrechlich» erschienen, und organisierte im selben Jahr das Frauenfest zum 700jährigen Stadtjubiläum.

Der Veranstaltungskalender erscheint seit 1989 nicht mehr. Er war nicht mehr nötig, da die herkömmlichen Medien sich mehr und mehr auch der Frauenthemen annahmen. Die Vereinsfrauen reagierten konstruktiv, indem sie ihr Projekt auf neue Füße stellten. Von nun an ging es bei kom!ma um die «Vermittlung der inzwischen reichlich vorhandenen Erfahrung, Qualifikation und Kompetenz von Frauen», um die Vernetzung qualifizierter Fachfrauen aus allen Bereichen: Kultur, Wirtschaft, Pädagogik und Soziales.

Es werden Podiumsdiskussionen zu aktuellen Sachthemen aus Frauensicht und zu frauenpolitischen Schwerpunkten durchgeführt. Ein paar Themen an dieser Stelle:

- Wie kann die moderne Architektur die Bedürfnisse von Frauen befriedigen?
- Beruf und/oder Kinder? Muß frau sich entscheiden?
- Flexible Arbeitszeiten für Familienfrauen uvm.

Jeden ersten Freitag im Monat schwingen die Düsseldorfer Frauen im Kulturzentrum ZAKK das Tanzbein. Auch dies geht auf eine Anregung von kom!ma zurück.

Eine nachahmenswerte Initiative von Düsseldorfer Gruppen wird durch kom!ma koordiniert: Mit Düsseldorfs Partnerstadt Chemnitz werden vor Ort Seminare zu folgenden Themen durchgeführt:

- Wie gründet man eine Initiative?
- Wie gründet man ein Frauenbücherzimmer?
- Wie gründet man eine Frauenberatungsstelle?

Die Aktivitäten der Düsseldorferinnen in Chemnitz finden in der Regel in der Frauenbegegnungsstätte LILA VILLA statt. Die Kosten für die Referentinnen trägt übrigens die Stadt Düsseldorf. Und zu guter Letzt:

Auf der top '91 (siehe Seite 254) zeigte sich kom!ma auf einem geräumigen Stand mit den verschiedensten Aktionen und Attraktionen.

Wichtigste Aufgaben des Netzwerkes:

- Vermittlung von Informationen und Kontakten
- Bereitstellung der Logistik für die örtliche Frauenszene
- Koordinationsstelle für das Projekt «Netzwerk Düsseldorf/Chemnitz»
- Vernetzung qualifizierter Fachfrauen aus den Bereichen Kultur, Wirtschaft, Pädagogik, Soziales

Gründungsjahr: 1984
Mitgliederzahl: ca. 45
Berufe/Arbeitsfelder der Mitglieder: unspezifisch
Gliederung in: Düsseldorf
Mitgliedschaft bei:
Deutscher Paritätischer Wohlfahrtsverband (DPWV)
Mitgliedsbeitrag:
DM 10,– bzw. 5,– Mindestbeitrag pro Monat
Veröffentlichungen:

- Informationsblätter zu aktuellen Frauenprojekten
- Informationsfaltblatt
- «Zierlich und zerbrechlich» (Buchveröffentlichung über ein Forschungsprojekt zur Frauenarbeit in Düsseldorf)
- geplant: Informationssammlung, die abonniert werden kann

Möglichkeiten des Kennenlernens:
beim kom!ma-Stammtisch jeden Dienstag ab 20.30 in der «Destille»

- bei Podiumsdiskussionen (1991 zum Beispiel zu den Themen: Wohnungsbauboom – Betonsilos oder neue Perspektiven ?, Beruf und / oder Kind ?, Älterwerden als Frau heute, Gesetzlicher Anspruch auf Kindergarten- und Krippenplatz)

- top '91 (siehe Seite 254)

Angebote / Serviceleistungen für die Mitglieder:

- Informationsbörse
- Beratung und vermittelnde Zusammenarbeit mit Universitäten, Firmen, Kultur- und Bildungsinstituten.

Weitere Auskünfte und Unterlagen:

kom!ma
Verein für Frauen-Kommunikation e. V.
Luisenstr. 7
4000 Düsseldorf 1
Tel.: 0211 / 38 38 61

pömps Netzwerk für Frauen

Was sich anfangs eher nach einem weiblichen Bekleidungsstück anhört, entpuppt sich bei genauerem Hinsehen als eines der bestorganisierten und verbreitetsten Netzwerke in der Bundesrepublik.

Seit der Gründung im Jahre 1988 stieg die Mitgliederzahl von 11 auf über 350 in ca. 35 Regionalgruppen. Für die Gründerin Karin Vogel, eine Journalistin und Managementtrainerin, ist die Einrichtung der Netzwerke übrigens eine folgerichtige Entwicklung der Frauenbewegung aus den siebziger Jahren. Verglichen mit den Service-Clubs (Zonta, Soroptimists, siehe Seiten 232 und 236) ist pömps offen für (fast) alle Frauen. Die Zielgruppe ist nicht explizit formuliert. So finden sich dann dort Studentinnen neben Personalchefinnen, Hausfrauen neben erfolgreichen Steuerberaterinnen wieder. Die Frage, ob auch arbeitslose Frauen Zutritt haben sollten, führte in einer pömps-Gruppe zu heftigen internen Auseinandersetzungen.

Ungeachtet dieser Differenz wird pömps seiner Firmierung – **P**artizipation in **Ö**ffentlichkeit, **M**anagement, **P**olitik und **S**ozialem – gerecht.

Das bisher Geleistete kann sich durchaus sehen lassen. Seit 3 Jahren gibt es bereits regelmäßig im Herbst eine Jahrestagung, die auch für Männer etwas Besonderes bereithält. Es gibt nämlich ein spezielles Männerprogramm, und wer automatisch die obligatorischen Damenkränzchen – d. h. Kuchen satt + Stadtrundfahrt – für die Begleiterinnen der Herren bei ihren Tagungen vor Augen hat, sieht sich nun eines Besseren belehrt. Bei pömps dürfen sich auch die Herren weiterbilden, z. B. in Arbeitskreisen wie «Mein Chef ist eine Frau», «Zusammenarbeit mit Frauen» usw.

In den Themen der Jahrestagungen spiegelt sich eine Entwicklung dieses Netzwerks wider: das Thema der ersten Tagung 1989 war: «Frauen '89 – wir sind Präsent». 1990 folgte: «Frauen '90 – BRDDR – Gemeinsam sind wir stark» und 1991 «Frauen '91 – Europa – wir kommen».

Zur Konsolidierung der Netzwerkarbeit tragen die Regionalgruppen, nicht nur in der Bundesrepublik, sondern auch in Österreich und der Schweiz, bei.

Dabei wird unterschieden nach Senior- und Junior-Groups – eine Unterscheidung hinsichtlich der Berufserfahrung der Frauen. Während die «Seniors» vorwiegend für Erfahrungsaustausch, Anbahnung von Kooperationen, Aufbau von Kontakten zur Wirtschaft, Öffentlichkeitsarbeit usw. zuständig sind, vertiefen sich die «Juniors» in themen- und sachbezogene Gruppenarbeit.

Kontakt zur Wirtschaft gibt es nicht nur über die Seniorinnen, sondern auch über einen pömps-Förderkreis, zu dessen Gründungsmitgliedern Großunternehmen gehören, die sich auch dem Netzwerkgedanken verpflichtet fühlen. Für die Frauen in Unternehmen, seien sie nun Unternehmensleiterinnen oder auch Personalleiterinnen, werden spezielle Workshops veranstaltet: das Unternehmen als soziogesellschaftliches Gefüge; Unternehmenskultur, Frauenförderung etc.

Arbeitskreise auf lokaler bzw. regionaler Ebene, die intern tätig sind, aber auch Veranstaltungen durchführen, gibt es u. a. zu den Gebieten Frauen im Betriebsrat, Frauen und ökologische Ökonomie, Frauen in Wirtschaft und Verwaltung, Frauen und Politik, Frauen in Wissenschaft und Forschung.

Darüber hinaus besteht jederzeit die Möglichkeit, neue Themen einzubringen.

Auch wenn pömps sich im Hinblick auf seine Mitgliedschaft «volkstümlich» zeigt, ein bißchen «Elite» ist auch dabei – «für einen handverlesenen Kreis von Frauen mit Führungsverantwortung aus allen gesellschaftlichen Bereichen» wird ein Jahresdinner veranstaltet, bei dem die Teilnahme nur auf Einladung und gegen Spende möglich ist.

Die «Goldene pömps-Brosche» wurde im Jahre 1991 an die brandenburgische Sozialministerin Regine Hildebrandt in Potsdam verliehen. Damit wurde das ungewöhnliche Engagement der Sozialministerin gewürdigt.

Wichtigste Aufgaben des Netzwerks:

- Verwirklichung der Gleichstellung von Frauen in Wirtschaft, Verwaltung und Politik
- Vernetzung von Frauenkompetenz und Fachfrauen

- Erfahrungsaustausch und Zusammenarbeit zwischen Frauen aus Wirtschaft, Verwaltung und Politik
- Entwicklung und Durchführung von Weiterbildungs- und Qualifizierungsmaßnahmen für Frauen
- Konzeption und Durchführung von frauenrelevaten Projekten
- Initiierung und Durchführung von Frauenforschungsprojekten
- Förderung und Organisation der Kommunikation und Zusammenarbeit der Mitglieder untereinander
- Einrichtung einer Stiftung zur Entwicklung und Sicherung der wirtschaftlichen Existenz von Frauen im Berufsleben
- Öffentlichkeitsarbeit, um bewußtseinsbildend im Hinblick auf die partnerschaftliche Partizipation von Frauen in Wirtschaft, Verwaltung und Politik hinzuwirken.

Gründungsjahr: 1988

Mitgliederzahl: 350

Berufe / Arbeitsfelder der Mitglieder:

- berufstätige Frauen aus allen Bereichen
- arbeitslose Frauen
- pömps-Förderkreis: Gründungsmitglieder sind Großunternehmen (Männer sind als fördernde Mitglieder willkommen)

Gliederungen in:

Aachen, Augsburg, Berlin, Bremen, Bielefeld, Bonn, Chemnitz, Düsseldorf, Erfurt, Frankfurt / Main, Freiburg, Hamburg, Hannover, Heide / Husum, Heidelberg, Ingelheim, Kassel, Köln, Konstanz, Mannheim, Marburg, München, Münster, Niederrhein, Nürnberg, Oldenburg, Ortenaukreis, Osnabrück, Regensburg – in den fünf neuen Bundesländern sind weitere Gruppen im Aufbau – Schweiz, Österreich, Singapur

Mitgliedschaft bei: Deutscher Frauenrat

Mitgliedsbeitrag:

DM 10,– Mindestbeitrag pro Monat

für Arbeitslose, Studentinnen sowie Frauen ohne Einkommen kann bis auf DM 1,– monatlich reduziert werden

Verbandsorgan:

pömps-Infodienst erscheint alle zwei Monate

Möglichkeiten des Kennenlernens:

- als Gast bei den Regionalgruppentreffen / Plena (monatl.)

- bei Jahrestagungen
- über das Betriebsrätinnen-Netzwerk (im Aufbau)

Angebote / Serviceleistungen für die Mitglieder:

- Kooperationsbörse für Frauen mit Hilfe einer Datenbank (vertraulich, gegen Gebühr, in Vorbereitung)
- Arbeitskreise: Frauen und Politik / Neuorientierung für Frauen nach der Familienphase / Frauen und Selbständigkeit / Frauen in Wirtschaft und Verwaltung / Frauen und ökologische Ökonomie / Frauen im Betriebsrat / Frauen im Journalismus / Frauen in der Kunst / Frauen in der Kirche
- Frauen-Branchenbuch (in Vorbereitung)
- Jahresdinner (Teilnahme nur auf Einladung)
- Vorträge auf den Plena
- Jahrestagungen (1989: Wir sind präsent, 1990: BRDDR – Gemeinsam sind wir stark; 1991: Frauen '91 – Europa – wir kommen, in Berlin)
- Unternehmens- und Personalleiterinnen-Workshops
- Seminare z. B.: Mut zum Erfolg, Rhetorik, Kreativitätstraining, Bewerbungstraining, Zeitmanagement
- Veranstaltungen z. B. Frauenförderkonzepte: Halten Sie, was Sie versprechen?

Weitere Auskünfte und Unterlagen:

pömps e. V.
Karin Vogel
B 5 – Haus 37
2221 Barlt
Tel.: 04857/267
Fax: 04857/809

Kontaktadresse
für die neuen Bundesländer:
Elke Radtke / Monika Krüger
Frauenzentrum Erfurt
Espachstr. 3
O – 5060 Erfurt
Tel.: 0037/6126068

Die Spinnen e. V. – Beratungs- und Bildungszentrum für Frauen zur Erwerbssituation

Sie haben sich wirklich «Die Spinnen» genannt, ungeachtet dessen, daß dieses possierliche Tierchen schon so manche in Trab gebracht hat. «Spinnen» nämlich deshalb, weil sie «Ideen spinnen und Verbindungen knüpfen», eine originäre Netzwerktätigkeit also.

In der Gründungsphase 1985 waren Die Spinnen vornehmlich zuständig für Frauen in sozialen Berufen, die ein Kontakt- und Informationsbüro für Frauen in Essen eröffnen wollten. Sie schrieben in einem Rundbrief damals «Hoffentlich stehen wir mit dem Wunsch nach Vernetzung und Kontakten nicht alleine da...» Es ist davon auszugehen, daß dieser Wunsch in Erfüllung ging, denn immerhin sind seitdem 6 Jahre vergangen, und es wird in Essen immer noch gesponnen. Die Spinnen sind ein etabliertes Netzwerk – im wahrsten Sinne des Wortes – geworden. Sie sind Naht- und Kontaktstelle für alle Frauen, die wissen möchten «was es alles in Essen für Möglichkeiten und Angebote für Frauen gibt: an Gruppen und Projekten, Beratungsstellen, Fachfrauen, Kultur- und Weiterbildungsangeboten».

Ein ganz wichtiger Teil des Angebotes der Spinnen besteht in der Unterstützung der Frauen in beruflicher Hinsicht. Dabei werden nicht nur arbeitende Frauen angesprochen, sondern auch arbeitslose und in den Beruf zurückkehrende Frauen. Auch in Fragen einer geplanten beruflichen Neuorientierung greift das Angebot. Frauen, die sich aufgrund ihrer Erwerbslosigkeit in einer existentiellen Krise befinden, sind ebenso an der richtigen Adresse bei den Spinnen wie Frauen, die rechtliche Fragen in bezug auf ihre Erwerbslosigkeit haben.

Für begeisterte Bildungshungrige gibt es ein umfangreiches Seminar- und Veranstaltungsprogramm. Teils wird es vom Verein aus durchgeführt, teils sind andere Veranstalter zu Gast. Egal, wer Seminare, Treffen oder einzelne Veranstaltungen in den Räumen der Spinnen durchführt, nachzulesen sind alle Termine in dem Informationsrundbrief für Frauen «Die Spindel». Seit Bestehen des Vereins ist er nun auch schon über 20mal erschienen. Der Rundbrief erscheint zweimonatlich in einer Auflage von 200 Exemplaren. Weitaus mehr Frauen erreicht das zweimal jährlich erscheinende Programm mit einer Auflagenhöhe von 4000 Stück. Auf über 40 Seiten liegen in dem übersichtlich gestalteten Programm die Veranstaltungen/Termine, die in den Räumen des Vereins durchgeführt werden, für ein halbes Jahr vor. Daß die Spinnen als Bildungsexpertinnen anerkannt sind, zeigt sich u. a. darin, daß sie um eine Stellungnahme zur Anhörung «Frauen in der Weiterbildung» gebeten wurden. Ein Blick in die Themenliste der Seminare bestätigt die Kompetenz der Vereinsfrauen. So gibt es z. B. Seminare in Zusammenarbeit mit der Volkshochschule Essen und der Arbeiterwohlfahrt mit dem Titel «Orientierungskurs für Familienfrauen». In 10 Wochen wird den vorher «Nur-Hausfrauen» eine Orientierungshilfe für die zukünftige Erwerbstätigkeit gegeben. Selbstbehauptung spielt ebenso eine Rolle wie z. B. ein EDV-Schnupperkurs, Lerntechniken werden vermittelt, aber auch die bald stattfindenden Bewerbungsgespräche werden vorbereitet. Selbstverständlich und unumgänglich ist das vorhandene Betreuungsangebot für die Kinder der Teilnehmerinnen im Alter von 3–6 Jahren. Erfreulich ist nicht zuletzt die Tatsache, daß die Teilnahme an diesem Kurs kostenlos ist.

Noch ein Blick auf die Themenpalette:

- Berufsplanung für Frauen aus pädagogischen Studiengängen/Berufen
- Was kostet mich mein Alter?
- Erfolgreich an Mißerfolgen gescheitert
- Projektwoche: Mein Weg – der Beruf

Damit das Ganze nicht zu kopflastig ist, haben die Spinnen in ihren Räumlichkeiten ein gemütliches Café eröffnet. Es gibt dort nicht nur die Möglichkeit, einen Imbiß einzunehmen und in der Leserinnenecke zu stöbern. Auch wechselnde Ausstellungen mit Werken von Künstlerinnen aus dem Ruhrgebiet finden dort statt. Das Café ist ebenfalls Treffpunkt für verschiedene Frauenstammtische.

P. S. Seit Mitte 1991 werden Die Spinnen aus dem Etat des nordrhein-westfälischen Arbeitsministeriums als Modellprojekt gefördert.

Wichtigste Aufgaben des Netzwerks:
- Ausbau berufsbezogener Frauennetzwerke in Essen
- Unterstützung von Frauen bei ihrer Berufs- und Lebensplanung
- Unterstützung von Frauen in der Durchsetzung ihres Anspruchs auf eine eigenständige Existenzabsicherung (durch Erwerbsarbeit)
- Unterstützung von Frauen in einer durch Erwerbslosigkeit hervorgerufenen Krise

Gründungsjahr: 1985
Mitgliederzahl: 62
Berufe / Arbeitsfelder der Mitglieder:
Krankenschwestern, Sozialpädagoginnen und -arbeiterinnen, Dipl.-Pädagoginnen, Lehrerinnen, Hochschulangehörige / erwerbslos, Berufsanfängerinnen, Berufsrückkehrerinnen
Gliederung in: Essen
Mitgliedschaft bei:
Deutscher Paritätischer Wohlfahrtsverband (DPWV)
Mitgliedsbeitrag:
Mindestbeitrag für erwerbslose Frauen DM 40,– jährlich,
für erwerbstätige Frauen DM 60,– jährlich
Verbandsorgan:
- Spindel – Informationsrundbrief für Frauen (erscheint sechsmal jährlich und kostet DM 15,– im Abonnement)
- Programm (erscheint zweimal jährlich)

Möglichkeiten des Kennenlernens:
- Frauencafé
- Archiv

Angebote / Serviceleistungen:
- Beratung im Bereich Berufsorientierung und -motivierung
- Nutzung der Infokartei
- Infos zur Infrastruktur für Frauen in Essen
- Ansprechpartnerinnen für Projekte, Institutionen, Verbände, Parteien
- Archiv
- Frauencafé
- Räume für andere Frauengruppen o. ä. werden zur Verfügung gestellt

Fort- und Weiterbildungsmöglichkeiten:
zum Thema «Berufsorientierung und -motivierung»

Weitere Auskünfte und Unterlagen:

Die Spinnen e. V.
Beratungs- und Bildungszentrum für Frauen
zur Erwerbssituation
Bäuminghausstr. 46
4300 Essen 12
Tel.: 0201/311071

Frauen in Führungspositionen

Bonner Forum e. V.

Zu den Benjaminen unter den Karriere-Netzwerken für Frauen gehört das Bonner Forum, dessen Gründung im Februar 1990 vollzogen wurde. Vorbild für dieses Netzwerk – wie könnte es anders sein – war ein anderes Netzwerk, nämlich das Frankfurter Forum (siehe Seite 57).

Das Bonner Forum richtet sich an beruflich engagierte Frauen, die entweder schon Führungspositionen innehaben oder solche anstreben. Insgesamt gesehen ist der berufliche Stand der bislang nur 40 Mitglieder recht heterogen und soll dies nach Wunsch der Gründerin Andrea Richter auch bleiben. Allen Damen gemeinsam ist jedoch, daß sie gut ausgebildet sind. Es sind selbständig Tätige dabei, Angestellte und Beamtinnen, aber auch Politikerinnen (was sicher auch mit dem Standort zusammenhängt).

Das Hauptziel der Arbeit des Bonner Forums besteht darin, viele Frauen miteinander in Kontakt zu bringen, zu «netzeln», und über beruflich interessante Themen zu informieren. Zur Unterstützung der Netzwerkarbeit erhalten alle Mitglieder ein Verzeichnis mit Selbstporträts der anderen Frauen. Auf den monatlichen Treffs haben darüber hinaus die Frauen die Möglichkeit, sich selbst und ihre Tätigkeit vorzustellen. Im Mittelpunkt des Interesses dieser Präsentation steht dabei die berufliche Laufbahn mit ihren negativen, aber vor allem auch positiven und damit nachahmenswerten Aspekten.

Des weiteren werden auf diesen Abendveranstaltungen Vorträge zu allgemein interessierenden Themen gehalten. So war beispielsweise eine Netzwerk-Kollegin aus Washington zu Gast, die über ein Frauenförderprogramm der Weltbank informierte. Andere Themen waren «Wie sieht meine Altersversorgung aus?», «Wie lege ich mein Geld an?» und nicht zu vergessen «Dress for success».

Typisch für die Bonner Frauen und die gesamte Netzwerk-Bewegung: auch andere Netzwerke werden zu Vorträgen eingeladen, getreu dem Leitsatz «Je mehr gute Leute man/frau kennt, um so besser!»

Wichtigste Aufgaben des Netzwerkes:
- «Networking» der Mitglieder untereinander
- «Networking» mit anderen Netzwerken
- Information

Gründungsjahr: 1990
Mitgliederzahl: 40
Berufe/Arbeitsfelder der Mitglieder:
gut ausgebildete Selbständige, Angestellte, Beamtinnen, vorwiegend in Führungspositionen bzw. dahinstrebend, Politkerinnen
Gliederung in: Bonn
Mitgliedsbeitrag:
DM 200,– jährlich
Verbandsorgan:
Informationsfaltblatt
Möglichkeiten der Kontaktaufnahme:
monatlicher Treffpunkt (interessierte Frauen dürfen zweimal als Gast dabei sein)
Angebote/Serviceleistungen für die Mitglieder:
- Aufnahme in ein Mitgliederverzeichnis
- Beratung

Fort- und Weiterbildungsmöglichkeiten:
- Fachvorträge zu allgemein interessierenden Themen
- Kurzseminare

Weitere Auskünfte und Unterlagen:
Bonner Forum e. V.
Oberaustr. 107
5300 Bonn 2
Tel.: 0228/347544

EWMD European Women's Management Development Network

Als 1983 eine internationale Gruppe von Frauen zusammenfand, die darüber Erfahrungen austauschen wollte, wie man Frauen zu Managerinnen heranbilden könnte, dachte wohl keine der Anwesenden daran, daß dies die Geburtsstunde eines Netzwerkes – des EWMD – war.

Auf internationaler Ebene, in über 25 Ländern in Europa und Übersee, gibt es mittlerweile über 1000 Mitglieder; die deutsche Gruppe mit 300 Mitgliedern (1990) ist die größte Ländervertretung. Im EWMD sind sowohl Einzelpersonen als auch institutionelle Mitglieder (Firmen, Verbände, Organisationen, Unternehmensberatungsgesellschaften, Akademien u. ä.) vertreten. Männer sind ausdrücklich erwünscht – im Gegensatz zu den meisten anderen Netzwerken! In den einzelnen Ländern haben sich die EWMD-Mitglieder zu regionalen Netzwerken zusammengefunden.

EWMD Deutschland e. V. ist Tochter des European Women's Management Development Network. Die deutschen Regionalgruppen sind Untergruppen des EWMD Deutschland e. V. und arbeiten eigenständig und unabhängig voneinander.

Eine internationale Zusammenkunft aller Mitglieder findet alljährlich an wechselnden Orten beim EWMD-Jahreskongreß statt. Die Themen der Kongresse der letzten Jahre reflektieren Aufgaben und Ziele, die sich der EWMD gesetzt hat:

- Women in Management in the Changing Organization Culture (Mailand)
- Managing the Future – Organizational Challenge and Career Perspectives (Hamburg)
- Working Together. Developing an Effective Partnership (Brighton)
- The new Manager – changes and challenges (Stockholm)
- Managers networking into the nineties – How to manage between the

rush of technology and the demands of an endangered environment (Amsterdam)

- Balance – Balancing work, family life and personal life (Zürich)

Die Verbandssprache dieses international tätigen Netzwerkes ist übrigens Englisch.

Neben den internationalen Treffen finden auch jährliche Zusammenkünfte aller deutschen Mitglieder statt.

Parallel dazu gibt es Treffen der Regionalgruppen, die auch – je nach Standort – über themenspezifische Arbeitskreise verfügen. In Berlin z. B. gibt es folgende Möglichkeiten, sich zu engagieren (willkürliche Auswahl): Marketing, Öffentlichkeitsarbeit und Presse, Frauen in Wirtschaft und Wissenschaft, Frauen im europäischen Osten und Westen, Frauenbeauftragte, Frauen und Stadt – Planen und Wohnen, Männliche/weibliche Arbeitskultur.

Die aus den regional und international behandelten Themen ersichtliche Vielfalt offenbart eine lebendige, in ständiger Weiterentwicklung befindliche Organisation, in der Raum für Visionen ist: Für den Abbau von tradierten Vorurteilen, für faires und partnerschaftliches Miteinander, für die Anerkennung von Unterschieden zwischen Frauen und Männern, für Kooperation, Solidarität und Nutzen der Unterschiede zwischen Frauen und Männern und für – last but not least – gleiches Geld für gleiche Arbeit.

Wichtigste Aufgaben des Verbandes:

- Förderung von Frauen im Management
- Förderung und Weiterentwicklung des Wissens und der Fähigkeiten weiblicher Führungskräfte im Hinblick auf eine Verbesserung des Managements in Europa durch
- Verbesserung der Kommunikation zwischen weiblichen Führungskräften und all denen, die sich für die Entwicklung weiblichen Führungspotentials einsetzen
- Unterstützung von und Zusammenarbeit mit nationalen und internationalen Netzwerken mit ähnlichen Zielen
- Aufbau eines Forums zum Austausch von Informationen über Stand und Perspektiven der qualitativen und quantitativen Entwicklung weiblichen Führungspotentials – regional, national und international

Gründungsjahr: 1984

Mitgliederzahl: international: ca. 1000; BRD: 300

Berufe / Arbeitsfelder der Mitglieder:

Frauen in verantwortlichen Positionen in Wirtschaft, Verwaltung, Wissenschaft; Führungskräfte, Unternehmerinnen, Freiberuflerinnen, Führungsnachwuchs; Männer, die die Zielsetzung unterstützen

Gliederungen in: *national*: Berlin, Hamburg, Frankfurt / Main, München, Ruhrgebiet

international: Belgien, Dänemark, ČSFR, Finnland, Großbritannien, Italien, Niederlande, Norwegen, Polen, Schweden, Schweiz, Spanien, UdSSR, Ungarn

Übersee: Afrika, Asien, Australien, Kanada, Neuseeland, USA

Mitgliedschaft

national: DM 150,– bis 200,– jährlich je nach Region

international: Belgische Francs 2200,– jährlich

Die Mitgliedschaft im EWMD ist Voraussetzung zur Aufnahme im EWMD Deutschland e. V.

Verbandsorgan:

«EWMD-News» – vierteljährlich erscheinende Informationsschrift in englischer Sprache (enthält Länderreport, Buch-Abstracts, Trainingsneuigkeiten, Veranstaltungen)

Möglichkeiten des Kennenlernens:

- Tagungen
- regelmäßige Infotreffs
- Seminare

Angebote / Serviceleistungen für die Mitglieder:

- Beratung
- Aufnahme in Datei / Mitgliederverzeichnis, das allen Mitgliedern zum Netzwerken zur Verfügung gestellt wird (enthält Informationen über berufliche Qualifikation, Aktivitäten, Interessen, Sprachkenntnisse, Erfahrungshorizont)
- Arbeitskreise
- Mitteilungen über Bildungs- und Fortbildungsmaßnahmen im europäischen Bereich
- Möglichkeit des Networking auf der Jahreskonferenz

Fort- und Weiterbildungsmöglichkeiten:

- Seminare
- Veranstaltungen, z. B. Frauenkarrieren in den USA;

Quotierung – Pro und Kontra / Frauenfördermaßnahmen; Frauen und Führung; «DCC» – Dual Career Couples

- Jahreskongresse in jährlich wechselnden Orten zu relevanten fraueninteressierenden Themenstellungen

Weitere Auskünfte und Unterlagen:

European Women's Management Development Network
c/o EFMD
40 Rue Washington
B – 1050 Brussels
Belgium
Tel.: 00322/6480385

EWMD Deutschland e. V.
c/o Firma Konzept
Feuerbacher Weg 2
7000 Stuttgart 1
Tel.: 0711/251061

EWMD Berlin e. V.
c/o Manage · Ing
Monika Maria Lehmann
Brahmsstr. 11
W-1000 Berlin 33
Tel.: 030/8251006
Fax: 030/8526101

FIM – Vereinigung für Frauen im Management e. V.

Wie ein erfolgreich verlaufender Kongreß auch Jahre nach seiner Durchführung noch Wellen schlägt, läßt sich bei FIM, der Vereinigung für Frauen im Management, ablesen. Nachdem nämlich 1986 im November der EWMD-Kongreß (siehe Seite 49) «Managing the Future – Europe 2000» in Hamburg von Dr. Helga Stödter (siehe Seite 250) in Zusammenarbeit mit EWMD-Kolleginnen veranstaltet worden war, stand für die Veranstalterinnen fest, daß die fruchtbare und motivierende Ausstrahlung des Kongresses in eine nationale Vereinigung für Managerinnen münden sollte. 1987 wurden dann die Weichen für FIM gestellt, und seitdem sind über 230 Frauen Mitglied in diesem Netzwerk geworden.

FIM ist mittlerweile auch in den Metropolen der Republik zu finden, wobei die meisten Mitglieder aus Hamburg und Umgebung stammen, wo FIM gegründet wurde.

Wie bei den meisten Netzwerken, so treffen sich auch die FIM-Frauen einmal monatlich. Die Treffen werden im edlen Ambiente von First-Class-Hotels durchgeführt, wofür jede der Teilnehmerinnen zur Kasse gebeten wird. Auch die Jahresgebühr ist bei FIM nicht gerade gering, was jedoch, wenn die Verwaltungsarbeit nicht ehrenamtlich geleistet wird, nicht zu vermeiden ist. FIM-Karriere-Frauen tragen dies mit Gelassenheit, schließlich gehören sie zu den Gutverdienenden im Business.

Während bei EWMD Referentinnen zu Gast sind, gestalten die FIM-Mitglieder ihre Netzwerkabende mit Vorträgen über ihre Berufstätigkeit selbst. Getreu dem Motto: «Wir sind kein Konsumverein!», wie dies von der FIM-Vorsitzenden einmal formuliert wurde, wird Engagement vorausgesetzt. Leider läßt sich dies jedoch auch bei karrierewilligen und -bereiten Frauen nicht herbeireden. Was dann zur Folge hat, daß die Vereinstätigkeit auch schon einmal vorübergehend brachliegt und unter dem

Motto: «Kritik und neue Ziele für '91» wieder in Schwung gebracht werden soll.

Auch Künstlerinnen fühlen sich dem Netzwerkgedanken verbunden. Ein Beispiel dafür gab eine Worpsweder Malerin, die mit Hilfe eines Diavortrags ihre gesammelten Werke vorstellte und einen Teil davon gleich vor Ort zur Freude aller verkaufte.

Nicht weniger gebannt und gespannt lauschten die Frauen den Ausführungen einer Ingenieurin, die über die Verwendung pflanzlicher Stoffe als Energieträger, am Beispiel der Treibstoffalkoholindustrie in São Paulo, berichtete. Zu den Standardthemen bei Netzwerkabenden gehört unbedingt die Frauenförderung in Unternehmen. Den einzelnen Firmen wird so Gelegenheit gegeben, ihre Konzepte fachkundig diskutieren zu lassen.

Diskutiert wird auch in den Arbeitskreisen bei FIM. Es gibt mehrere davon, je nach Regionalgruppe verschieden, z. B. «Karriere und Familie» u. a.

Mitglieder von FIM erhalten mehrmals jährlich das ca. zwölfseitige FIM-Info. Regelmäßige Rubriken darin sind Seminarbörse / Erfahrungsaustausch, FIM-Regio – Berichte aus den Regionalgruppen, Veranstaltungshinweise, Netzwerke stellen sich vor, Bericht vom Vorstand, Weiterbildung (Buchtips) uvm.

FIM gehört übrigens zu den Netzwerken, die langfristig auf die Zusammenarbeit mit Männern setzen.

Wichtigste Aufgaben des Netzwerks:

- «Interner und externer, vorbereitender und begleitender Einsatz für Frauen im Management
- Kontaktpflege mit Wirtschaft, Industrie, Handel und Handwerk, freiberuflichen Unternehmen und Betrieben, öffentlich-rechtlichen und sozialen Einrichtungen...
- Kommunikation und Austausch mit Verbänden, Vereinen, Zusammenschlüssen und Förderungseinrichtungen
- Studium und Auswertung der beruflichen Voraussetzungen bzw. Anforderungen an Frauen im Management
- Lehr- und Informationsveranstaltungen, überregionale Treffen, Beratung und Berufspflege...» (lt. Satzung)

Gründungsjahr: 1987

Mitgliederzahl: über 230

Berufe / Arbeitsfelder der Mitglieder:

Führungskräfte, Managementnachwuchs; Frauen und Männer, die Frauen fördern wollen; Firmen und Institutionen

Gliederungen in: Berlin, Düsseldorf, Frankfurt / Main, Hamburg, Hannover, München

Mitgliedschaft bei:

EWMD, Brüssel

Mitgliedsbeitrag:

DM 240,– jährlich, Firmen und Institutionen auf Anfrage

Verbandsorgan:

FIM-Info

Möglichkeiten des Kennenlernens:

als Gast bei den Treffen

Angebote / Serviceleistungen für die Mitglieder:

- Beratung und Berufspflege
- regionale und überregionale Treffen
- Informationsaustausch und Kontakte z. B. zu Führungskräften der Wirtschaft
- Zusammenarbeit mit anderen Netzwerken

Fort- und Weiterbildungsmöglichkeiten:

- Lehr- und Informationsveranstaltungen z. B. «Frau und Geld»
- Fachvorträge
- Tagungen
- Seminare z. B. The Silva Mind Castrol Method

Weitere Auskünfte und Unterlagen:

Zentrale:

FIM c/o Claudia Ludwig
Erikastr. 47
2000 Hamburg 20
Tel. 040/842312

Lieselotte Richter-Lux
Brucknerstr. 18
8000 München 18
Tel.: 089/471191

Regionalgruppen:

Britta Quade-Cherek
Henniesruh 65a
3000 Hannover 51
Tel.: 0511/6497511

Kunigunde Kalus
Niddagaustraße 14
6000 Frankfurt/Main 90
Tel.: 069/78828230 (privat)
Tel.: 01696/957023 (Büro)

Hella Neuhaus
c/o Allianz-Versicherungs-AG
Abt. Rechnungswesen
Joachimsthaler Str. 10–12
W-1000 Berlin 12
Tel.: 030/8894281

Frankfurter Forum e. V.

Das Frankfurter Forum, das Vorbildfunktion sowohl für das Münchner Forum als auch für das Bonner Forum hat (siehe Seiten 62 und 47), wurde 1985 von drei Amerikanerinnen und drei Deutschen in Frankfurt / Main gegründet. Amerikanische Netzwerke wiederum waren Vorbild in Frankfurt. Der Hauptzweck des Netzwerks ist die Herstellung und Vertiefung des Kontakts von beruflich engagierten Frauen.

Ausdrücklich wird betont, daß die Feminismusdebatte an sich kein zentrales Thema des Frankfurter Forums ist. Der kleinste gemeinsame Nenner besteht dahingegen in den frauenspezifischen Gesichtspunkten bei Themen sowohl aus dem Berufsleben als auch der Karriereplanung engagierter Frauen.

Das Frankfurter Forum hat 100 Mitglieder. Einer Vereinsstatistik ist zu entnehmen, daß das Durchschnittsalter 38 Jahre beträgt und die Frauen in der Regel ca. 15 Jahre berufstätig sind. 40 % der Frauen sind in leitender Funktion als Angestellte tätig, 20 % sind selbständig tätig und weitere 40 % in sonstigen verantwortungsvollen Positionen. 50 % der Mitglieder sind verheiratet, und – wie könnte es auch anders sein bei Karrierefrauen – nur 30 % haben Kinder. Von anderen deutschen Netzwerken hebt sich das FF durch den mit über einem Drittel hohen Anteil von Ausländerinnen ab. Auch scheint hier eine größere Mitgliederfluktuation als in anderen Städten zu herrschen: Viele der Forumsfrauen sind nur vorübergehend in Frankfurt ansässig. Oftmals bleibt jedoch auch nach einem Umzug der Kontakt zu den Mitfrauen erhalten. Der Rückblick nach fünf Jahren zeigte jedenfalls: «Langjährige Mitglieder nutzen das networking am intensivsten.»

Was verstehen die Forumsfrauen unter «networking»?

Networking findet einmal monatlich in einem Frankfurter Hotel statt, in der Regel steht ein Vortragsthema auf der Tagesordnung, z. B.:

- Heute finanziell unabhängig – auch in 30 Jahren?
- US-Steuerreform und ihre möglichen Auswirkungen auf die geplante deutsche Steuerreform
- Verhandeln und Geschäfte machen mit japanischen Geschäftspartnern: Kulturelle und mentale Eigenheiten
- Kongreßberichte z. B. EWMD-Konferenz in Brüssel

Die Meetings werden stets «amerikanisch» eingeleitet mit der sogenannten «Happy Hour», in der bei einem Glas Wein genetzelt wird, Infos ausgetauscht und Trends diskutiert werden. Auch Jobs werden hier weitergereicht.

Neben den regelmäßig stattfindenden Treffen werden auch Feiertage zu Zusammenkünften genutzt. Dazu gehören die abendländisch-christlichen Feiern ebenso wie der amerikanische Thanksgiving-Day. Familienmitglieder und Freunde sind hier gern gesehene Gäste.

Abgerundet wird das Spektrum möglicher Aktivitäten durch den gemeinsamen Besuch von Kulturveranstaltungen.

Mitglieder im Frankfurter Forum können werden:

- beruflich engagierte Frauen
- Frauen mit mehrjähriger Berufserfahrung
- Frauen in verantwortlicher/leitender Funktion
- im mittleren bis höheren Management tätige Frauen
- selbständige Frauen
- aber auch qualifizierte Aufsteigerinnen.

Lust und Energie für eine *aktive* Teilnahme am Networking sollten jedenfalls vorhanden sein, denn nach Ansicht der Forumsfrauen funktioniert der Netzwerkgedanke nämlich nur dann, wenn in etwa vergleichbare Voraussetzungen und berufliche Ambitionen vorhanden sind.

Wichtigste Aufgaben des Netzwerks:

- Herstellung und Vertiefung des Kontakts unter beruflich engagierten Frauen
- gegenseitige Unterstützung
- Wissens- und Erfahrungsaustausch
- Netz informeller Kontakte für berufliches Weiterkommen
- Förderung der beruflichen Gleichberechtigung

Gründungsjahr: 1985
Mitgliederzahl: über 100

Berufe / Arbeitsfelder der Mitglieder:
Frauen im Middlemanagement mit mindestens 5 Jahren Berufserfahrung
Gliederung in: Frankfurt / Main (Rhein-Main-Gebiet)
Mitgliedsbeitrag:
DM 180,– jährlich
Verbandsorgan:
Newsletter (erscheint monatlich)
Möglichkeiten des Kennenlernens:
- als Gast bei den Networkingabenden und Meetings
- durch Newsletter
- top '91 (siehe Seite 254)

Angebote / Serviceleistungen für die Mitglieder:
- Aufnahme in eine Mitgliederdatei / Mitgliederliste
- Austausch über fachliche und geschäftliche Fragen
- Feiern zu besonderen Anlässen
- kulturelle Aktivitäten

Fort- und Weiterbildungsmöglichkeiten:
Referate und Diskussionen auf den Networkingabende z. B. Konkurrenz unter Frauen
Weitere Auskünfte und Unterlagen:
Frankfurter Forum e. V.
c/o SSK Kommunikation
Hainer Weg 50
6000 Frankfurt / Main 70

fif Frauen in Führung e. V.

Eine «Qualifizierungsoffensive» des ehemaligen Berliner Wirtschaftssenators Elmar Pieroth, die betreut wurde von der Berliner Senatsverwaltung für Frauen, Jugend und Familie, ist indirekt für das Entstehen von fif verantwortlich. Wie es dazu kam?

KOMBI, ein Berliner Dienstleistungsunternehmen mit weiblichem Management (siehe auch unter «Weiterbildungsangeboten», Seite 274), konzipierte 1988 einen Kurs «Frauen ins Management» als Pilotprojekt und ließ dies durch den o. g. Wirtschaftssenator fördern. Der Kurs war erfolgreich. Beruflicher Aufstieg und bessere Ergebnisse bei Verhandlungen waren konkret meßbare Ergebnisse bei den Teilnehmerinnen, die auch nach Beendigung des Projektes miteinander in Verbindung blieben. Regelmäßige Treffen führten die Managerinnen immer wieder zusammen: die Wiege von fif.

Der Verein «Frauen in Führung» hat sich zum Ziel gesetzt, «die Stellung der Frau in der Gesellschaft zu stärken, den beruflichen Aufstieg von Frauen zu fördern, um dadurch die gleichberechtigte Zusammenarbeit von Frauen und Männern in Wirtschaft, Wissenschaft, Politik und Gesellschaft zu erreichen».

Über den Himmel von Berlin hinaus agiert das Netzwerk als Mitglied des EG-IRIS-Programmes (siehe Seite 103), das sich auch der Weiterbildung von europäischen Frauen verschrieben hat.

Wichtigste Aufgaben des Netzwerks:
Förderung von Frauen in Wirtschaft, Politik und Gesellschaft

Gründungsjahr: 1991

Mitgliederzahl: (nicht bekannt)

Berufe / Arbeitsfelder der Mitglieder:
Frauen aus dem Management, aus Wirtschaft und Wissenschaft

Gliederung in: Berlin

Mitgliedsbeitrag:

DM 350,– jährlich (DM 600,– Aufnahmegebühr)

Verbandsorgan:

Informationsfaltblatt

Möglichkeiten des Kennenlernens:

bei den zweimonatlichen Treffen

Angebote / Serviceleistungen für die Mitglieder:

- Förderung des nationalen und internationalen Informationsaustauschs
- Gedanken- und Erfahrungsaustausch
- Aufnahme in eine Datei

Fort- und Weiterbildungsmöglichkeiten:

- Trainingsprogramme
- Weiterbildungsveranstaltungen

Weitere Auskünfte und Unterlagen:

fif – Frauen in Führung e. V.
c/o AWW
Hagenstr. 48
W-1000 Berlin 33
Tel.: 030/8262086
Fax: 030/8265373

Münchner Wirtschafts-Forum e.V.

Obwohl das Wirtschaftswachstum in Südeutschland seit Jahren insgesamt günstiger verläuft als im übrigen Teil des Landes, sieht die Situation für weibliche Führungskräfte dort auch nicht günstiger aus als anderswo. Grund und Anlaß genug, auch dort, getreu dem Vorbild «Frankfurter Forum» (siehe Seite 57), ein Forum für karriereorientierte Frauen zu etablieren, das Münchner Wirtschafts-Forum.

Nicht nur national, sondern auch international werden die süddeutschen Frauen vernetzt. So ist es mittlerweile schon Tradition geworden, das letzte Jahrestreffen dem Kontakteknüpfen und dem Austausch mit den anderen Netzwerken zu widmen. Ein Zusammenschluß verschiedener Netzwerke ist aus programmatischer Sicht nicht möglich. Sinnvoll, auch um des «Netzelns» willen, ist aber eine punktuelle inhaltliche Zusammenarbeit zu bestimmten Themen. Das MWF ist mit von der Partie. Im Gegensatz zu einigen anderen Netzwerken sind im Münchner Wirtschafts-Forum solche Frauen zusammengeschlossen, die bereits beruflich etabliert bzw. auf dem Weg zum Erfolg sind.

Dies mag der Grund dafür sein, daß 1990 und 1991 Symposien des MWF zum Thema «Frau und Geld» stattfanden und ungemein erfolgreich verliefen. In Zusammenarbeit mit einer Bank wurde nicht nur der Versuch gemacht, die Frage «Über Geld spricht frau nicht?» zu beantworten in acht Workshops wurde von verschiedenen Seiten daran gearbeitet, auch den finanziellen Erfolg der Frauen systematisch voranzutreiben. Zur Debatte standen z. B. Themen wie

- Vermögensaufbau durch Einsteigerinnen,
- Anlagestrategien für Fortgeschrittene,
- Umgang mit Geld,
- Frauen leben länger – aber wovon?
- Frau & Bank – Gewußt wie?

Da Geld allein bekanntlich nicht glücklich macht, wird im MWF beispielsweise auch über «Frauenzeitschriften im Wandel» mit einer Chefredakteurin diskutiert.

«Mind-Mapping», eine Arbeitstechnik, die sich auch als organisiertes Brainstorming umschreiben ließe, stand im Interesse eines anderen Treffens.

«Networking im Freien», eines besonders gesunde Methode des Netzwerkens? Vielleicht, je nachdem, wie sie betrieben wird. Der MWF bezeichnet damit jedoch schlicht und professionell seine alljährlich stattfindende Sommerparty.

Wichtigste Aufgaben des Netzwerkes:

- Erfahrungsaustausch von Frauen aus unterschiedlichen Wirtschaftszweigen
- Förderung von Frauen auf ihrem Weg in Führungspositionen
- Orientierungshilfe für junge Frauen und Wiedereinsteigerinnen für ihre berufliche Karriere
- Networking regional, national und international

Gründungsjahr: 1987

Mitgliederzahl: 50

Berufe / Arbeitsfelder der Mitglieder:

Freiberuflerinnen, Frauen in Führungspositionen in der Wirtschaft, Unternehmerinnen

Gliederung in: München

Mitgliedschaft bei: Stadtbund Münchner Frauenverbände

Mitgliedsbeitrag:

z. Zt. DM 120,– jährlich (steigt)

Verbandsorgan:

Informationsfaltblatt

Möglichkeiten des Kennenlernens:

Besuch als Gast bei zwei Treffen

Angebote / Serviceleistungen für die Mitglieder:

- Ressourcen-Datenbank
- Fachdiskussionen
- individuelle Beratung
- Arbeitsgruppen zu Spezialthemen
- monatliche Treffen

Fort- und Weiterbildungsmöglichkeiten:

- Vorträge
- Seminare/Workshops zur fachlichen und persönlichen Weiterentwicklung
- Symposien zu frauenrelevanten Themen, z. B. 1991 «Über Geld spricht frau nicht»

Weitere Auskünfte und Unterlagen:

Münchner Wirtschafts-Forum e. V.
c/o. Sekretariat Office-Team
Sonnental 21
8175 Greiling/Bad Tölz
Tel.: 08041/9454

Frauen an Hochschulen

Arbeitskreis Wissenschaftlerinnen Nordrhein-Westfalen

Wer schon einmal aufmerksam die Vorlesungsverzeichnisse bundesdeutscher Hochschulen studiert hat, könnte annehmen, daß die Alma mater eine fast frauenfreie Zone ist. «Fast» insofern, als im Bereich der Lehrbeauftragten (das sind sozusagen «freie Mitarbeiter» der Hochschulen, die nur einen Vertrag für die Durchführung einzelner Seminare haben) und bei den Hochschulassistenten Frauen vorhanden sind. Einige wenige haben sogar Dozentenstellungen ergattert. Bei den Professoren oder bei den Lehrstuhlinhabern sowie im Reigen der Hochschulpräsidenten sieht's nun gänzlich flau aus, was den Frauenanteil angeht – unter 5 % bewegt er sich dort. Mit anderen Worten: im Wissenschaftsbetrieb kommen die Frauen als Subjekte und auch als Objekte, was Forschung und Lehre angeht, kaum vor. Daß dies nicht so bleiben wird, weil nämlich im Hochschulrahmengesetz festgehalten ist, daß die Benachteiligung von Frauen in der Wissenschaft aufzuheben ist, verdankt frau u. a. dem «Arbeitskreis Wissenschaftlerinnen NRW», von dem hier die Rede sein wird.

1990 lagen bereits 10 Jahre Arbeitskreispolitik hinter den Frauen, die sich einmal auf Einladung der sehr rührigen Sigrid Metz-Göckel (Professorin für Hochschuldidaktik) in Dortmund getroffen hatten, um sich über ihre Situation als Lehrende an der Hochschule auszutauschen. Das Résumée dieser Begegnung war, was die berufliche Stellung dieser Frauen anging, so niederschmetternd, daß allen klar wurde: dies darf so nicht bleiben, wir müssen etwas tun!

Und es geschah eine Menge in den nächsten Jahren. Der nun offiziell benannte «Arbeitskreis Wissenschaftlerinnen» entwickelte das Selbstverständnis einer Frauenlobby und gab Impulse für mannigfaltige Aktivitäten, weit über Dortmunds Universität hinaus. Dazu zählen:

1982: Dortmunder Initiative erwerbsloser und erwerbstätiger Hochschulabsolventinnen – DIEEH –

1985: Gründung des «Vereins Wissenschaft und Frauenbewegung» und als dessen Einrichtung seit 1989 das feministische «FrauenForschungsInstitut»

seit 1987: Kooperationen mit den kommunalen Gleichstellungsstellen in NRW

1988: Habilitiertinnen-Initiative

1989: Initiative zur Gründung der Bundeskonferenz der Hochschulfrauen

Aus der hochschulpolitischen Landschaft ist der Arbeitskreis nicht mehr wegzudenken. Frauen aus verschiedenen Hochschulen des Landes sind mittlerweile netzartig miteinander verbunden, was auch erklärtes Ziel war. Zudem ist in jeder Hochschule eine Kontaktfrau, die Verbindung zum Arbeitskreis hält. Nachdem der Arbeitskreis anfänglich noch Modellcharakter für die Bunderepublik hatte, gibt es mittlerweile in anderen Bundesländern vergleichbare Kreise. Der ursprüngliche Arbeitskreis hat jedenfalls mittlerweile einen solchen Stellenwert erlangt, daß er sogar vor staatlichen Entscheidungen zu hochschul- und wissenschaftspolitischen Fragen beratend hinzugezogen wird.

Seit Beginn der Arbeit des AK stehen die Themen

- Erhöhung des Anteils von Frauen auf qualifizierten Lebenszeitstellen im Wissenschaftsbetrieb,
- Förderung von Frauenstudien und -forschung,
- Verbesserung der Situation von Müttern in der Wissenschaft

im Mittelpunkt der Arbeit.

Viele Fahrten zur Landesregierung nach Düsseldorf waren nötig, um zumindest punktuelle Verbesserungen zu erreichen.

So gelang es den Wissenschaftlerinnen beispielsweise, in zähem Ringen mit der Bürokratie eine geschlechtergerechte Sprache in Hochschulprüfungs- und Studienordnungen zu erreichen. Damit ist die sogenannte «I-Schreibweise» gemeint: wenn von Studentinnen und Studenten die Rede ist, findet künftig die Schreibweise «StundentInnen» Verwendung.

Auch die Einrichtung von Frauenbeauftragten an den Hochschulen geht zum Teil auf das Konto des AK zurück.

Der neueste große Coup des AK: die Wissenschaftlerinnen fordern die Einrichtung einer Hochschule nur für Frauen. Und weiter: erst wenn 30 % aller qualifizierten Stellen in deutschen Hochschulen mit Frauen besetzt sind, sollen auch Männer in die Frauenhochschule aufgenommen werden.

Wichtigste Aufgaben des Arbeitskreises:
- Beseitigung von Frauendiskriminierung an den Hochschulen
- Institutionalisierung von Frauenforschung und Frauenstudien
- Erhöhung des Frauenanteils an qualifizierten Stellen

Gründungsjahr: 1980
Mitgliederzahl: ca. 200
Berufe / Arbeitsfelder der Mitglieder:
Geistes- und Sozialwissenschaftlerinnen / Hochschule
Gliederung in: Dortmund
Mitgliedsbeitrag: (nicht bekannt)
Verbandsorgan:
«Wissenschaftlerinnen-Info», erscheint zweimal im Jahr (im Abo für DM 5,– zzgl. Porto)
Möglichkeiten des Kennenlernens:
ca. einmal im Monat Treffen im Hochschuldidaktischen Zentrum (HDZ), Dortmund
Angebote / Serviceleistungen für die Mitglieder:
- Beratung
- Vermittlung von Referentinnen

Fort- und Weiterbildungsmöglichkeiten:
Seminare

Weitere Auskünfte und Unterlagen:
Arbeitskreis Wissenschaftlerinnen NRW
c/o Hochschuldidaktisches Zentrum (HDZ)
Universität Dortmund

Rheinlanddamm 199
4600 Dortmund 1
Tel.: 0231/1388110

Initiative habilitierter Frauen NRW
c/o AK Wissenschaftlerinnen NRW
Frauenforschungsinstitut Rhein-Ruhr
Redtenbacher Str. 30
4600 Dortmund 1

Verein Wissenschaft und Frauenbewegung e.V.
c/o Anne Schlüter
Hustadtring 81
4630 Bochum

IDEEH (ehem. DIEEH)
Initiative erwerbsloser und erwerbstätiger
Hochschulabsolventinnen
Huckardestr. 12
4600 Dortmund 1

Arbeitskreise von Wissenschaftlerinnen in
anderen Bundesländern:
AK Wissenschaftlerinnen in Schleswig-Holstein
c/o Prof. Adelheid Bonnemann-Böhmke
Fachhochschule Kiel
Tel.: 0431/57090

Verband Baden-Württembergischer
Wissenschaftlerinnen
c/o PD Dr. Margret Wintermantel
Tulpenweg 1
6940 Weinheim

Zentraleinrichtung zur Förderung von Frauenstudien
und Frauenforschung

Arbeitskreis wissenschaftlich und künstlerisch
tätiger Frauen Berlin
Freie Universität Berlin
Königin-Luise-Str. 34
W-1000 Berlin 33
Tel.: 030/8386255 oder
030/3221035

F.A.M. Frauenakademie München e.V.

Für frauenbewegte Frauen ist es sicher nicht verwunderlich, wenn von der Gründung des «Verein zur Förderung der Frauenakademie München (F.A.M.)» Im Jahre 1984 bis zur Gründung der Akademie nicht nur viel Wasser die Isar hinuntergeflossen ist, sondern auch manche Stromschnelle und manches Wehr im Flußverlauf überwunden werden mußte und immer noch muß. Das leidige Thema «Geld» spielt in dieser selbstorganisierten Institution wie anch andernorts eine ganz große Rolle. So arbeiten auch hier viele der aktiven Mitglieder ehrenamtlich, lediglich die Arbeit der Geschäftsführerin und einer Verwaltungskraft wird bezahlt. Für den Ausbau und die Fortsetzung der bisherigen Arbeit und für den größeren Raumbedarf ist eine kontinuierliche, langfristige, finanzielle Förderung notwendig. An Sponsoren und Förderern hat es in der Vergangenheit nicht gefehlt, wenn man sich die Realisierung einzelner Projekte anschaut:

- Tagung «Einmischung und Identität, Frauen und Frauenbewegung in Wissenschaft und Politik»: gesponsert durch EG und BMJFFG
- Ausstellung «Die Hälfte des Himmels» mit Karikaturen aus 23 Ländern: finanzielle Unterstützung durch das Kulturreferat der Stadt München und Netzwerk Selbsthilfe München e.V.
- Foto-Ausstellung «Sie waren überall dabei... Frauen im Nationalsozialismus 1933–1939»: mit Unterstützung vom Kulturreferat der Stadt München und dem Kulturforum München-West für die Öffentlichkeit in München zugänglich gemacht.

Auch wenn die Arbeit der F.A.M.-Frauen bereits 1987 durch die Verleihung des «Münchner Förderpreis für Frauenforschung und Frauenkultur» durch die Landeshauptstadt entsprechend gewürdigt wurde und trotz der finanziellen Einmalspritze der EG und des BMJFFG ist für ein weiteres Engagement finanzielle Kontinuität vonnöten.

Die Gründung der F.A.M. bzw. ihres Fördervereins hat ähnliche historische Ursachen wie die Etablierung des AK Wissenschaftlerinnen NRW (siehe Seite 65). Die F.A.M.-Frauen beschreiben dies so: «Ausgangspunkt unserer Initiative war die Erfahrung, daß Frauen trotz formeller Chancengleichheit nach wie vor nicht ihren angemessenen Platz in Forschung und Lehre, in Politik, Wirtschaft und Öffentlichkeit einnehmen können. Es scheint kaum möglich, den geringen Anteil von Frauen in einflußreichen Positionen ohne besondere frauenfördernde Maßnahmen zu erhöhen. Als Wissenschaftlerinnen liegt uns die Stärkung und Unterstützung von akademisch qualifizierten Frauen besonders am Herzen ...»

Die Förderung der Wissenschaftlerinnen soll von der Frauenakademie auf drei Ebenen angegangen werden:

1. Fortbildung
2. Wissenschaft
3. Politik

Erfahrungen auf dem Gebiet von Fortbildung liegen bereits seit Vereinsgründung vor. So wurden schon seit Jahren Seminare und Workshops angeboten. «Frauen und Alter» war beispielsweise Thema eines Workshops, ebenfalls in jüngerer Zeit «Stadtraum als Kommunikations- und Aneignungsraum». Die Verbindung von Wissenschaft und Praxis wurde in der Vortragsreihe «Alte Frauen – Neue Frauen», «Einmischung oder Verweigerung – Was wollen die Frauen vom Recht» und im Symposium «Nationalsozialismus und Frauenforschung» geknüpft. Um eine Vorstellung davon zu geben, wie und wo sich die Wissenschaftlerinnen im politischen Raum überall einmischen, reicht der Platz nicht aus. Beispielhaft hier einige Highlights:

- Vortrag beim SPD-Vorstand München: «Erwerbsarbeit und Nicht-Erwerbsarbeit: Beruf ist noch nicht einmal das halbe Leben»
- Tagungen an der Evangelischen Akademie Tutzing: «Kompetenz für öffentliches Auftreten» und «Die Sponsoren grüßen das Festival – Die Rolle der Stiftungen und Sponsoren in Wissenschaft, Kultur und Gesellschaft».

Gern gesehen sind die Mitglieder von F.A.M. als Referentinnen bei der «Feminale» in Nürnberg, beim «Münchner Wirtschafts-Forum» (siehe Seite 62), bei Ringvorlesungen (z. B. Wissenschaft am Küchentisch?), bei Pro Familia.

Auch in den Rundfunkanstalten NDR, BR und Deutschlandfunk u. a. sind die Wissenschaftlerinnen begehrte, da kompetente Gesprächspartnerinnen.

Der F. A. M. ist zu wünschen, daß die bislang glänzenden Medienkontakte sich in klingender Münze auszahlen und die geplanten Projekte wie z. B. Vergabe von Stipendien für Forschung und Weiterqualifizierung (auch für Promotionen und Habilitationen) und Schaffung von Arbeitsplätzen für Wissenschaftlerinnen realisiert werden können.

Wichtigste Aufgaben der Frauenakademie:
- Weiterentwicklung der Frauenforschung als wissenschaftliche Disziplin und Einsatz für die finanzielle und gesellschaftspolitische Anerkennung von Frauenforschung bei staatlichen Entscheidungsträgern
- Analyse der Ursachen für die mangelnde Arbeits- und Beschäftigungssituation qualifizierter Frauen sowie Entwicklung von Veränderungsstrategien
- Unterstützung von Hochschulabsolventinnen bei der Suche nach ausbildungsadäquaten Berufen
- Unterstützung bei der Vereinbarkeit von Familie und Beruf
- Schaffung von Beschäftigungsmöglichkeiten für Wissenschaftlerinnen über Projektanwerbung
- Betreiben von Einmischungspolitik durch Mitarbeit in der Bundesarbeitsgemeinschaft autonomer Frauenforschungseinrichtungen (BAFF) und der Gründungsinitiative «Rat der Frauen in der Wissenschaft»

Gründungsjahr: 1984
Mitgliederzahl: 168
Berufe / Arbeitsfelder der Mitglieder:
Akademikerinnen verschiedener Studieneinrichtungen / Wissenschaftliche Institutionen
Gliederung in: München
Mitgliedschaft bei:
- Bundesvereinigung Autonomer Frauenforschungseinrichtungen (BAFF)
- Stadtbund Münchner Frauen

Mitgliedsbeitrag:
DM 60,– für Schlechtverdienende,

DM 120,– für Normalverdienende jährlich,
Fördermitgliedschaften

Verbandsorgan:

- Informationsfaltblatt / Rundbrief
- Tagungsband «Frauenforschung und Frauen in der Forschung» (1988, zusammen mit Friedrich-Ebert-Stiftung; erschienen beim Profil-Verlag München)

Möglichkeiten des Kennenlernens:

Jour fixe alle 2 Monate am 3. Mittwoch ab 19.30 Uhr in der Auenstr. 31, 8000 München 5

Angebote / Serviceleistungen für Mitglieder und Institutionen:

- (Berufs-)Beratung für Akademikerinnen
- Vermittlung von Referentinnen
- Erstellung von Dokumentationen zu Vortragsreihen, Tagungen und Symposien der F.A.M.
- Arbeitsgruppen z. B. für promovierende Frauen

Fort- und Weiterbildungsmöglichkeiten:

- Seminare: Rhetorik, Bewerben, Personal Power, Feldenkrais, Lebens- und Karriereplanung für Frauen
- Vortragsreihen z. B. «Alte Frauen – Neue Frauen», «Weibliche Sozialisation»
- Konferenzen z. B. «Frauenforschung und Frauen in der Forschung»
- Tagungen z. B. «Neue Lust am Geschlechterunterschied»
- Workshops z. B. «Nationalsozialismus in der Neueren Frauenforschung»
- Kongreß 1991: «Wer macht Technik?»

Weitere Auskünfte und Unterlagen:

Frauenakademie München e. V.
Auenstr. 31
8000 München 5
Tel.: 089/721 1881

Forum Frau und Management

In der Schweiz tut sich was. Wer mit diesem sich «neutral» apostrophierenden Land eher Käse, Berge und allenfalls noch Nummernkonten verbindet, wird sich umstellen müssen. Denn die Frauen in allen Bereichen von «Papiland» (wie die Schweizer Autorin Hedi Wyss ihre Heimat in *Emma* ironisch beschreibt) scheinen zu erwachen. Nachdem immerhin schon 1971 die Apartheid in der Schweiz abgeschafft wurde, womit hier gemeint ist, daß die Schweizerinnen seitdem wählen «dürfen», wurde 1991 der erste nationale Frauenstreiktag aufgerufen. Und das zum Jubiläum 700 Jahre Schweiz! Typisch: Die Banken errechneten in Windeseile den Schaden, der der Schweizer Wirtschaft durch den Streiktag zugefügt wurde, nämlich knapp eine halbe Milliarde Fränkli.

Jedoch auch die neue Frauenbewegung in den Konzernetagen, bzw. in den dorthin führenden Kaderschmieden, macht neuerdings von sich reden. Nachdem die Aktion «Taten statt Worte» (siehe Seite 242), der «Verein Management Symposium» (siehe Seite 246) und «Women's DataBase» (siehe Seite 112) aus der Schweiz stammen, ist das, was die Jungakademikerinnen der St. Gallener Hochschule für Wirtschafts-, Rechts- und Sozialwissenschaften mit ihrem «Forum Frau und Management» auf die Beine gestellt haben, ein weiterer interessanter Impuls aus dem Alpenstaat. 1990 von Studentinnen *und* Studenten gegründet, besteht das Forum dort offiziell als anerkannte Organisation. Die Studentinnen sahen sich mit dem Widerspruch konfrontiert, daß einerseits immer mehr Frauen zu Führungskräften ausgebildet werden, andererseits aber diesen Frauen in Hochschule und später im Beruf, in den Unternehmen, die Lobby fehlt. Das Forum sieht als eine seiner Aufgaben, zwischen diesen beiden gesellschaftlichen Bereichen – Hochschule und Unternehmen – einen konstruktiven Dialog herbeizuführen.

Um dieses Ziel zu erreichen wird bereits – trotz finanzieller Engpässe –

eine Menge getan. Auf der Projektliste für das Jahr 1991 sind die verschiedensten Vorhaben und Aktivitäten aufgeführt, so zum Beispiel eine öffentliche Vorlesungsreihe, Infostand und Workshops auf der top '91 sowie ein «Gästecocktail» mit Diskussion und Gesprächen zur Thematik «Frau und Management». Nicht zu vergessen: Kurse, die das später wichtige Führungsverhalten trainieren sollen. Darüber hinaus ist eine Bibliothek zur Vereinsthematik im Aufbau.

Die «Netzwerkelei» wird beim wöchentlichen Infotreff betrieben und natürlich so weit wie möglich auch national und international. Gewünscht ist ebenfalls die Zusammenarbeit mit anderen Netzwerken.

Wer die Idee dieser studentischen Initiative unterstützen möchte, jedoch keine Zeit zur Umsetzung hat, wird herzlichst zum Sponsoring eingeladen!

Wichtigste Aufgaben des Forums:
- Verbesserung der Stellung der Frauen an der Hochschule St. Gallen und im Beruf sowie Förderung ihrer Mitwirkung in diesen Bereichen
- Verbesserung der Kontakte und des Zusammenhalts zwischen den Frauen an der Hochschule
- Sensibilisierung von Unternehmen und Gesellschaft für die Situation der Frau, Ermöglichung eines Dialogs
- Aufnahme und Pflege von Beziehungen zu Organisationen mit ähnlicher Zielsetzung zwecks Informationsaustausch
- Aufbau eines Netzwerkes für Frauen im Management

Gründungsjahr: 1990
Mitgliederzahl: (keine Angabe)
Berufe / Arbeitsfelder der Mitglieder:
Angehörige der Hochschule St. Gallen (auch ehemalige) sowie Personen, die sich für ein Projekt des Vereins interessieren – Frauen und Männer!
Gliederung in:
St. Gallen, Hochschule für Wirtschafts-, Rechts- und Sozialwissenschaften
Mitgliedsbeitrag:
SFr 20,– jährlich,
Sponsoring jederzeit willkommen

Verbandsorgan:

Informationsblatt «Chancen für Frauen», DSV Studenten Verlag GmbH

Möglichkeiten des Kennenlernens:

- wöchentlicher Infotreff und Stamm während des Semesters im Restaurant des studentischen Kulturzentrums Weissenstein, Davidstr. 22 in St. Gallen, mittwochs 20.00 Uhr
- bei öffentlichen Vorträgen und Vorlesungsreihen
- bei Tagungen und Kongressen, z. B. top '91
- bei Symposien, z. B. Management-Symposium für Frauen

Angebote / Serviceleistungen für die Mitglieder:

- Diskussionsrunden und Erfahrungsaustausch
- geplant: Aufbau einer Bibliothek zur Vereinsthematik

Fort- und Weiterbildungsmöglichkeiten:

- öffentliche Vorträge an der Hochschule St. Gallen mit Fachleuten aus Wissenschaft und Praxis zum Thema «Frau Management»
- Infotreffs mit Themen wie «Frauen im Islam», «Beruf und Familie»
- Tagung: «Working women in Europe» (Januar 1992)
- Rhetorikkurse

Weitere Auskünfte und Unterlagen:

Forum Frau und Management
c/o Studentenschaft
der Hochschule St. Gallen
Varnbüelstr. 19
CH-9000 St. Gallen
Tel.: 004171/302510
Fax: 004171/302513

oder

Forum Frau und Management
p.A. Gudrun Sander
Kreuzstr. 24
CH-9032 Engelburg

Frauen in Naturwissenschaft und Technik

deutscher
ingenieurinnen bund e.V.

In den dickbeleibten Stellenteilen der überregionalen Zeitungen am Wochenende ist erfreulicherweise seit längerem zu beobachten, daß der Arbeitsmarkt für Ingenieure sehr viele Angebote aufweist. Wohlgemerkt: für Ingenieure, nicht hingegen für das weibliche Pendant, die Ingenieurinnen. Dies mag daran liegen, daß die anbietenden Firmen von Frauenförderung und einer gezielten Ansprache an Frauen noch nichts gehört haben, was schlimm genug wäre. Oder aber es handelt sich um eine bewußte Ausgrenzung von Frauen, denen *man* den Einbruch in den Herrenclub Technik verwehren möchte. Auch dafür gäbe es sicher genügend Gründe, respektive Vorurteile. Mit einem Vorurteil muß jedoch ganz sicher aufgeräumt werden: dem der fachlichen Nichteignung.

Begeben sich Frauen nämlich in männerdominierte Gebiete, wie es z. B. die Ingenieurwissenschaften sind, so sind deren Leistungen durchschnittlich besser als die der Männer.

Aus der eigenen Betroffenheit – als Frau in der Männerwelt Technik – wurde 1986 der dib in Darmstadt von Ingenieurinnen und Studentinnen der Ingenieurwissenschaften gegründet. Das Vereinsziel umfaßt grob umrissen «die breitgefächerten Benachteiligungen von Frauen in technischen Arbeitsbereichen abzubauen» (aus dem Faltblatt).

In 12 überregionalen Ortsgruppen gehen die Frauen ans gemeinsame Werk. Ein Schwerpunkt der Arbeit besteht auch darin, den Nachwuchs,

d. h. junge Frauen und Mädchen, für technische Berufe zu interessieren und letztlich damit auch die «Quote» zu erhöhen.

Auf einer Mitgliederversammlung 1988 wurde eine Forderung verabschiedet, die die Quotierung beinhaltet. Diese ist als mehrseitiges Forderungspapier erhältlich.

Daß es den dib überhaupt gibt, hängt nicht nur mit der beschriebenen gesellschaftlichen Lage zuungunsten der Ingenieurinnen zusammen. Die Frauen im dib sind feministisch geprägt und fanden von daher zu den etablierten Vereinen keinen Zugang.

Dem dib sind alle Frauen – gleich welcher Nationalität – willkommen, die nicht nur Initiative und Engagement zeigen, sondern auch die Bereitschaft haben, sich kritisch mit der Wissenschaft sowie Studien- und Arbeitsbedingungen auseinanderzusetzen.

Wichtigste Aufgaben des Verbandes:

- Förderung und Interessenvertretung von Ingenieurinnen in der Öffentlichkeitsarbeit
- Abbau der breitgefächerten Benachteiligungen von Frauen in technischen Arbeitsbereichen
- Förderung von Quotenregelung für Ingenieurinnen
- Beobachtung der Wechselwirkungen zwischen technischen und gesellschaftlichen Entwicklungen und deren Auswirkung auf die Frauen
- kritische Auseinandersetzung mit Studien- und Arbeitsbedingungen
- Förderung des Erfahrungsaustausches über die berufliche und persönliche Situation mit Hilfe eines Netzwerks
- Motivationssteigerung für Mädchen und Frauen, technische Berufe/Studien zu ergreifen

Gründungsjahr: 1986

Mitgliederzahl: ca. 300

Berufe/Arbeitsfelder der Mitglieder:

Ingenieurinnen und Studentinnen der Ingenieurwissenschaften, Naturwissenschaftlerinnen, ingenieurähnliche Arbeitsfelder

Gliederungen in:

Aachen, Berlin, Bremen, Darmstadt, Hamburg, Hannover, Karlsruhe, Kiel, Köln, München, Nürnberg/Fürth/Erlangen, Stuttgart, Wiesbaden

Mitgliedschaft bei:

Deutscher Frauenrat

Mitgliedsbeitrag:

DM 80,– jährlich für Berufstätige,
DM 30,– jährlich für Studentinnen oder Nichtberufstätige,
DM 40,–/15,– jährlich für Mitglieder aus der ehemaligen DDR

Verbandsorgan:

- dib-Rundbrief (erscheint viermal jährlich)
- Informationsfaltblatt
- Vereinsinformationen

Möglichkeiten des Kennenlernens:

- durch die o.g. Ortsgruppen
- Hannovermesse

Angebote / Serviceleistungen für die Mitglieder:

- Arbeitsgruppen: Künstliche Intelligenz, Utopien einer befriedigenden Arbeitswelt, Hannovermesse, Netzwerk, Rundbrief.
- Netzwerk, das Informationen zu freien Stellen, zur Arbeitsplatzsituation und vieles mehr ermöglicht
- Organisation von Treffen
- Mitgliederversammlung (jährlich)

Fort- und Weiterbildungsmöglichkeiten:

Seminare, z. B. Rhetorikkurse, «Ingenieurin und Macht»

Weitere Auskünfte und Unterlagen:

deutscher ingenieurinnen bund e.V.
Postfach 11 03 05
6100 Darmstadt

Frauen in Naturwissenschaft und Technik e.V. (FIT)

Obwohl dieser Verein mit seinen vier Jahren noch recht jung ist, geht die Gründungsgeschichte indirekt immerhin auf das Jahr 1977 zurück. Seit diesem Jahr gibt es jährlich stattfindende bundesweite autonome Treffen der Frauen aus Naturwissenschaft und Technik. Diese Treffen, die am Himmelfahrtstag stattfinden, werden von wechselnden regionalen Gruppen organisiert. In offenen Foren können sich die Frauen über ihre Lern- und Arbeitserfahrungen austauschen. Sie beleuchten fachspezifische Probleme unter weiblichem Blickwinkel und diskutieren feministische Wissenschaftskritik.

Die Erfahrung lehrte jedoch, daß aufgrund der fehlenden engeren Zusammenhänge die Strukturen außerhalb der jährlichen Treffen nicht ausreichten, um effizient zu sein. Die Konsequenz daraus war die Vereinsgründung im Jahre 1988. Damit sollte einerseits eine Lücke zwischen den jährlichen Treffen geschlossen werden, andererseits wurde aber damit auch eine kontinuierliche Ansprechadresse und ein mandatiertes Sprachrohr geschaffen.

Wie der Infobroschüre zu entnehmen ist, folgt diese Vereinsgründung dem Bedürfnis von Naturwissenschaftlerinnen und Technikerinnen nach einer Interessenvertetung gegenüber der Öffentlichkeit

- bei der Besetzung von Kommissionen und Stellen, auch von solchen, die der Qualifizierung von Frauen und Mädchen für andere Berufe dienen sollen,
- für die Vertretung von Naturwissenschaftlerinnen und Technikerinnen in allgemeingesellschaftlichen Gremien
- sowie in der gesellschaftspolitischen und wissenschaftlichen Diskussion über Naturwissenschaft und Technik.

Aus der Gründungserklärung geht die besondere Lage der Frauen in Naturwissenschaft und Technik hervor:

- Inhalte, Methoden und Institutionen unserer Berufe wurden unter Ausschluß von Frauen entwickelt.
- Das Zwischenmenschliche und Soziale, Schwerpunkt der Sozialisation von Frauen, sind nicht Teil des Fachwissens unserer Berufe und unserer beruflichen Umwelt.
- In der Frauenbewegung werden wir zu Außenseiterinnen gemacht.

Die letztgenannte These wird übrigens mit dem geschlechtsspezifischen Desinteresse an Naturwissenschaft und Technik seitens der Frauenbewegung begründet.

Auf den dreimal jährlich stattfindenden Mitgliederversammlungen, die außer an Himmelfahrt (eingebunden in das autonome Jahrestreffen) im Herbst und im Februar/März stattfinden, werden brisante Themen wie z. B. Gen- und Reproduktionstechnologien, Quotierung und feministische Forschung in den Naturwissenschaften diskutiert.

Gerade in bezug auf Gen- und Reproduktionstechnologien, die manchenorts als Inbegriff frankensteinscher Männerphantasien gesehen werden, gibt es im Verein punktuell durchaus kontroverse Meinungen. Dies ging teilweise so weit, daß eine Klärung erst mit fachlicher Unterstützung durch eine Supervisorin möglich wurde. In Arbeitsgruppen wurde das Thema dann erneut durchdacht.

Mit der Quotierungsdiskussion wurde gleichzeitig ein Gesetzesvorschlag erarbeitet, der die Ergebnisquotierung in allen Hierarchieebenen zum Inhalt hat.

Perspektivisch gesehen wollen sich die Vereinsfrauen mit dem Widerspruch zwischen ihrer Technik- und Wissenschaftskritik einerseits und ihrer beruflichen Realität andererseits auseinandersetzen. Außerdem will der Verein einen Beitrag zu Frauenförderplänen im öffentlichen Dienst, aber auch in der Industrie beisteuern.

Wichtigste Aufgaben des Vereins:

- Förderung und Unterstützung der Frauen in Naturwissenschaft und Technik
- Informationsaustausch und interdisziplinäre Zusammenarbeit
- Aufklärung der Öffentlichkeit über die gesellschaftliche Problematik männerdominierter Tätigkeitsfelder
- Bewußtmachung des widersprüchlichen Lebenszusammenhanges von Frauen in männerdominierten Berufen

- Abbau der Diskriminierung von Frauen in Ausbildung und Beruf
- Förderung der Entwicklung umwelt- und sozialverträglicher Konzepte in Naturwissenschaft und Technik als Alternative zu den herkömmlichen Konzepten
- feministische Kritik der Naturwissenschaft und Technik.

Gründungsjahr: 1988

Mitgliederzahl: ca. 185

Berufe / Arbeitsfelder der Mitglieder:

Frauen in naturwissenschaftlichen und technischen Berufen und Ausbildungsgängen / Akademikerinnen, Professorinnen, Studentinnen, erwerbslose Frauen

Gliederungen in:

Berlin, Darmstadt, Frankfurt / Main, Göttingen, Hamburg, Hilden, Köln

Mitgliedsbeitrag:

DM 120,– jährlich für Berufstätige,
DM 30,– jährlich für erwerbslose Frauen

Verbandsorgan:

- Rundbrief
- Infobroschüre / Infomappe
- Schriftenreihe

Möglichkeiten des Kennenlernens:

- bundesweite Kongresse der Frauen aus Naturwissenschaft und Technik
- auf Informationsveranstaltungen

Angebote / Serviceleistungen für die Mitglieder:

- Bewerbungskartei
- Arbeitskreis

Fort- und Weiterbildungsmöglichkeiten:

drei Mitgliederversammlungen jährlich mit Fachthemen z. B. Gen- und Reproduktionstechnologien, Frauenforschung / feministische Wissenschaft etc.

Weitere Auskünfte und Unterlagen:

Frauen in Naturwissenschaft und Technik e. V.
Postfach 50 04 22 *oder:* Postfach 1745
2000 Hamburg 50 3400 Göttingen

Bücherfrauen e. V. – Women in Publishing

Die Zielgruppe der Frauen, die im Buchhandel, in Verlagen, in Agenturen und angrenzenden Bereichen tätig sind, haben die «Bücherfrauen» im Visier. Als Verein existieren sie bereits seit 1990. Sie wurden nach dem Vorbild der englischen Frauenorganisation «Women in Publishing» von zwei Fachfrauen gegründet. Mittlerweile haben sich ihnen 350 Frauen in 8 Städten angeschlossen.

Die Bücherfrauen bezeichnen sich selbst zwar als Netzwerk, zu ihren selbstgewählten Aufgaben gehören jedoch auch solche, wie wir sie vorwiegend bei den traditionellen Berufsverbänden finden. Nämlich die Interessenvertretung den Arbeitgebern und ihren Verbänden gegenüber in bezug auf bezahlte Fortbildung, Lohnfragen und Betriebskindergärten. Was die Gehaltsstrukturen angeht, so ist im Buchhandel sicher noch eine Menge zu tun. Denn – wie übrigens in nahezu allen beruflichen Bereichen, in denen Frauen überdurchschnittlich vertreten sind – nicht nur die Gehälter lassen manchen Wunsch unerfüllt, auch die einflußreichen Stellungen in Buchhandel und Verlagswesen bleiben bislang vorwiegend den Männern überlassen.

Die Bücherfrauen sind gewerkschaftlich und parteipolitisch neutral. In ihren Reihen finden sich Frauen im Alter von 20–70 Jahren. Obwohl der Verein noch relativ «jung» ist, gibt es bereits große Pläne. Neben der Durchführung von Lesungen und Ausstellungen wird ein alternativer Buchpreis vergeben, mit dem der Inhalt und die Gestaltung von Frauenbüchern prämiert werden soll.

Die Fortbildung umfaßt ein breites Spektrum. Es reicht von den rein fachlichen Themen wie Herstellung, Buchgestaltung, Typographie, Vertrieb, Öffentlichkeitsarbeit, Verkauf, Lizenzen, Rechte, Geschäftsführung bis zu inhaltlichen Diskussionen über den Sexismus in der Sprache oder den Boom bei Frauenkrimis.

Erwähnenswert ist zudem der Plan, ein Kontaktnetz zwischen den voneinander getrennten Bereichen Produktion / Distribution und Rezeption herzustellen. So wird es mit Hilfe eines umfangreichen Mitglieder-Adreßverzeichnisses möglich, daß die Lektorin von der Buchhändlerin erfährt, welche Themen besonders nachgefragt werden. Eine realistischere Einschätzung der Marktlage ist die Folge. Andererseits kann die Lektorin die Buchhändlerin mit internen Zusatzinformationen versorgen und somit zur Verkaufssteigerung beitragen.

Verglichen mit ihren britischen Kolleginnen stehen die Bücherfrauen hierzulande noch am Anfang. Die etablierten «Women in Publishing» haben es immerhin erreicht, daß die Mitgliedsbeiträge und Fortbildungskosten oft schon von den ArbeitgeberInnen bezahlt werden!

Wichtigste Aufgaben des Netzwerkes:

- Unterstützung im beruflichen Fortkommen
- Interessenvertretung gegenüber Unternehmern / Unternehmensverbänden
- Vernetzung der voneinander getrennten Bereiche der Produktion, Distribution und Rezeption / Herstellung
- Einsatz für: Gleicher Lohn für gleiche Arbeit; Teilzeitarbeit und Betriebskindergärten

Gründungsjahr: 1990

Mitgliederzahl: ca. 350 (Tendenz steigend)

Berufe / Arbeitsfelder der Mitglieder:

Frauen aus der Buch-, Zeitungs- und Zeitschriftenbranche (Verlag und Handel)

Gliederungen in: Berlin, Düsseldorf, Frankfurt / Main, Freiburg (Emmerdingen), Göppingen, Hamburg, Kassel, Köln, München, Stuttgart (Esslingen)

Mitgliedsbeitrag:

DM 30,– bis 60,– jährlich

Verbandsorgan:

- Rundbrief
- Informationsfaltblatt

Möglichkeiten des Kennenlernens:

- auf der Buchmesse in Frankfurt
- überregionale Treffen
- Besuch der regelmäßig stattfindenden Regionaltreffen

Angebote / Serviceleistungen für die Mitglieder:

- regelmäßiger Erfahrungsaustausch und Knüpfen von Verbindungen
- Austausch über arbeitsspezifische Probleme und Schwierigkeiten
- Durchführung von Lesungen und Ausstellungen
- Stiftung eines alternativen Buch-Preises für Inhalt und Gestaltung von Frauenbüchern (Belletristik / Sachbuch)
- Auseinandersetzung mit den Themen: Sexismus in Publikationen und Sprache; Die Buchbranche aus feministischer Sicht
- Studie (geplant): Berufs- und Aufstiegschancen von Frauen im Verlagswesen und den angrenzenden Buchbereichen
- Aufnahme in überregionales Adreßverzeichnis

Fort- und Weiterbildungsmöglichkeiten:

- Seminare und Vorträge zu den Themen: «Arbeitsverhalten von Männern und Frauen»; «Rhetorik, Verhandlungsstrategien, Effektives Arbeiten, Umgang mit Kundinnen / Kunden»; «fachliche Themen».

Weitere Auskünfte und Unterlagen:

Bücherfrauen c/o
Susanne Lange
(Zentrale)
Isabellastr. 32
8000 München 40

Renate Stefan
(Presse- und
Öffentlichkeitsarbeit)
Görresstr. 25
W-1000 Berlin 41

JournalistinnenInitiative Journalistinnenstammtisch

Da, wo eine Zeitung nach der anderen entweder ganz ihr Erscheinen einstellte oder komplett von einem westdeutschen Zeitungskonzern geschluckt wurde und da, wo demzufolge reihenweise tatsächlich – oder per Parteibuch – qualifizierte Journalisten und vor allem Journalistinnen ihren Arbeitsplatz verloren haben, keimt seit Anfang 1991 das zarte Pflänzchen «Journalistinnenstammtisch».

Die Idee zur Gründung einer JournalistinnenInitiative, von der hier auch die Rede sein wird, wurde in diesem Kreis von ca. 15 Journalistinnen aus Verlagen und Sendern geboren. Einmal monatlich treffen sich die Frauen der schreibenden Zunft seit Anfang 1991 in Ost-Berlin.

Das Bedürfnis nach Kontakten zu Kolleginnen in anderen Verlagen und Sendern war angesichts der schlechten Perspektive das treibende Element, einen Stammtisch als Treffpunkt, Informations- und Job-Börse ins Leben zu rufen.

Die JournalistinnenInitiative, noch in der Entstehung begriffen, ist gedacht als Verband für Journalistinnen in den neuen Ländern. Beim Ministerium für Frauen und Jugend wurden bereits Gelder für die Startphase beantragt. Die Initiative soll als Netzwerk Hilfe zur Selbsthilfe bieten und vor allem den von Arbeitslosigkeit betroffenen Kolleginnen auf die Beine helfen. «Wir wollen angehen gegen Resignation, uns für berufliche Perspektiven einsetzen und auch unbelastete Nachwuchs-Journalistinnen, die oftmals in der DDR keinen Sinn im Beruf erblicken konnten, fördern» heißt es in einer informellen Selbstdarstellung.

Unabhängig von der Entwicklung des Initiative-Projekts wird sich der Stammtisch einmal im Monat zusammenfinden, um auf improvisierterer Ebene zu netzwerkeln.

Wichtigste Aufgaben:
- Hilfe zur Selbsthilfe für Journalistinnen in den neuen Bundesländern
- Netzwerk zur Vereinigung der Aktivitäten
- Schaffung bzw. Sicherung von Arbeitsplätzen

Gründungsjahr: 1991
Mitgliederzahl: 15
Berufe / Arbeitsfelder der Mitglieder:
Journalistinnen aus Verlagen und Sendern der neuen Bundesländer, erwerbslose Journalistinnen; von der DDR-Vergangenheit unbelastete Nachwuchsjournalistinnen
Gliederungen in: Berlin und neue Bundesländer
Mitgliedsbeitrag: (keine Angabe)
Verbandsorgan: (noch nicht vorgesehen)
Möglichkeiten des Kennenlernens:
Journalistinnenstammtisch: Ewa-Frauenzentrum, Prenzlauer Allee 6, O-1055 Berlin, jeden letzten Dienstag im Monat um 20 Uhr
Angebote / Serviceleistungen für die Mitglieder:
- regelmäßige Treffs
- Beratung
- Erfahrungsaustausch
- Förderung von Umschulung, Weiterbildung und Qualifikation
- Hilfe für Freiberufliche

Fort- und Weiterbildungsmöglichkeiten: (noch keine Angaben)
Weitere Auskünfte und Unterlagen:

JournalistinnenInitiative
c/o Helga Frankenstein
Mainzer Str. 15
O-1035 Berlin
Tel.: 00372/5884398

Journalistinnenstammtisch
c/o Doris Friedrich
Ebertystr. 44
O-1034 Berlin
Tel.: 00372/4391774

Medienfrauen

Im Herbst 1991 machte ein Urteil Schlagzeilen, das allen in den Medien tätigen Frauen Anlaß zur Freude war. «Franca Magnani siegt vor römischem Gericht» war in den Gazetten zu lesen. Ein vierjähriger Rechtsstreit wurde damit – fürs erste – beigelegt. Was war vorausgegangen? Der seit 1984 für den Bayerischen Rundfunk in Rom tätigen Journalistin, vielen trotz ihrer Sendeabstinenz noch in Erinnerung als kompetente Beobachterin der chaotischen italienischen Verhältnisse, war 1987 überraschend gekündigt worden. Der konservative Bayerische Rundfunk hatte sich auf diesem Wege einer zwar kompetenten, aber unbequemen Mitarbeiterin entledigen wollen. Was nur zum Teil, siehe oben, gelang. Denn Frau Magnani ließ sich eine solche Behandlung nicht gefallen, wehrte sich juristisch und konnte sich nach dem Richterspruch wieder als Mitarbeiterin des bayerischen Senders betrachten.

Auch die «Medienfrauen», von denen hier die Rede sein wird, gehörten 1987 zu denjenigen, die öffentlich gegen diese Willkür protestierten. Diskriminierung von Frauen in den Sendeanstalten gehe in der Regel einher mit Diskriminierung der Frauen auf den Sendeplätzen und ist somit zentrales Thema der Medienfrauen. Bereits seit 1977 machen sie in den Sendeanstalten von ARD und ZDF mobil. 1992 begehen sie zum 15. Mal ihr traditionelles bundesweites Herbsttreffen. Die jährlichen Treffen, deren Austragungsort turnusmäßig wechselt, werden von der Industriegewerkschaft Medien und der jeweiligen Rundfunkanstalt finanziell unterstützt. Diskussionsschwerpunkte und Themen der letzten Treffen waren z. B.:

- Frauen im Programm,
- Veränderung in den Programmstrukturen,
- Personalpolitik in den Rundfunkanstalten,
- Frauen und Gewerkschaften,

- das Verhältnis von Frauen zueinander,
- Frauensprache / Frauenforschung.

Unumstrittener Höhepunkt der Treffen ist jedoch die Verleihung eines Wanderpreises, der «Sauren Gurke», die für die frauenfeindlichste Sendung des zurückliegenden Jahres vergeben wird. Zu den Preisträgern gehören prominente Redakteure und Moderatoren wie Johannes Groß (Die Bonner Runde / ZDF), Günther Nenning (III nach neun / Radio Bremen), Günther von Lojewski (Report München), Jochen Busse (Sketch as Sketch can / SDR) sowie Ernst Elitz (Weltspiegel). 1989 mußte Jürgen von der Lippe mit einem Trostpreis vorlieb nehmen. In seiner Sendung «Geld oder Liebe» sei es ihm «in gewohnt feinsinniger Weise» überzeugend gelungen, mit Hilfe seiner «schlüpfrig-launigen Spielchen» «die Verfügbarkeit weiblicher Körperteile als Objekte des sportlich-männlichen Ehrgeizes» zu belegen.

Daß die seit Jahren bestehenden Forderungen der Medienfrauen nach festen Sendezeiten und eigenem Etat für Frauenredaktionen durchaus ihre Berechtigung haben, wurde 1991 erneut deutlich: Sozusagen auf dem Altar der Kirche wird «Mona Lisa» geopfert. Das bislang einzige Frauenmagazin im Hauptprogramm des öffentlich-rechtlichen Fernsehens, das sich zudem stetig wachsender Beliebtheit erfreut, muß zugunsten kirchlicher Sendungen 12 Sendeplätze pro Jahr abgeben. Kein Wunder, wenn auch die Fernsehzuschauerinnen zu den «Privaten» gehen und sich mit «Weiber von Sinnen» trösten!

Die politischen Veränderungen in Deutschland bedeuten naturgemäß auch für die Medienfrauen einen Wandel in ihrer Organisation. So wurde z. B. das 13. Herbsttreffen 1990 in Köln stark geprägt von den 40 Frauen, die aus den neuen Bundesländern angereist waren. Es wäre zu begrüßen, wenn die Medienfrauen auch die dortigen neugegründeten Sendeanstalten prägen. Der Mitteldeutsche Rundfunk (MDR) zum Beispiel mit seiner konservativen Intendanz ist gewiß ein lohnendes Betätigungsfeld.

Wichtigste Aufgaben des Verbandes:

- Entwicklung und Ausübung von Solidarität unter Frauen
- Entwicklung von Transparenz über die Arbeitssituation von Frauen in den Rundfunkanstalten
- Interessenvertretung für Frauen

- Herstellung von Kommunikation unter den Frauen
- Einmischung in die Programmpolitik der Sendeanstalten, d. h. beispielsweise Forderung nach Frauenfachredaktionen mit festen Sendezeiten und eigenem Etat und Aufrechterhaltung der Meinungsfreiheit
- Erhöhung des Frauenanteils in den Rundfunkanstalten, v. a. in den einflußreichen Positionen

Gründungsjahr: 1977/1978

Mitgliederzahl:

in den einzelnen Sendeanstalten je ca. 20 aktive Kolleginnen; auf den bundesweiten Treffen sind in der Regel 400 Kolleginnen

Berufe/Arbeitsfelder der Mitglieder:

ca. 140 verschiedene Berufe im Bereich Medien, von Technikerinnen, Regisseurinnen, Redakteurinnen, Cutterinnen bis zu Sekretärinnen und Programmgestalterinnen/ARD und ZDF

Gliederungen:

Bayerischer Rundfunk (München), Deutsche Welle (Köln), Deutschlandfunk (Köln), Hessischer Rundfunk (Frankfurt/M.), Norddeutscher Rundfunk (Hamburg, Kiel, Hannover), Radio Bremen, RIAS Berlin, Saarländischer Rundfunk (Saarbrücken), Sender Freies Berlin, Süddeutscher Rundfunk (Stuttgart), Südwestfunk (Baden-Baden), Westdeutscher Rundfunk (Köln), Zweites Deutsches Fernsehen (Mainz), in den neuen Bundesländern z. Zt. noch nicht,
ORF (Wien), SRG (Zürich), DRS (Bern)

Zusammenarbeit mit:

- Industriegewerkschaft Medien
- Deutscher Journalistinnenbund
- internationale Medienverbände

Mitgliedsbeitrag: keiner

Veröffentlichungen:

- jährliche Dokumentationen der Herbsttreffen
- Silke Baumgarten «Frauengruppen in den öffentlich-rechtlichen Rundfunkanstalten in der Bundesrepublik Deutschland», unveröffentlichte Diplomarbeit am Fachbereich Politologie der Universität Hamburg 1985)

Möglichkeiten des Kennenlernens:

- über die Gruppen in den einzelnen Sendern
- auf den Herbsttreffen

Angebote / Serviceleistungen für die Mitglieder:

- Seminare, z. B.: «Selbstbehauptungstraining für Frauen» auf den Herbsttreffen
- Erfahrungs- und Informationsaustausch
- Arbeitsgruppe z. B.: «Frauen – Macht – Karriere», «Frauen in Sackgassenberufen», «Feministische Linguistik», «Freie Journalistinnen», «Frauen in den Gewerkschaften», «Psychosomatische Störungen bei Frauen im Beruf», «Frauen in der Berichterstattung», «Europäische Medienpolitik», «Frauen in den Medien östlicher Nachbarstaaten», «Frauenbild im Fernsehen».

Weitere Auskünfte und Unterlagen:

Westdeutscher Rundfunk
Dr. Inge von Bönninghausen
Appellhofplatz 1
5000 Köln 1
Tel.: 0221/2203925

Baufrauen

Baufachfrau e.V.

Klempner, Schreiner, Zimmermann, Maurer, Dachdecker, Fliesenleger, Stukkateure, Maler – dies sind Angehörige von ausführenden Bauberufen, ohne die kein Bau je zustande käme. Typische Männerberufe, unbestritten, oder kennen Sie eine Dachdeckerin, Zimmerfrau (nicht zu verwechseln mit Zimmermädchen, das im Hotel- und Gaststättengewerbe tätig ist) oder Maurerin? Dennoch: es gibt sie, trotz aller Widrigkeiten, denen diese Frauen in ihrem Berufsalltag ausgesetzt sind. Dazu gehören nicht nur die täglichen Anmachereien und der hierarchisch geprägte, rauhe Umgangston. Im Grunde müssen sie damit leben, daß sie eigentlich gar nicht existent sind bzw. sein dürften. Nach § 20 der «Ausführungsverordnung zur Arbeitsordnung» wird Frauen verboten, sich im Bauhauptgewerbe – dazu gehören die eben genannten Dachdeckerinnen, Zimmerinnen und Maurerinnen – ausbilden und beschäftigen zu lassen. Bis vor zwei Jahren galt dies ebenfalls für das Ausbau- und Baunebengewerbe. Dieses Beschäftigungsverbot, das ja ein Berufsverbot für Frauen ist, geht auf das Jahr 1938 zurück. Ritterlich wollte man die Frauen damals und heute vor schwerer körperlichen Arbeit schützen. (Wer hat jemals die Krankenschwestern vor schweren und unhandlichen Patienten beschützt, die täglich zigmal umgebettet werden müssen?)

Das «Berufsverbot» für Frauen am Bau und der Frauenarbeitsschutz sind zwei Themen von vielen, die von den «Baufachfrauen» aufgegriffen werden. Der Verein versteht sich als Selbsthilfeorganisation von Handwerkerinnen und Architektinnen. Er will Mädchen und Frauen in ihrer Entscheidung, einen Bauberuf zu wählen, unterstützen. Er will sie ermutigen, sich für einen Meisterinnenlehrgang anzumelden, einen eigenen Betrieb zu gründen.

Weiterbildung wird großgeschrieben, im Bereich des ökologischen Bauens zum Beispiel. Regelmäßige Treffen auf regionaler und nationaler

Ebene sollen den Erfahrungsaustausch unter den Kolleginnen fördern und dem Informationsaustausch dienen.

Und natürlich sind die «Baufachfrauen» auch daran interessiert, daß Aufträge an ihre Kolleginnen vergeben werden.

Wichtigste Aufgaben des Vereins:
- Förderung der Kommunikation und gegenseitigen Unterstützung
- Kontakt und Austausch mit Berufskolleginnen
- Förderung der allgemeinen und beruflichen Weiterbildung von Mädchen und Frauen in planende und ausführende Bauberufe
- Verwirklichung der Gleichstellung von Frau und Mann

Gründungsjahr: 1987
Mitgliederzahl: ca. 180
Berufe / Arbeitsfelder der Mitglieder:
Handwerkerinnen, Architektinnen, Ingenieurinnen tätig in Planung und Ausführung
Gliederungen in: Berlin, Dortmund
Mitgliedsbeitrag:
DM 60,– jährlich
Verbandsorgan:
- monatlich erscheinender Rundbrief
- Informationsfaltblatt

Möglichkeiten des Kennenlernens:
auf den Treffen
Angebote / Serviceleistungen für die Mitglieder:
- Förderung der Auftragsvergabe an Handwerkerinnen und Architektinnen
- Adressenkartei
- Baufachfrau-Regional-Treffen in Dortmund jeden letzten Montag im Monat 19–21.30 Uhr
- Baufachfrauentreffen (mindestens zweimal im Jahr)
- Treffen von Frauen im Bauhauptgewerbe
- Treffen von Schreinerinnen in selbstverwalteten Betrieben
- Mitgliederversammlungen

Fort- und Weiterbildungsmöglichkeiten:
- Exkursionen
- Seminare in den Bereichen Bau und Ökologie

Weitere Auskünfte und Unterlagen:

Baufachfrau e. V.
Adlerstr. 81
4600 Dortmund 1
Tel.: 0231/143338

FOPA e. V – Feministische Organisation von Planerinnen und Architektinnen

Mit dem ersten FOPA-Projekt in Dortmund (1984–1986), das sich für eine Verbesserung der Frauenbeteiligung an der Stadtplanung einsetzte, wurde eine Reihe von Projekten begonnen, die sich mit sozialer und ökologischer Stadterneuerung befassen. Auch wenn dieses Projekt, die Verknüpfung von Hofbegrünung und ökologischer Abfallwirtschaft im Dortmunder Westparkviertel, mangels städtischer Unterstützung abgebrochen werden mußte, wurde aus den Erfahrungen ein Konzept zur «Sammlung und Kompostierung organischer Haushaltsabfälle als ein Baustein ökologischer Abfallwirtschaft» entwickelt. Dieses wurde dann 1989 als Bürgerinnenantrag in den Rat der Stadt eingebracht.

Neben den ökologischen Themen hat FOPA auch die älteren Frauen im Visier gehabt. 1990 lief ein Projekt aus, das sich mit der Verbesserung ihrer räumlichen und sozialen Wohn- und Lebensbedingungen befaßte. Eine Wanderausstellung mit Lösungsvorschlägen für eine altengerechte Gestaltung der Wohnungen und ein altenfreundliches Umfeld ist sichtbares Produkt der Arbeit.

Eine andere Fotoausstellung, die im Auftrag der Internationalen Bauausstellung (IBA) Emscher-Park zusammengestellt wurde, dokumentiert den Frauenalltag unter baulich-räumlichen Bedingungen, die Frauen benachteiligen. Unter den Gesichtspunkten «Mobilität von Frauen, Angsträume, Einkaufsmöglichkeiten, Kommunikationsräume, Wohnungsbau und Wohungsnot» wurden in Schwerte, einer Kleinstadt im Ruhrgebiet, die Lebensbedingungen für Frauen unter die Lupe genommen und in einer Ausstellung dokumentiert. Diese Ausstellung ist als Wanderausstellung konzipiert und wird an Interessierte ausgeliehen.

Neben den oben beschriebenen Ausstellungen konzentriert sich die Vereinsarbeit auf die Veröffentlichung von Arbeiten zum Thema

«Frauen und Planung». In diesem Zusammenhang sei auch der Aufbau eines Archivs erwähnt.

Frauen, die gerne einmal bei FOPA hereinschauen möchten, sollten sich mit dem Frauenstadtplan Dortmund auf den Weg machen. Er zeigt die Standorte von Fraueninitiativen und -vereinen als Karte und ist selbstverständlich auch ein Produkt von FOPA (in Zusammenarbeit mit dem Frauenplenum).

Wichtigste Aufgaben des Vereins:
- Engagement gegen die Diskriminierung der Frauen durch die «Herrschende Planung»
- Förderung der Mitwirkung von Frauen in der Planung, insbesondere der stadtteilbezogenen Planung
- Einsatz für lebenswertere Städte durch Förderung von sozialen und ökologischen Stadterneuerungskonzepten
- Übernahme von Planungsaufträgen, die Frauen als Nutzerinnen in den Vordergrund stellen und intensiv am Planungsprozeß beteiligt
- Öffentlichkeitsarbeit z. B. Ausstellungen, Vorträge

Gründungsjahr: 1985
Mitgliederzahl: 60
Berufe / Arbeitsfelder der Mitglieder:
Planerinnen und Architektinnen sowie Studentinnen dieser Fachrichtungen
Gliederungen in: Dortmund, Hamburg
Zusammenarbeit mit:
Baufachfrau e. V.
Mitgliedsbeitrag:
Mindestbeitrag DM 5,– monatlich
Verbandsorgan:
- Rundbrief alle 3 Monate
- Informationsfaltblatt
- «Freiräume – Streitschrift der FOPA e. V.»
- weitere Veröffentlichungen (s. Faltblatt)

Möglichkeiten des Kennenlernens:
- Termin abmachen im Büro s. u.
- durch Besuch der Ausstellungen
- bei den monatlichen Treffen

Angebote / Serviceleistungen für die Mitglieder:

- Beratung für Fraueninitiativen
- Archiv «Frauen – Planen – Bauen»
- Projekte:

Ökologische und soziale Stadterneuerung –
Impulse zur Umweltgestaltung durch selbstorganisierte Projekte
Verbesserung der räumlichen und sozialen Wohn- und Lebensbedingungen älterer Frauen
Ältere Bürger in ihren Bezügen zum weiteren Umfeld ihrer Wohnung

Fort- und Weiterbildungsmöglichkeiten:

für Gleichstellungsbeauftragte, Lehrerinnen, Planerinnen, Gemeinwesenverarbeiterinnen

Weitere Auskünfte und Unterlagen:

FOPA e.V.
Adlerstr. 81
4600 Dortmund 1
Tel.: 0231/143329 und
143338

FOPA Hamburg e.V.
Bergiusstr. 27
2000 Hamburg 50

Finanzierung und Versorgung

Goldrausch Frauennetzwerk e.V.

Ein Zweig der sehr lebendigen und vielfältigen, ehemals alternativen – nun etablierten – Berliner Szene ist das Finanzierungsnetzwerk Goldrausch, das schon seit mehr als neun Jahren Berliner Frauenprojekte mit Spenden und Mitgliedsbeiträgen finanziert.

Immerhin mehr als DM 750000,– sind seit Herbst 1982 durch die Hände der Berliner Netzwerkfrauen geflossen. Dieses Geld – als Zuschuß oder zinsloses Darlehen gewährt – war Grundlage für die Gründung von ca. 170 Betrieben und Projekten. Bei der Vergabe der Gelder, die sich aus Spenden und Mitgliedsbeiträgen zusammensetzen, steht die Förderung im Vordergrund, nicht die Rückforderung.

So schreiben dann auch die Goldrauschfrauen in ihrem Infoblatt «wir wollen fördern und nicht lauern wie Haie». Lange Rückzahlungsfristen sind sinnvollerweise auch bereits einkalkuliert, denn für viele Frauenprojekte ist Goldrausch oftmals die einzige erreichbare Geldquelle. Im Vergleich zu öffentlichen Programmen oder Bankkrediten muten die Summen, die verteilt werden, allerdings eher bescheiden an.

Nicht alleine die Geldvergabe ist Aufgabe des Netzwerkes. Zur Stabilisierung der Projekte und Betriebe wird fachkundige Beratung angeboten. Und es ist auch durchaus im Interesse der Goldrauschfrauen, daß auf Zugänge zu öffentlichen Finanzierungen aufmerksam gemacht wird. Vielen Frauen muß erst die Scheu genommen werden, staatliche Gelder zu beantragen.

Als Beispiele geförderter Projekte und Betriebe seien genannt: Frauenstadtbuch, Orlanda Frauenverlag, Karamba Frauenschlosserei, Frauentischlerei Wedding/Kreuzberg, Frauennaturheilpraxis, Partyservice Befreiter Besen, Frauenhotel artemisia, Erster Berliner Frauenarbeitskongreß, 1. Feministisches Ökonomieforum in Berlin u. v. m.

Als Weiterbildungsträgerin für Projekte im Bereich Tourismus, Existenzgründung und Kunst ist Goldrausch seit 1988 tätig. Dies geschieht in enger Zusammenarbeit der Frauenbeauftragten des Senats von Berlin und der Senatsverwaltung für Arbeit, Verkehr und Betriebe. So wurde z. B. ergänzend zur Goldrausch-Arbeit Gründungsrausch (siehe Seite 276) auf den Weg gebracht – eine Einrichtung für weiterbildungshungrige Gründerinnen, die spezifischen Schwierigkeiten von Frauenbetrieben gleich fachfraulich entgegentreten wollen.

An Kursen werden u. a. angeboten betriebswirtschaftliche Grundkenntnisse, EDV und Erweiterung persönlicher Kompetenzen

Wichtigste Aufgaben des Netzwerkes:
- Förderung von Frauenprojekten und -betrieben mit zinslosen Darlehen und Zuschüssen (mehr als 170 mit mehr als 750000,– DM geförderte Projekte),
- Schaffung und Erhaltung von Frauenarbeitsplätzen
- Träger von Weiterbildungsprojekten z. B. im Bereich Tourismus, Existenzgründung und Kunst

Gründungsjahr: 1982
Mitgliederzahl: 150
Gliederung in: Berlin
Mitgliedsbeitrag:
Mindestbeitrag DM 5,– monatlich
Verbandsorgan:
«Blattgold – Informationen und Termine für die Berliner Frauen», erscheint monatlich
Möglichkeiten des Kennenlernens:
öffentliche Beiratssitzungen
Angebote/Serviceleistungen für die Mitglieder:
- Beratung von sozialen Projekten
- betriebswirtschaftliche Beratung für Existenzgründerinnen
- regelmäßige öffentliche Beiratssitzungen

Fort- und Weiterbildungsmöglichkeiten:
über «Gründungsrausch» (siehe Seite 276)

Weitere Auskünfte und Unterlagen:

Goldrausch Frauennetzwerk Berlin e. V.
Potsdamer Str. 139
W-1000 Berlin 30
Tel.: 030/2157554

NÖBI – Netzwerk für örtliche Beschäftigungsinitiativen von Frauen

Seit einigen Jahren ist zu beobachten, daß sich vermehrt Frauen beruflich selbständig machen. Dies gilt nicht nur für die alte Bundesrepublik, sondern auch für andere europäische Länder wie Griechenland, Frankreich, Dänemark, Italien, Nordirland.

Eine Ursache für diese Entwicklung ist in der gerade bei Frauen überproportional vorhandenen Arbeitslosigkeit zu sehen. Aus der Not heraus entscheiden sich also viele Frauen für diesen Weg, an einen Arbeitsplatz zu kommen. Logischerweise ist nun gerade bei diesen Frauen die Finanzdecke, die zur Gründung einer wie auch immer gearteten Unternehmung nötig ist, eher dünn. Was sich für Männer oftmals als ein Randproblem in dieser Situation erweist, bei Frauen ist der Gang zur Bank nicht nur ungewöhnlich, sondern auch meistens ein Hindernislauf. Sie werden erwiesenermaßen nicht ernst genommen, und man traut ihnen nicht zu, mit ihren geplanten Projekten auch finanziell erfolgreich zu sein. Gewiß, bei vielen Frauen mag eine gesunde Skepsis durchaus angebracht sein (dies gilt jedoch auch für manchen Mann). Frauen haben in bezug auf finanzielle Transaktionen einen ungeheuren Nachholfbedarf an Schulung. Noch zu selten haben sie finanzielle Verantwortung als Unternehmerin tragen müssen und tragen können.

Erschwerend kommt die Tatsache hinzu, daß sie Geldinstitute bei relativ kleinen Projekten, wie sie von Frauen häufiger vorgestellt werden, nur zurückhaltend Kredite gewähren.

Seit 1983 gibt es nun eine Alternative für Frauen, diesem Spießrutenlauf zwischen Bank und Sparkasse zu entgehen. Seit dieser Zeit gewährt die Europäische Gemeinschaft als Teil ihrer Aktionsprogramme zur Bekämpfung der Frauenarbeitslosigkeit Zuschüsse zu den Startkosten für Betriebe, die von Frauen ins Leben gerufen werden. Die Obergrenze der Zuschüsse beträgt 5000 ECU (Verrechnungseinheiten), was ca. 10000 DM entspricht. Sie ist abhängig von der Zahl der zu schaffenden Arbeitsplätze. Bei 5000 ECU geht man von 5 festen Ganztagsstellen aus.

Das Programm gilt sowohl für kleinere Betriebe als auch für gemeinnützige Initiativen. Erfreulicherweise erhalten hierbei die besonders benachteiligten Frauen den Vorrang. Dazu gehören neben den bereits erwähnten arbeitslosen Frauen auch alleinerziehende Mütter, behinderte Frauen und Frauen, die einer ethnischen Minderheit angehören.

1987 wurde neben der direkten finanziellen Förderung durch die EG auch noch das Netzwerk «Frauen in örtlichen Beschäftigungsinitiativen» initiiert. Es setzt sich aus unabhängigen Expertinnen aller EG-Länder zusammen. Als Ziele des EG-Netzwerks wurden 1987 u. a. folgende festgelegt:

- Zusammentragen der Informationen über bestehende Beschäftigungsinitiativen in den Regionen,
- Feststellung der Probleme, die Frauen bei der Gründung von Betrieben haben; daraus ableitend Entwicklung eines Beratungs- und Bildungskonzeptes,
- Initiierung neuer Initiativen,
- Beratung über die Gewährung von Zuschüssen aus dem EG-Topf.

Eine Entsprechung findet dieses EG-Netzwerk auf internationaler Ebene in den nationalen Netzwerkgruppen. Deren Schwerpunkt liegt (das gilt für die Bundesrepublik) zum einen auf der Sammlung und Auswertung von Informationen über Probleme, die Frauen bei der Gründung von Betrieben / Projekten haben, zum anderen bei Beratung und Hilfestellung bei Anträgen für EG-Zuschüsse sowie dem Aufbau nationaler Netzwerke.

Das seit 1985 bestehende Netzwerk führt im regelmäßigen Turnus von einem halben Jahr Seminare durch, die nicht nur dem Erfahrungsaustausch der Teilnehmerinnen (i.d.R. Projektberaterinnen und Initiatorinnen) dienen, sondern auch deren Fortbildung.

Das dritte Aktionsprogramm der EG-Kommission ist im Jahre 1991 angelaufen und dauert bis 1995. Der Ehrlichkeit halber sollte hier angemerkt werden, daß der durch die EG veranschlagte Haushaltsansatz auf 5 Mio. ECU begrenzt wurde. Angesichts eines Gesamthaushaltsvolumens von 60 Milliarden ECU ist die für die Frauen freigegebene Summe eher ein Almosen. Weitere Entwicklungen sind jedenfalls abzuwarten und zu beobachten.

Potentielle Interessentinnen sollten wissen, daß diejenigen Projekte die besten Chancen hatten, die innovativ waren oder einen bestimmten Bedarf vor Ort deckten. Das waren z. B.:

- Anbau aromatischer Pflanzen,
- biodynamischer Gartenbau,
- multikulturelle Kinderzentren,
- Beratungsstellen für Umweltfragen,
- Software-Technik.

1983–1988 gewährte die EG-Kommission europaweit Zuschüsse für insgesamt 243 Betriebe, 1989 kamen Gelder für weitere 212 Frauenbetriebe hinzu.

Seit Anfang 1991 wird die Gemeinschaftsinitiative NOW der EG durchgeführt. NOW steht für «New Opportunities for Women» und ist Bestandteil des Dritten Mittelfristigen Aktionsprogramms der Gemeinschaft «Chancengleichheit für Frauen/Männer».

Bis zur Drucklegung dieses Buches lagen leider noch keine Berichte von in der Durchführung befindlichen Projekte vor. Gefördert werden jedoch nach wie vor Existenzgründungen von Frauenunternehmen, berufsvorbereitende Maßnahmen sowie Begleitmaßnahmen. Die Entwicklung von Kinderbetreuungseinrichtungen ist ebenfalls Gegenstand des Förderprogramms. Die Zielgruppe bei NOW sind weibliche Langzeitarbeitslose ungeachtet ihres Alters in der gesamten Gemeinschaft bzw. Wiedereinsteigerinnen.

Das besondere an NOW sind transnationale Partnerschaften zwischen den geförderten Projekten. D. h., jedes zu fördernde Projekt muß sich einen potentiellen Partner in einem Mitgliedsland der EG suchen (Details dazu können dem «Leitfaden zu den Gemeinschaftsprogrammen Humanressourcen» Hg. Kommission der Europäischen Gemeinschaften 1991, entnommen werden).

Neben NOW soll das europäische Netzwerk von Ausbildungsmaßnahmen für Frauen IRIS noch hier Erwähnung finden. IRIS ist eine Initiative der Europäischen Kommission und hat die Aufgabe, die berufliche Bildung der Frauen im Hinblick auf ihre Eingliederung oder Wiedereingliederung in das Erwerbsleben bzw. den beruflichen Aufstieg zu fördern. Im Rahmen von IRIS werden z. B. Seminare organisiert. Daneben entwickelt IRIS eine Ausbildungsmethodik, die speziell auf die Bedürfnisse von Frauen abgestimmt ist. Die Einbeziehung von Arbeitgebern und Gewerkschaften in die Entwicklung von Ausbildungsprogrammen für Frauen wird durch IRIS forciert. Des weiteren verbreitet IRIS Informationen über berufliche Ausbildungsprogramme mit Hilfe von Datenbanken, elektronischer Post und dem IRIS-Bulletin.

Wer sich für die Gemeinschaftsprogramme der EG interessiert, kann ausführliche Informationen und Adressen über folgende Adressen erhalten:

IRIS
38 rue Stévin
B-1040 Bruxelles
bzw.

Christine Thomas
Referat II B 6 Bundesminister für
Bildung und Wissenschaft
Heinemannstr. 2
5300 Bonn 2
Tel.: 0228/572185
Fax: 0228/572096
E-mail box: BMBW-THOMAS

bzw.
Brigitte Wolf
Bundesinstitut für Berufsbildung
Fehrbelliner Platz 3
W-1000 Berlin 31
Tel.: 030/8683297
Fax: 030/8683455
E-mail box: WOLF-MAIL

Wichtigste Aufgaben des Aktionsprogramms bzw. des Netzwerks:

Aktionsprogramm:

- Vergabe von Zuschüssen zu den Startkosten für Betriebsgründungen durch Frauen

- Organisation und Finanzierung eines Europäischen Netzwerks für die Beschäftigungsinitiativen von Frauen
- Unterstützung nationaler Netzwerke (NÖBIs), die Frauen beim Start in die Selbständigkeit helfen
- Förderung von Forschung über die Hindernisse und Schwierigkeiten, die Frauen bei Betriebsgründungen haben

Netzwerk:

- Sammlung von Informationen über bestehende Beschäftigungsinitiativen
- Analyse der Probleme, die Frauen bei der Gründung von Betrieben haben
- Entwicklung eines Beratungs- und Bildungskonzeptes aufgrund der Problemlage
- Durchführung von Beratung und Fortbildung
- Initiierung neuer Initiativen und Aufbau nationaler Netzwerke

Gründungsjahr:

1987 («Frauen in örtlichen Beschäftigungsinitiativen» / alle EG-Länder) bzw. 1989 (nationale Netzwerke Deutschlands)

Gründungsmitglieder national:

- Frau und Arbeit, Hamburg;
- Zentrum für Frauenkooperation, Gießen;
- Frauenbetriebe, Frankfurt / Main;
- Frauennetzwerk Goldrausch, Berlin sowie
- AK zur Förderung autonomer Frauen- und Alternativprojekte, Berlin

Zuschußhöhe:

1.000 ECU (ein ECU = 2 DM) pro jeden selbstgeschaffenen Arbeitsplatz; Minimum 2.000 ECU für zwei Arbeitsplätze, Maximum 5000 ECU für fünf und mehr Arbeitsplätze

Angebote / Serviceleistungen:

- für angehende Frauenbetriebe: Beratung und Hilfestellung bei der Beantragung von EG-Zuschüssen
- halbjährlich stattfindende Seminare zum Erfahrungs- und Informationsaustausch für Projektberaterinnen und Initiatorinnen (dies gilt für die deutsche Netzwerkgruppe)

Fort- und Weiterbildungsmöglichkeiten:

auf den halbjährlichen Seminaren – Themen z. B.:

- «(Europäische) Genossenschaften»

- «BRDDR»
- «Europatriarchat und Binnenmarkt: New Oppurtunities for Women»

Weitere Auskünfte und Antragsformulare:

Frauenbetriebe
Hamburger Allee 45
6000 Frankfurt/Main 90
Tel.: 069/700776

Christa Nesemann
Friesenstr. 14
W-1000 Berlin 61
Tel.: 030/6938619

Regionale Entwicklungsagentur für
Frauenbetriebe und -projekte
Hermannstr. 229
Angelika Dierkes
W-1000 Berlin 44
Tel.: 030/6218862
Fax: 030/6218640

Büro für Chancengleichheit
Kommission der Europäischen Gemeinschaften
Rue de la Loi, 200
B-1049 Brüssel
Belgien

Schöne Aussichten – Die Interessengemeinschaft für Frauenbetriebe und -projekte e.V.

Am 8. Oktober 1990 war die Geburtsstunde eines Frauenversorgungswerkes mit dem wohlklingenden Namen «Schöne Aussichten». Wie kam es dazu?

Die ehemals alternativen Frauenprojekte, mittlerweile nicht nur in allen deutschen Großstädten, sondern auch in der Provinz in den verschiedensten Bereichen tätig, sind «in die Jahre gekommen», sind oftmals vor Ort zu einer Institution geworden und aus dem öffentlichen Leben nicht mehr wegzudenken, sind im besten Sinne etabliert.

Der langfristige Bestand dieser Projekte und die Tatsache, daß die darin arbeitenden Frauen keine «Jobhopper» sind, sondern eine langfristige Perspektive für sich darin sehen, hat jedoch Konsequenzen für die Mitarbeiterinnen in bezug auf die Altersversorgung. Viele Mitarbeiterinnen aus Frauenbetrieben hatten bislang nur die Möglichkeit, ihre ansonsten kärglich ausfallende Rente durch eine privat abgeschlossene Lebensversicherung aufzubessern. «Das soll nun anders werden!» sagten die Initiatorinnen des Versorgungswerkes für Frauen von Frauen: Mit diesem Versorgungswerk, das als Einrichtung die Versicherungen zu Gruppenvertragsbedingungen, d. h. also zu günstigen Tarifen anbieten und abschließen kann.

Im Vergleich mit einer privaten Lebensversicherung birgt diese Altersversorgung neben den günstigeren Tarifen auch steuerliche Vorteile.

Aus juristischen Gründen ist die Idee eines Versorgungswerkes jedoch nur umzusetzen, wenn ein rechtsfähiger Verband von Arbeitgeberinnen die Trägerschaft übernimmt. «Schöne Aussichten» ist dieser Arbeitgeberinnenverband, der wiederum lt. Gesetzgeber mehr sein muß als eine Versicherungsagentur. Das zweite Standbein von «Schöne Aussichten» soll – ganz im Sinne der Frauen – in Fortbildungsangeboten liegen. Es wird dabei an Seminare zu Themen wie

- Finanzierungsmöglichkeiten,
- Geldanlage,
- EDV-Einsatz,
- Bankenwesen,
- EG-Binnenmarkt,
- Organisationsentwicklung

gedacht.

Wichtigste Aufgaben des Vereins:
- Aufbau einer Interessenvertretung für Frauen
- Entwicklung eines Aus- und Weiterbildungsangebots für Frauen in Frauenprojekten
- Angebot einer günstigen betrieblichen Altersversorgung für Frauen aus Frauenbetrieben

Gründungsjahr: 1990
Mitgliederzahl: (nicht bekannt)
Berufe / Arbeitsfelder der Mitglieder:
- Arbeitgeberinnen
- Frauen in selbstverwalteten Frauenbetrieben

Mitgliedsbeitrag:
DM 50,– jährlich (DM 50,– Aufnahmegebühr)
Möglichkeiten des Kennenlernens: anschreiben
Angebote / Serviceleistungen für die Mitglieder:
günstige Altersversorgung
Fort- und Weiterbildungsmöglichkeiten:
geplant: Finanzierungsmöglichkeiten, Geldanlage, EDV-Einsatz uvm.
Weitere Auskünfte und Unterlagen:
Schöne Aussichten e. V.
Joh.-Müller-Str. 14
5000 Köln 60

Datenbanknetzwerke

Karriere-Hotline

Über das Telefon werden all jene vernetzt, die die Nummer 05241/46188 wählen und in Gütersloh mit Elke Schumacher verbunden sind.

Seit dem Herbst 1989 betreibt Frau Schumacher ihre Karriere-Hotline, mit Hilfe derer sie mittlerweile über 700 Gesprächspartnerinnen zusammenbringen konnte.

Ihre Idee war, «ein Telefonnetzwerk als Börse für Infos, Ideen, Erfahrungen + Tips für Auf-, Um- oder Einsteigerinnen jeden Alters, jeder Branche, jeder Ausbildung» zu etablieren.

Grundlage für ihre Überlegungen war die Tatsache, daß zwar einerseits bekannt ist, daß Frauen nach wie vor mit Schwierigkeiten und Barrieren zu kämpfen haben, um beruflich erfolgreich zu sein, andererseits gibt es jedoch immer noch zuwenig praktische Hilfe.

Ein Telefonnetzwerk ist eine Hilfe, auf die gerade Frauen zurückgreifen sollen, die nicht in einer Großstadt leben. Frau Schumacher dazu: «Auf so eine Idee kann man eigentlich nur kommen, wenn man in einer abgelegenen Stadt wie Gütersloh wohnt» (HAZ 23. 3. 1990).

Wie funktioniert nun die Karriere-Hotline?

Interessentinnen melden sich telefonisch bei Elke Schumacher, und nach Zahlung der Aufnahmegebühr von DM 25,– folgt die Aufnahme in eine Kartei (Datenschutz gewährleistet!) und ein Beratungsgespräch. Dabei wird festgestellt, welche Erfahrungen die Anruferin einbringen kann und welche Austauschpartnerin sie sucht. Die Vermittlung übernimmt Elke Schumacher selbst.

Hier einige Beispiele: Eine Organisationsprogrammiererin aus einem Softwarehaus sucht den Kontakt zu einer Systemanalytikerin eines EDV-Herstellers. Oder: Eine gutbezahlte Sekretärin aus München möchte sich im Bereich Büroservice selbständig machen. Über die Karriere-Hotline bekommt sie Kontakt zu einer Kollegin. Oder: Die Abiturientin, die Psychologie studieren will, aber nicht sicher ist, ob das Studium ihren Vorstellungen entspricht, gerät über die Hotline an eine Psychologin, die mit ihr eine Studienberatung durchführt.

Elke Schumachers Gespür und ihrer Treffsicherheit ist er vor allem zu verdanken, wenn die Kontakte so positiv verlaufen, wie in den Beispielen beschrieben. Zudem gehört zu dieser Tätigkeit die Fähigkeit, den Anruferinnen die Informationen zu entlocken, die zum netzeln nötig sind.

Bleibt zu hoffen, daß noch viele Drähte heißlaufen und auch die Frauen in den neuen Bundesländern zunehmend von dieser Einrichtung profitieren können; dann nämlich, wenn ausreichend viele Leitungen gelegt sind.

Wichtigste Aufgaben des Netzwerks:
- Börse für Informationen, Ideen, Erfahrungen und Tips für Auf-, Um- oder Einsteigerinnen
- fachspezifischer Informationsaustausch von Frau zu Frau
- Herstellung funktions- und branchenübergreifender Kontakte mit dem Kommunikationshelfer Telefon

Gründungsjahr: 1989
Mitgliederzahl: 700
Berufe / Arbeitsfelder der Mitglieder:
alle Berufe und Arbeitsfelder
Gliederung in: Gütersloh
Kostenbeitrag:
DM 50,– pro Kontakt (DM 25,– Aufnahmegebühr)
Möglichkeiten des Kennenlernens
Ruf doch mal an!
Angebote / Serviceleistungen für die Mitglieder:
- Aufnahme in eine Kartei
- Beratungsgespräch
- unkomplizierte Vermittlung eines Gesprächskontaktes bei Fragen und Auskünften

Weitere Auskünfte und Unterlagen:

P.E.S.
Personal Economic Service
Dipl.-oec. Elke Schumacher
Reinhardswaldstr. 6
4830 Gütersloh
Tel.: 05241/46188

Women's DataBase

«Eine Datenbank, bei der die Teilnehmerinnen bestimmen, wie ihre Daten verwendet werden», so beginnt ein Merkblatt, das über den Sinn und Zweck einer schweizerischen Frauendatenbank aufklärt. Bis Ende 1991 – so lautet das erklärte Ziel der Gründerinnen – sollten 700 Frauen in die Datenbank aufgenommen werden. Ein solches Projekt in der Schweiz ist ungewöhnlich, lehnten viele Schweizerinnen jedwede Form von Organisation lange Zeit ab. Doch offensichtlich haben sich die Zeiten geändert. So wurde z. B. der erste landesweite Frauenstreiktag im Sommer 1991 von ca. 500000 Frauen in den verschiedensten Formen begangen. Ziel war es, auf die in vielen Bereichen des Frauenlebens krassen Benachteiligungen hinzuweisen (in der Schweiz gibt es beispielsweise keinen bezahlten Mutterschaftsurlaub; das Gehalt der Frauen ist in der Regel ⅓ geringer als das der Männer – in einem der reichsten Länder Europas!).

Die Datenbank «Frauen sind sichtbar» ist eine Ausdrucksform von Frauenförderung. Gefördert werden sollen all jene Frauen, die bislang in den Gesprächsrunden, Podiumsdiskussionen, Fachvorträgen, Porträts und Talk-Shows fehlten. Und zwar nicht deshalb, weil sie nichts zu sagen gehabt hätten. Ganz im Gegenteil! Man/frau in den Redaktionsstuben der Sender und Zeitungen wußten oftmals nicht, wo sie kompetente Frauen zu bestimmten Themen finden sollten. Die Vertreterinnen des EWMD (siehe Seite 49) gaben sich nun nicht mit dem bereits vorhandenen Nachschlagewerk «Wo Frauen sich erheben» – ein weiblicher «Who is Who» – zufrieden und initiierten das hier beschriebene Projekt. Zum Datenbankkomitee gehören neben EWMD weitere Organisationen wie

- Verein Management Symposium für Frauen (siehe Seite 246),
- Zürcher Club für Berufs- und Geschäftsfrauen,
- BALance – Berufliche Ausbildungs- und Laufbahnchance,
- Schweizerischer Verband der Akademikerinnen, Zürich,

- Lyceumclub, Zürich,
- Verein Aktiver Staatsbürgerinnen, Zürich

sowie weitere 40 Frauenorganisationen.

Prinzipiell können alle Frauen, die über berufliches Fachwissen verfügen, einer beruflichen Tätigkeit nachgehen, oder sonstwie am öffentlichen Leben teilnehmen, in die Datenbank aufgenommen werden. Auch spezielle Kenntnisse, beispielsweise aus einem anderen Kulturkreis, sind in dieser Datenbank gefragt.

Die Datenbankrecherche läuft wie folgt ab: Eine Fernsehstation zum Beispiel (Benützerin) sucht für eine Gesprächsrunde eine Expertin. Sie ruft die Datenbankverarbeitungsstelle an und teilt ihre Anforderungen mit. Die Datenbank wiederum wählt alle in Frage kommenden Teilnehmerinnen aus und informiert über die Anfrage. An den Teilnehmerinnen liegt es nun, ob sie sich für die geplante Gesprächsrunde zur Verfügung stellen. Bei einer Ablehnung müssen sie lediglich die Datenbank informieren, und das innerhalb der nächsten 48 Stunden.

Wichtigste Aufgaben der Datenbank:
- Förderung der Vertretung von Frauen in Berufswelt, Öffentlichkeit und Medien
- Erhöhung des Verbreitungsgrades weiblichen Fachwissens
- Förderung des Netzwerkes unter Frauen

Gründungsjahr: 1991

Mitgliederzahl:
ca. 700 in die Datenbank aufgenommene Teilnehmerinnen

Berufe / Arbeitsfelder der Mitglieder:
alle Frauen, die bereit sind, ihr Fach- und Spezialwissen weiterzugeben

Mitgliedsbeitrag:
SFr. 125,– als Teilnehmerin,
als Benützerin: Tarif nach Verwendung

Möglichkeiten des Kennenlernens:
als Teilnehmerin bzw. Benützerin der Datenbank

Angebote / Serviceleistungen für die Mitglieder:
- einmal im Jahr ein Sach- und Fachverzeichnis der Datenbankteilnehmerinnen ohne Namen
- einmal im Jahr ein Teilnehmerinnenverzeichnis für die Mitglieder in der Datenbank

Weitere Auskünfte und Unterlagen:

Women's DataBase
c/o country data
Anita Haug
Weinfelderstr. 12
CH-9517 Mettlen
Tel.: 004172/441837
Fax: 004172/441848

II.
BERUFSVERBÄNDE

Berufs- und branchenübergreifend

Deutscher Akademikerinnenbund e.V. (DAB)

«Akademikerinnen dürfen sich ihrer Verantwortung nicht entziehen.» Und weiter heißt es im Informationsblatt: ... «denn ihre Ausbildung verpflichtet sie zur Wahrnehmung von Pilotfunktionen.» Wie das gemeint ist, davon kann ein Streifzug durch mehrere Ausgaben des Verbandsorgans «konsens» Zeugnis ablegen. Dieses vierteljährlich erscheinende Magazin ermöglicht einen guten Überblick nicht nur über regionale, sondern auch überregionale und vor allem auch internationale Aktivitäten des DAB, deren Vielfalt beachtlich ist.

Auf regionaler Ebene findet die Zusammenarbeit mit anderen Frauenverbänden statt (Deutscher Ärztinnenbund, Deutscher Juristinnenbund, VDI-Frauen; siehe Seite 148, 184, 227) hier beteiligen die DAB-Frauen sich an örtlichen Frauenveranstaltungen wie z. B. der «Hamburger Frauenwoche» (Diskussionsrunde), Sonderveranstaltungen zum § 218. Vor Ort gibt es die verschiedensten Arbeitskreise, werden Studentinnen beraten und unterstützt, und der eine oder andere Job wird vermittelt. Auch die Kooperation und Unterstützung von kommunalen Gleichstellungsbeauftragten erfolgt regional. Der direkte Austausch mit Politikerinnen und Politikern durch Gespräche, Forderungen und Stellungnahmen zu Frauenförderplänen an den jeweiligen Hochschulen und damit eine direkte Einflußnahme auf die politische und hochschulpolitische Landschaft gehören zu den Aufgaben des DAB, ebenso wie die Mitgliedschaft in den Landesfrauenräten.

Die monatlichen Treffen sind einerseits Kontakten und dem Austausch gewidmet, dienen aber genauso der Erweiterung des geistigen Horizonts, denn es werden Vorträge und Diskussionen zu aktuellen Themen veranstaltet. Die Mitglieder des DAB arbeiten in kommunalen Ausschüssen mit, sind in Kuratorien und Vorstand von Studentinnenwohnheimen zu finden uvm.

Auf Bundesebene finden Tagungen statt, die sich ganz verschiedenen Themenkreisen widmen. Während 1989 im Zentrum der Arbeitstagung «Werte und Normen» standen, sind 1991 «Moderne Formen der Arbeitsgestaltung» aus der Sicht einer Arbeitgeberin und einer Arbeitnehmerin beleuchtet worden.

Als ein Beispiel für die Arbeit der DAB-Gremien, hier der Hochschulausschuß, sei ein Expertinnengespräch erwähnt: «Frauen in Forschung und Lehre – Politische Lösungen und Perspektiven». Die Leitung des Gesprächs sowie das Einleitungsreferat lagen in der Hand der Bundestagsabgeordneten und Vorsitzenden des Hochschulausschusses des DAB, Dr. Roswitha Wisniewski.

Der Arbeitskreis Hochschullehrerinnen befaßte sich 1990 auf einer Tagung intensiv mit der Frauenförderung an den Hochschulen, d. h. mit der Situation der Frauenbeauftragten.

Pikanterie am Rande: an den vorwiegend «männlichen» Fachbereichen Ingenieurwissenschaften etc. kann die Frauenbeauftragte mangels weiblicher Masse auch schon einmal ein Mann sein.

Unmöglich, alle regionalen Aktivitäten hier auch nur anzureißen. Deshalb sei nur noch der Einsatz des DAB für die Wissenschaftlerinnen in den neuen Bundesländern erwähnt. Auf der DAB-Tagung von 1990 in Kiel wurde nach einer engagierten Diskussion eine Resolution verabschiedet, die eine breitgefächerte Unterstützung der Kolleginnen in der ehemaligen DDR zum Inhalt hat.

International betrachtet, ist der DAB mit Schwesterorganisationen weltweit verbunden. 1990 kam als neue Partnerin die «Pennsylvania Division of University Women» hinzu. Die beiden Organisationen werden auch auf der 1992 in Palo Alto / Kalifornien stattfindenden Konferenz der «International Federation of University Women» (IFUW) vertreten sein, die alle drei Jahre stattfindet (1989 in Helsinki). Nicht ganz so weit fahren müssen die Frauen, die bei den deutsch-niederländischen Treffen oder bei den deutsch-österreichischen Tagungen dabei sein möchten.

In Übereinstimmung mit dem Deutschen Juristinnenbund schlug der Akademikerinnenbund eine Arbeitsgemeinschaft Akademischer Frauenverbände vor. Auch eine Form von Netzwerkelei unter den Verbänden. Denn: «Die Zielsetzung ist, die Belange der Akademikerinnen in verschiedenen Lebensbereichen stärker zu fördern und bei gemeinsamer Interessenlage eine breite Basis für Diskussionen und Durchsetzungsstrategien im vorpolitischen Raum für den politischen Raum zu entwickeln.» (konsens 1/91)

1991 beging der Verband ein besonderes Jubiläum: bereits seit 65 Jahren wirkt er im Interesse der Akademikerinnen.

Wichtigste Aufgaben des Verbandes:
Einsatz für

- «die tatsächliche Gleichstellung von Frau und Mann in politischen, beruflichen und gesellschaftlichen Gremien
- angemessene Berücksichtigung von Frauen in Führungspositionen, besonders im öffentlichen Dienst, in der Wirtschaft, in den Medien
- Förderung des weiblichen akademischen Nachwuchses
- Motivation von Mädchen und Frauen für ingenieur- und naturwissenschaftliche Berufe
- Förderung von wisssenschaftlicher Arbeit von Frauen und über Frauen
- familienfreundliche Arbeitsbedingungen mit dem Ziel einer besseren Vereinbarkeit von Beruf und Familie für Frau und Mann
- eigenständige Alterssicherung von Frauen
- Pflege internationaler Zusammenarbeit»

Gründungsjahr: 1926
Mitgliederzahl: über 2000
Berufe / Arbeitsfelder der Mitglieder:
Akademikerinnen aller Fachrichtungen aus Wissenschaft, Wirtschaft, Verwaltung, Politik und den Medien; auch Studentinnen sind willkommen.
Gliederungen in:
Aachen, Altdorf, Augsburg, Bad Homburg v.d.H., Bayreuth, Berlin, Bielefeld, Bochum, Bonn, Braunschweig, Bremen, Celle, Darmstadt, Detmold, Dortmund, Düsseldorf, Erlangen, Frankfurt/Main, Freiburg, Göttingen, Hagen, Hamburg, Hannover, Heidelberg, Karlsruhe, Kassel, Kiel, Köln, Leverkusen, Mainz, Magdeburg, Mannheim/Lud-

wigshafen, München, Münster, Regensburg, Stuttgart, Trier, Wiesbaden, Würzburg, in Vorbereitung: Halle, Dessau

Mitgliedschaft bei:

- Deutscher Frauenrat
- University Women of Europe (UWE)
- International Federation of University Women (IFUW)

Mitgliedsbeitrag: (keine Angabe)

Verbandsorgan / Veröffentlichungen:

- «konsens» – Informationen des Deutschen Akademikerinnenbundes, erscheint vierteljährlich
- «Mitteilungsblatt», jährlich erscheinende Dokumentation der Tagungen;
- Bibliographie «Die Frauenfrage in Deutschland» KG Saur Verlag, München
- «Frauen in Wissenschaft und Politik». Patmos-Schwann-Verlag Düsseldorf
- regionale Rundschreiben
- Informationsfaltblatt

Möglichkeiten des Kennenlernens:

- Veranstaltungen / Vorträge
- regionale frauenpolitische Aktionen
- offene Stammtische
- über die Arbeitskreise

Angebote / Serviceleistungen für die Mitglieder:

- Arbeitskreise für bzw. zu: Pharmazeutinnen, Hochschullehrerinnen, Frauenbeauftragte, Frauenförderung / Quote, Frauen in Naturwissenschaften und Technik, Wirtschaft, Jugendhilfe – Jugendschutz
- Ausschüsse: Hochschule, Recht, Stipendien, Öffentlichkeit
- Kontaktmöglichkeit zu Mitgliedern, zu ausländischen Frauenorganisationen, Freundschaftstreffen
- Hilfe bei der Jobsuche

Fort- und Weiterbildungsmöglichkeiten:

- Seminare: Berufs- und Karriereplanung, Rhetorik, Durchsetzungs- und Entscheidungsstrategien; Führungstraining
- Arbeitstagungen: 1990 in Kiel: «Bildung in Deutschland, Bildung in Europa: Die Frau im Bildungssystem»; 1991 in Bayreuth: «Moderne Formen der Arbeitszeitgestaltung»

- Deutsch-Niederländische Tagung 1990 in Bad Zwischenahn
- wissenschaftliche Vorträge
- Studienfahrten

Weitere Auskünfte und Unterlagen:

Deutscher Akademikerinnenbund e. V.
Weiltinger Str. 8
8500 Nürnberg

Deutscher Verband berufstätiger Frauen e. V.

Auch der DVBF, der 1931 gegründet wurde, teilt das Los vieler Verbände zur Zeit des Nationalsozialismus: Er wurde nach wenigen Jahren wieder aufgelöst. Erst 1951 erfolgte die Neukonstituierung in Bonn. Trotz der räumlichen Nähe zu den Machtzentren des Landes reklamiert der Verband Überparteilichkeit und Überkonfessionalität für sich. In den Anfangsjahren fühlten sich vor allem Frauen aus den sogenannten besseren Kreisen zu diesem Verband hingezogen. Heute sind angestellte und selbständige Frauen im Alter ab 30 Jahren Mitglieder.

Der DVBF gehört zu den Institutionen, die national und international vernetzt sind. National bedeutet dies seit 1951 die Mitgliedschaft im deutschen Frauenrat. Auf internationaler Ebene ist der Verband Mitglied in der «International Federation of Business and Professional Women» (IFBPW) mit Sitz in London. Diesem Dachverband gehören Mitgliedsverbände aus 80 Ländern der Erde an. Über den IFBPW ist der DVBF vertreten

- bei den Vereinten Nationen in New York, Paris und Wien,
- beim «Internationalen Arbeitsamt» (ILO) in Genf,
- beim Wirtschafts- und Sozialrat der UNO (ECOSOC) und
- bei der UNESCO ebenfalls mit beratendem Status.

Zudem arbeitet er zusammen mit UNICEF, INSTRAW und UNIFEM. Zur Weltgesundheitsorganisation (WHO) bestehen ebenfalls enge Kontakte.

Auf europäischer Ebene bildet der DVBF zusammen mit 15 anderen europäischen Verbänden berufstätiger Frauen die Gruppe «European Federations of Business and Professional Women» (EFsBPW).

In der Bundesrepublik existieren zur Zeit 20 Clubs berufstätiger Frauen. Das Clubleben in den einzelnen Städten läuft unterschiedlich. Bei den regelmäßig stattfindenden Treffen wird diskutiert, informiert, und Rollenspiele werden durchgeführt (Frau am Arbeitsplatz). Es gibt Wochenendveranstaltungen und kulturelle Aktivitäten. Bedauerlicherweise hat bisher noch keine Ausdehnung in die neuen Bundesländer stattgefunden.

Durch seine Mitgliedschaft im Deutschen Frauenrat ist der Verband nicht nur mit Delegierten an nationalen Veranstaltungen wie dem «Frauengipfel», sondern auch an Arbeitsgruppen mit Frauenverbänden und -vereinigungen aus den neuen Bundesländern und dortigen Informationsveranstaltungen beteiligt. Der Verband setzt sich für ein Umdenken bei den Entscheidungsträgern im Personalbereich ein. Dies zu erreichen war ein erklärtes Ziel bei einer nationalen Tagung 1991 in Bremen.

Nachdem die Tagung des europäischen Dachverbandes 1990 in Aachen stattgefunden hatte, müssen sich die Damen 1992 auf die Reise nach Southampton machen. Delegierte für die Teilnahme bei den internationalen Kongressen des IFBPW mußten 1991 gar nach Kenia reisen und werden sich 1993 im japanischen Nagoya treffen. So können reisefreudige Mitglieder des DVBF (etwas «Kleingeld» vorausgesetzt) Verbandstätigkeit und Neugier auf andere Kulturen miteinander «vernetzen».

Die vierteljährlich erscheinenden etwa 24seitigen «Informationen» sind zwar vom Outfit her etwas «hausbacken», nichtsdestotrotz jedoch sehr informativ (das Erscheinungsbild soll geändert werden!). So gibt es neben den obligatorischen Clubberichten Tips, Berichte, Informationen und Meinungen zu aktuellen Themen. Selbstverständlich wird hier auch über die nationalen und internationalen Verbandstagungen ausführlich berichtet.

Wichtigste Aufgaben des Netzwerks:

- Wirken für die berufl. Aus-, Fort- und Weiterbildung, die berufliche Förderung, die wirtschaftliche und die soziale Gleichstellung aller Frauen
- Wahrung und Förderung der Interessen aller berufstätigen Frauen
- Unterstützung der Zusammenarbeit aller Frauen
- Initiierung der Gründung örtlicher Clubs
- Unterstützung der Zusammenarbeit mit anderen Verbänden und Institutionen auf deutscher, europäischer und internationaler Ebene

Gründungsjahr: 1931
Mitgliederzahl: 820
Berufe / Arbeitsfelder der Mitglieder:
Angestellte, Selbständige
Gliederungen in:
Aachen, Berlin, Bonn, Braunschweig, Bremen, Bremerhaven, Düsseldorf, Frankfurt / Main, Göttingen, Hannover, Heidelberg, Karlsruhe, Köln, Lübeck, Mannheim-Ludwigshafen, München, Stuttgart, Wiesbaden, Weil a. Rhein, Bad Wildungen
Mitgliedschaft bei:
- Deutscher Frauenrat (siehe Seite 260)
- International Federation of Business and Professional Woman (IFBPW)
- European Federation of Business and Professional Women (EFsBPW)

Mitgliedsbeitrag:
DM 60,– bis DM 120,– jährlich als Clubbeitrag sowie
DM 30,– für den DVBF als Dachverband
Verbandsorgan:
- DVBF «Informationen» erscheinen vierteljährlich
- Informationsfaltblatt

Möglichkeiten des Kennenlernens:
- auf den Clubabenden
- auf internationalen Reisen durch Besuch der Dachorganisation IFBPW
- auf Messen, z. B. Cebit und top '91

Angebote / Serviceleistungen für die Mitglieder:
- zweimal jährlich nationale Tagung
- europaweite und internationale Tagungen der Dachverbände: 1992 Southampton (GB), 1993 Nagoya (Japan)
- Datei (in Arbeit)
- Arbeitsgruppen: «Öffentlichkeitsarbeit», «Finanzielle Absicherung von Frauen», «Europäische Einigung – Chancen für Frauen»

Fort- und Weiterbildungsmöglichkeiten:
Seminare: Strukturveränderungen auf dem Arbeitsmarkt – ihre besondere Bedeutung für Frauen; Frauenfragen – Männerfragen §218; Frauen und Beruf im Widerstreit; Frauen können führen; Rhetorik

Weitere Auskünfte und Unterlagen:

Deutscher Verband berufstätiger Frauen e. V.
Schornstr. 8
8000 München 80
Tel.: 089/4485746
Fax: 089/482901

VWA Verband der weiblichen Arbeitnehmer e. V.

Mehr als 150 ehrenamtlich tätige VWA-Frauen sind im Sinne ihres Leitsatzes «Tu es selbst und mach es gleich» für die Umsetzung des Verbandsauftrages aktiv. So nehmen sie an Anhörungen in den Ministerien teil und erarbeiten Stellungnahmen zu geplanten Gesetzen. Für die Rechte der Arbeitnehmerinnen sorgen sie in ihrer Funktion als Sozial-, Verwaltungs- und Arbeitsrichterinnen, und selbst in den Vorständen der Vertreterversammlungen der gesetzlichen Krankenkassen, der Rentenversicherungen und der Berufsgenossenschaften sind sie zu finden; nicht zu vergessen die Berufsbildungs- und Prüfungsausschüsse der Kammern und Sachverständigenausschüsse des Bundes. Dieses sehr breite Aktivitätsspektrum gibt einen Einblick in die Bereiche, in denen der VWA seinen Verbandsauftrag umsetzt.

1889 in Berlin gegründet, hat dieser älteste Frauenberufsverband in Deutschland Arbeitnehmerinnen aller Sparten organisiert. Dabei ist – historisch gewachsen – die Gruppe der Arzt- und Zahnarzthelferinnen am stärksten vertreten.

Erstes Lebenszeichen des VWA war ein Aufruf in Form einer kleinen Notiz, die am 6. 2. 1889 in einer Berliner Tageszeitung erschien: «Alle Damen, welche als Kontoristin, Kassiererinnen, Verkäuferinnen, Direktricen, Expedientinnen usw. mit festem Gehalt angestellt sind und einem zu begründenden kaufmännischen und gewerblichen Hilfsverein für Damen beitreten wollen, werden um Angabe ihrer Adresse und des Berufs . . . an die Expedition dieser Zeitung gebeten. Zweck des Vereins: Rat und Auskunfterteilung, kostenlose Stellenvermittlung, Gewährung von Unterstützungen.»

Ein halbes Jahr nach der daraufhin erfolgenden Gründung im Mai 1889 zählte der gewerbliche Hilfsverein bereits 600 Mitglieder. Eine Zahl, die so manchen Verband in unserer Zeit neidisch machen kann!

Der VWA beschreibt sich um die Jahrhundertwende selbst als einzige eigenständige Frauengewerkschaft der Welt und ist stolz darauf, nicht nur schon 1919 die ersten Tarifverträge ausgehandelt zu haben, sondern dies auch – zum erstenmal in der Geschichte – Frauen überlassen zu haben.

Die Nationalsozialisten zerschlugen auch diesen Verband; 1949 formierte er sich in Hannover neu.

An dieser Stelle fällt es schwer, die weitere Geschichte des VWA in angemessener Kürze darzustellen. An Einzelheiten Interessierte seien darum auf die Broschüre verwiesen, die anläßlich des 75jährigen Jubiläums des Verbandes herausgegeben wurde.

Im Unterschied zu anderen Verbänden, so die Broschüre, handelt es sich bei dem VWA «um die einzige Angestelltengewerkschaft..., deren Grundhaltung von der christlich-sozialen Bewegung als sozialethischer Auftrag der beiden christlichen Konfessionen geprägt worden ist...»

Zur Unterstützung der Verbandsarbeit erscheinen die mehrseitigen «VWA-Informationen». Sie ermöglichen nicht nur einen Einblick in das Verbandsleben (Personalien, Ehrenämter, Veranstaltungen und Termine), sondern informieren auch über die Ergebnisse von Tarifverhandlungen, Recht und Rechtsprechung, neue Bücher, Weiterbildungsangeboete usw. Ein Blick auf die Seminare verrät, daß der VWA sich schon früh um die Weiterbildung seiner Mitglieder in den neuen Bundesländern gekümmert hat. Dies gilt vor allem für die Arzt- und Zahnarzthelferinnen, die insbesondere im komplizierten Abrechnungswesen geschult wurden.

Wie schon eingangs erwähnt, sind in den Reihen des VWA zahlreiche Sozial- und Arbeitsrichterinnen zu finden. Auch sie werden durch verbandsinterne Schulungen auf ihre Ämter vorbereitet.

Wichtigste Aufgaben des Verbandes:

- Einsatz für die Chancengleichheit der Frauen im Beruf, Familie und Gesellschaft
- Engagement für eine leistungsgerechte Bezahlung durch Abschluß zeitgemäßer Tarifverträge
- berufsständische Vertretung für Frauen
- Information und Schulung
- Teilnahme bei Anhörungen in den Ministerien

- Tätigkeit in Berufsbildungs- und Prüfungsausschüssen
- ehrenamtliche Arbeit als Arbeits- und Sozialrichterinnen etc.

Gründungsjahr: 1889
Mitgliederzahl: (keine Angabe)
Berufe / Arbeitsfelder der Mitglieder:
offen für alle Berufssparten, starker Anteil an Arzt- und Zahnarzthelferinnen
Gliederungen in:
Bonn, Berlin, weitere auf Anfrage
Mitgliedschaft bei: Deutscher Frauenrat
Mitgliedsbeitrag:
Monatsbeitrag, nach Bruttoeinkommen gestaffelt:
DM 6,– (Auszubildende, Arbeitslose und Rentnerinnen)
DM 10,– (bis DM 3000,–)
DM 15,– (bis DM 4000,–)
DM 20,– (bis DM 5000,–)
DM 30,– (mehr als DM 5000,–)
Verbandsorgan:

- VWA-Information
- Informationsfaltblatt
- Jubiläumsbroschüre 75 Jahre VWA

Möglichkeiten des Kennenlernen:

- auf Seminaren
- Ortsgruppentreffen

Angebote / Serviceleistungen für die Mitglieder:

- Beratung zu Aus- und Weiterbildung, Teilzeitarbeit und Rückkehr in den Beruf
- kostenlose Beratung und Auskunft in allen arbeits- und tarifrechtlichen Fragen
- Vertretung vor Arbeits- und Sozialgerichten
- Verhandlung mit Arbeitgeber, mit Behörden und Organisationen
- Hilfestellung bei beruflichen Problemen
- günstiger Versicherungsschutz durch Gruppentarife, z. B. Sterbeversicherung

Fort- und Weiterbildungsmöglichkeiten:

- Weiterbildung für Arzthelferinnen / Zahnarzthelferinnen in Technik der Quartalsabrechnung und zum Gehalts- und Manteltarifvertrag

- Fortbildung für Arzt- und Zahnarzthelferinnen aus den neuen Bundesländern
- Computerkurs für Arzthelferinnen / Zahnarzthelferinnen
- Seminar für Sozial- und Arbeitsrichterinnen «Alles was recht ist»

Weitere Auskünfte und Unterlagen:

Verband der weiblichen Arbeitnehmer e. V.
Konstantinstr. 33
5300 Bonn 2
Tel.: 0228/358114
und
Knesebeckstr. 33–34
W-1000 Berlin 12

Frauen in medizinischen und pflegerischen Berufen

AFA

AFA – Arbeits- und Forschungsgemeinschaft für Atempflege e. V. – Verband der Atempädagoginnen und Atemtherapeutinnen

«Ein zentraler Angelpunkt unseres Lebens ist die Atmung. Ihr gelten unsere dringendsten Bedürfnisse, von deren unablässiger Befriedigung zugleich unser Leben abhängt. Jede Gemütsbewegung, jede Körperanstrengung, kurzum all unser Tun und Lassen findet in unserer Atmung einen Ausdruck.»

In diesem Abschnitt aus einer Verbandsveröffentlichung wird die Bedeutung der Atmung umrissen, mit der sich die Atempädagoginnen und -therapeutinnen in ihrer Arbeit befassen.

Doch ist Atmung nicht gleich Atmung!

Unterschieden wird zwischen Bauch- und Brustatmung. Letztere ist die ungesundere Art und Weise und wird von immerhin 70 % der Bevölkerung vollzogen. Vor allem Frauen sollen vermehrt dazu neigen, nicht bis «in den Bauch» zu atmen. Dies lernen sie dann durch Heilmaßnahmen mittels Atemanwendungen, wie es in der Fachsprache heißt. Beispielsweise dann, wenn psychosomatische Symptombilder wie Asthma, Verdauungs- und Herzkreislaufstörungen, Allergien usw. eine Behandlung erfordern. Eine Atemtherapie kann darüber hinaus auch bei Ängsten, Depressionen, im Trauerfall und bei Trennungen vom Partner begründet sein. In der Rehabilitation wird sie angewandt bei Hals-Nacken-Syndrom, Skoliosen (dauerhafte seitliche Krümmung der Körperachse), Haltungsschäden und Ischias. Die Geburtsvorbereitung sowie Sprech- und Stimmtrainings kommen heutzutage auch nicht mehr ohne die Einbeziehung der Atemarbeit aus.

Die Mitglieder der AFA sind in Einzel- bzw. Gemeinschaftspraxen, größtenteils freiberuflich tätig. Nur wenige sind in Kliniken, Reha-Institutionen oder auch in Musikhochschulen beschäftigt.

Da die Ausbildung zur Atemtherapeutin bislang nicht gesetzlich geregelt ist und somit eine staatliche Anerkennung der Atempädagogik als eigenständiger Beruf aussteht, wird diesem Thema in der Verbandsarbeit naturgemäß ein großer Raum zugewiesen. So wurde z. B. für die Bundesanstalt für Arbeit ein Ausbildungscurriculum entwikkelt, dessen Anerkennung bei Drucklegung des Buches noch ausstand.

Neben den zahlreich nebeneinander existierenden Ausbildungsstätten, in denen die zukünftigen Therapeutinnen ihre Erstausbildung erhalten, wird regional die Fortbildung der berufstätigen Atemtherapeutinnen organisiert.

Einige Beispiele aus dem Fortbildungsprogramm 1991:

- Eutonie – ein Weg der körperlichen Selbsterfahrung
- Atem – Stimme – Bewegung
- Brauche ich als Atemlehrerin spezielle Versicherungen?
- Rückenschmerzen – ein Hintergrundproblem?
- Der erfahrbare Atem uvm.

Damit die Verbandsziele erreicht werden, sei den Pneopädinnen «ein langer Atem» zur Durchsetzung ihrer berufsständischen Forderungen gegönnt!

Wichtigste Aufgaben des Verbandes:

- Öffentlichkeitsarbeit
- Vertretung berufsständischer Interessen wie z. B. staatliche Anerkennung der Atempädagogik als eigenständiger Beruf im Bereich der Gesundheitsvorsorge; Schaffung von Planstellen im Rahmen der Prävention und Arbeitsgebieten in Volkshochschulen, Gesundheitszentren und Rehabilitationsstätten; Möglichkeit der Anstellung von Atempädagoginnen; staatliche Anerkennung der Atemtherapie als eigenständige Arbeit im Delegationsverfahren mit Ärzten (d. h., die Ärzte überweisen Patienten an Atemtherapeuten)
- Forschungsarbeit und deren Förderung und Koordination

Gründungsjahr: 1958

Mitgliederzahl: ca. 600 (90 % Frauen)

Berufe / Arbeitsfelder der Mitglieder:
Atemtherapeutinnen und -pädagoginnen sowie artverwandte Berufe
Sitz in: Berlin
Fortbildungsgruppen in: Berlin, Düsseldorf, Freiburg, Hamburg, München, Wiesbaden, Zürich
Mitgliedsbeitrag:
DM 180,– Jahresbeitrag (DM 10,– Aufnahmegebühr)
Veröffentlichungen:
- «Informationen AFA» (erscheint vierteljährlich)
- Studie: Atempädagogische / -therapeutische Tätigkeit in der Bundesrepublik Deutschland, 1990

Möglichkeiten des Kennenlernens:
bei Fortbildungsveranstaltungen und Tagungen wie z. B. im November 1991 in München (gemeinsam mit der Deutschen Gesellschaft für Psychotherapie und Psychopädie): «Der Mensch und seine Gesundheit»
Angebote / Serviceleistungen für die Mitglieder:
- Verzeichnis der Lehrinstitute und Atemtherapeutinnen
- Erfahrungsaustausch
- AFA-Diplom

Fort- und Weiterbildungsmöglichkeiten:
- regionale Fortbildungskurse
- wissenschaftliche Tagungen alle zwei Jahre
- Symposien für Ausbilder alle zwei Jahre

Weitere Auskünfte und Unterlagen:
AFA – Arbeits- und Forschungsgemeinschaft für Atempflege – Verband der Atempädagoginnen und -therapeutinnen
Grabenstr. 39
W-1000 Berlin 45
Tel.: 030/7738323

Berufsverband der Arzt-, Zahnarzt- und Tierarzthelferinnen e. V.

Wir müssen wissen, wo der Schuh drückt – diese programmatische Aussage, nachzulesen in der Informationsbroschüre des Verbandes, gibt schon einen Hinweise darauf, daß die Kolleginnen, deren Arbeitsplatz im Dunstkreis der sogenannten «Götter in Weiß» zu finden ist, beruflich sicher nicht auf Rosen gebettet sind. Sie tragen in nicht unerheblichem Maße zum hohen Einkommen ihrer Chefs und Chefinnen bei, ohne selber Anteil daran zu haben: Arzthelferinnen sind am unteren Ende der Einkommensskala zu finden. Ihrer Bedeutung für die ärztliche Praxis entspricht dies in keinster Weise, wenn man bedenkt, daß Arzthelferinnen, die ja den ersten Kontakt zu den Patienten haben, Aushängeschild der Praxen sind. So ist nicht nur eine besondere soziale Kompetenz der Helferinnen, sondern auch ihr Organisationstalent beim vielfältigen Geschehen im täglichen Ablauf der Praxis gefragt.

Dem tragen zum Beispiel BdA-Seminare im Bereich Marketing und Kommunikation Rechnung. In die gleiche Richtung weist eine durch einen Psychologen durchgeführte Fragebogenaktion unter den Mitgliedern des BdA. Hier wurde die Qualität der Zusammenarbeit zwischen Arzt/Ärztin und Arzthelferin erfragt; erklärtes Ziel: «Gesundheit schützen auch im Alltag».

Ein großer Schritt in Richtung Verbesserung der Einkommen gelang dem Verband in jüngster Zeit: Ab 1991 gelten Tarifverträge, die erstmalig an Leistung anknüpfen. Es wurden «in zähen Verhandlungen» (OTon Verbandsorgan) Tätigkeitsgruppen entwickelt, auf deren Grundlage eine Eingruppierung zu erfolgen hat. Der Verband erhofft sich durch diese Maßnahme nicht nur eine gerechtere Entlohnung für seine Mitglieder, sondern auch eine Aufwertung des Berufes und damit eine Erhöhung der Attraktivität, die der hohen Fluktuation entgegenwirkt.

Für Kolleginnen, die gerne standespolitisch aktiv werden möchten, bietet der BdA als größte berufspolitische Interessenvertretung auf diesem Gebiet eine Vielzahl von Möglichkeiten z. B. im Tarifausschuß, Ausschuß Fort- und Weiterbildung sowie Ausschuß für Öffentlichkeitsarbeit. In allen alten und neuen Bundesländern vertreten, arbeiten die 12 Landesverbände in über 180 Bezirksstellen für die ca. 20000 Mitglieder. Dabei wird die Verbandsarbeit von 200 Arzthelferinnen auf ehrenamtlicher Ebene umgesetzt.

Seit 1980 findet alljährlich ein BdA-Kongreß statt. Der Kongreß 1990 stand unter dem Motto «Nutzen und Schaden durch Sport».

Dem Thema «Vorsorge» widmet sich der BdA in einer ganz besonderen Weise. Mit dem Arbeitskreis für Gesundheitspädagogik in Wiesbaden hat er eine Fern-Weiterbildungsmaßnahme konzipiert, die nach einjähriger Schulung mit der Qualifikation «Gesundheitspädagogin» abschließt. Diese berufliche Weiterbildung kann von Angehörigen sozialer und pädagogischer sowie medizinischer Assistenzberufe in Anspruch genommen werden.

Wichtigste Aufgaben des Verbandes:
- Förderung der Aus-, Fort- und Weiterbildung der Mitglieder auf Bundes-, Landes- und Bezirksebene
- Wahrnehmung und Vertretung der Mitgliederinteressen
- Öffentlichkeitsarbeit
- Aushandlung von Tarifen
- Überwachung und Durchsetzung der gesetzlichen und tarifvertraglich geregelten Arbeitsbedingungen
- Förderung der beruflichen Kontakte zwischen den Mitgliedern
- Kontaktpflege zu anderen Organisationen im medizinischen Assistenzbereich, auch international
- Mitwirkung in den Prüfungs- und Berufsausbildungsausschüssen bei den Bezirks- und Landesärztekammern

Gründungsjahr: 1963
Mitgliederzahl: ca. 20000
Berufe / Arbeitsfelder der Mitglieder:
Arzthelferinnen in Arzt-, Zahnarzt-, Tierarztpraxen und Kliniken
Gliederungen in:
Baden-Württemberg, Bayern, Berlin, Brandenburg, Bremen, Ham-

burg, Hessen, Mecklenburg-Vorpommern, Niedersachsen, Nordrhein, Rheinland-Pfalz, Saarland, Sachsen, Sachsen-Anhalt, Schleswig-Holstein, Thüringen, Westfalen-Lippe

Mitgliedschaft bei:

Deutscher Frauenrat

Mitgliedsbeitrag:

DM 12,– monatlich,
Auszubildende DM 6,–

Verbandsorgan:

- «arzthelferin aktuell», Bezugspreis von DM 7,50 ist im Mitgliedsbeitrag enthalten
- Informationsbroschüre

Möglichkeiten des Kennenlernens:

- bei regionalen und überregionalen Veranstaltungen
- über Infos, Treffs und Seminare
- top '91 (siehe Seite 254)

Angebote / Serviceleistungen für die Mitglieder:

Rechtsberatung und Prozeßvertretung beim Arbeits- oder Sozialgericht

Fort- und Weiterbildungsmöglichkeiten:

- Tierarzthelferinnentag (öffentlich)
- Seminare
- Weiterbildung zur Arzt-Fachhelferin
- Weiterbildung zur Gesundheitspädagogin (in Zusammenarbeit mit dem AK Gesundheitspädagogik Wiesbaden)

Weitere Auskünfte und Unterlagen:

Berufsverband der Arzt-, Zahnarzt-
und Tierarzthelferinnen e. V.
Bissenkamp 12–16
Postfach 100464
4600 Dortmund 1
Tel.: 0231/579045

LACHESIS e.V.
Berufsverband
für Heilpraktikerinnen

Nach dem göttlichen Wesen Lachesis, einer Gestalt aus der griechischen Mythologie, wurde der Heilpraktikerinnenverband benannt. Lachesis und ihre Schwestern Klotho und Atropos bestimmen den Ablauf der Ereignisse im menschlichen Leben. Sie werden mit seinem Beginn, aber auch mit seinem Ende in Verbindung gebracht: Sie spinnen den Lebensfaden, messen ihn und schneiden ihn ab. In dieser Tradition sehen sich die Frauen, die sich bei LACHESIS organisiert haben. In ihren Überlegungen zur feministischen Medizin bemerken sie dazu:

«Wir begleiten den Heilungsprozeß ohne festgelegte Kriterien für das Wohlbefinden der Frau, ohne festgelegten Anfang und Ende. Begleitung heißt ‹mit der Frau gehen›, nicht ihre Symptome schnellstmöglich zum Verschwinden zu bringen. Unsere heilenden Bemühungen setzen dort ein, wo die Frau etwas verändern will, etwas für sich tun will, solange sie will – allein das ist ausschlaggebend für Beginn und Ende der Therapie...»

Der Verband LACHESIS wurde 1987 von Frauen gegründet, die im Frauenferienhaus in Zülpich (eine Institution in der Frauenbewegung) eine dreijährige Ausbildung zur Heilpraktikerin absolviert hatten. Die Gründe dafür, diesen Verband ins Leben zu rufen, obwohl es bereits einen Berufsverband für Heilpraktiker gab, sind in der Frauen- und Selbsthilfebewegung, aber auch im Wiedererwachen der Naturheilkundebewegung zu sehen. Überdies spielen esoterische und spirituelle Richtungen innerhalb der Frauenbewegung hier eine Rolle.

Immer mehr Frauen traten LACHESIS bei, die sich in den «Männerverbänden» nicht repräsentiert sahen und die dort vorherrschenden Hierarchien nicht unterstützen wollten. Der Verband zog auch Feministinnen an, die als Heilerinnen arbeiten wollten. Die Zahl der Mitglieder stieg seit der Gründung 1987 und hat sich mittlerweile verfünffacht.

Das Angebot des Vereins von Frauen zur Förderung der Naturheilkunde ist breit angelegt. So gibt es auf regionaler Ebene Vorträge zu vielfältigen Themen. Die Halbjahrestreffen, 1991 bereits das zehnte, stehen jeweils unter einem thematischen Schwerpunkt:

- Gynäkologie und Heilkunde für Frauen,
- Chinesische Heilkunde im Wandel der Jahreszeiten,
- Homöopathie und Pflanzenheilkunde in Lebensrhythmen,
- Allergien,
- Kinderheilkunde,
- Kindheitsentwicklung,
- Macht – Ohnmacht – Eigenmacht,
- Feministisches Heilen in Theorie und Praxis usw.

Darüber hinaus besteht die Möglichkeit der eigenen Weiterbildung durch Arbeitsgruppen zu Akupunktur und Homöopathie. Aber auch die NS-Zeit, aus der das noch heute (!) gültige Heilpraktikergesetz * stammt, wird beforscht.

Für angehende und bereits praktizierende Heilpraktikerinnen bietet LACHESIS eine Palette von Dienstleistungen an. Damit keine Mißverständnisse aufkommen, wird ausdrücklich betont, «daß unser Verband keine Konsuminstitution ist...»

Wichtigste Aufgaben des Verbandes:

- Standesvertretung
- Förderung des öffentlichen Gesundheitswesens unter besonderer Beachtung der Gesundheitspflege von Frauen
- Aktivierung des fachlichen Austauschs im Bereich der Naturheilkunde
- parteiliche, subjektive und politische Förderung der Naturheilkunde
- Networking

* Das Heilpraktikergesetz (HPG), 1939 verabschiedet, regelte (und regelt noch immer!) den Zugang zum Beruf der Heilpraktiker. Im Kern beinhaltet es, daß nur «arische» Heilpraktiker zugelassen werden, also Personen mit «arischer» Herkunft. Skandalös ist nicht allein die Tatsache, daß dieses Gesetz noch heute, im Jahre 1992, Gültigkeit hat, sondern auch, daß ihm nach herrschender Rechtsauffassung Diplompsychologen unterliegen. Diplompsychologinnen und -psychologen, die heilkundlich tätig sind (durch Psychotherapie beispielsweise), begehen eine Straftat, wenn sie dies ohne Zulassung nach dem Heilpraktikergesetz tun.

Gründungsjahr: 1987
Mitgliederzahl: 140
Berufe / Arbeitsfelder der Mitglieder:
Frauen, die im Besitz der Erlaubnis zur Ausübung der Heilkunde ohne Bestallung sind bzw. dies anstreben (durch Selbststudium, Fachkurse etc.),
Gliederungen in:
Berlin, Nordrhein-Westfalen, Norddeutschland, Süddeutschland
Mitgliedsbeitrag:
DM 99,– jährlich zzgl. Beitrag für die Regionalgruppe, Fördermitgliedschaft möglich
Verbandsorgan:
- Informationsfaltblätter
- Rundbrief (erscheint zweimal jährlich)

Möglichkeiten des Kennenlernens:
- bundesweite und regionale Treffen (z. B. Gesundheitstag)
- Fortbildungsveranstaltungen

Angebote / Serviceleistungen für die Mitglieder:
- Unterstützung bei Praxisfragen und Abrechnungswesen
- Hilfe bei der Klärung anamnestischer Fragen
- Vermittlung von Kontaktadressen
- Unterstützung bei der Prüfungsvorbereitung
- Info- und Erfahrungsaustausch
- Vermittlung von Assistenzstellen
- Beisitz zu Prüfungen
- Kartei mit Prüfungsfragen
- Heilpraktikerinnenkartei
- Praxisstempel / Briefpapier
- in Vorbereitung: Gruppenvertrag für preisgünstige Versicherungen

Fort- und Weiterbildungsmöglichkeiten:
- zwei- bis dreimal jährlich themengebundene Wochenendtagungen
- Fachvorträge auf regionaler Ebene zu Themen wie «Ernährung und Krebs», «Übersäuerung als Krankheitsursache», «Biologische Krebsbehandlung in der täglichen Praxis»
- Arbeitsgruppen: Akupunktur, Homöopathie, Geschichtliche Aufarbeitung des Heilpraktikerinnengesetzes

Weitere Auskünfte und Unterlagen:

Geschäftsstelle
c/o
Hp Maria Knäpper
Hauptstr. 42
5750 Menden 2
Tel.: 02373/12305

Sitz des Vereins
c/o
Hp Beate Ruttkowski
Wilh.-Tell-Str. 18
4000 Düsseldorf
Tel.: 0211/398155

Berufsverband der Orthoptistinnen Deutschlands e. V.

Wer nicht weiß, was Perimeter und Refraktion bedeuten, und für den auch Strabologie und Pleoptik böhmische Dörfer sind, der braucht sich nur an eine Orthoptistin zu wenden, die umgehend eine Erklärung parat haben wird. Sollten Sie jedoch auch nicht wissen, wo Sie eine Orthoptistin finden können und was diese so treibt, schauen Sie doch einmal bei Ihrem Augenarzt bzw. Ihrer Augenärztin herein.

Orthoptistinnen sind medizinische Fachkräfte (der Beruf gehört zu den medizinischen Assistenzberufen), die in der Regel bei einem Augenarzt beschäftigt sind. Ihre Aufgabe besteht darin, Patienten mit Augenfehlhaltung, umgangssprachlich «Schielen», das richtige, d. h. das gerade Gucken zu lehren. Das Wort «Orthoptistin» entstammt dem Griechischen: ortho(s) = gerade und opsis = das Sehen. Kinder, aber mittlerweile auch immer mehr bildschirmgeschädigte Erwachsene gehen bei der Orthoptistin in die «Sehschule».

In dem seit 1971 existierenden BOD haben sich ca. 1050 Mitglieder organisiert. Vergleicht man diese Zahl mit der Zahl der insgesamt tätigen Orthoptistinnen – nämlich 1400 –, so ist der Organisationsgrad mit ca. 75 % ausgesprochen hoch zu nennen.

Möglicherweise liegen die Gründe dafür u. a. in einer geschickt angelegten Verbandspolitik. So können nämlich die Schülerinnen während der Ausbildung bereits Mitglied werden, sind in dieser Zeit aber beitragsfrei. Während der dreijährigen Ausbildung ist dann genügend Zeit, diesen Berufsverband mit seinem umfangreichen Leistungsspektrum kennenzulernen.

Aus den «Informationen über den Eintritt in den BOD» ist deutlich ersichtlich, daß der inhaltliche Schwerpunkt dieses Verbandes auf dem Gebiet der Ausbildung, Fort- und Weiterbildung liegt. So wird betont, daß dem Verband die Unterstützung der Lehrorthoptistinnen und die qualifizierte Ausbildung der Schülerinnen besondere Anliegen sind. Der wissenschaftlichen Weiterentwicklung des Fachgebietes und der Umsetzung neuer Erkenntnisse aus der Medizin in den beruflichen Alltag sieht sich der BOD verpflichtet. Hier ein Auszug aus der Themenliste des Tagungs- und Seminarprogramm des BOD:

- Kontaktlinsen
- Sehbehinderung / Sehhilfen
- Visuelle Wahrnehmungsstörungen und Hirnschädigungen
- Didaktik / Pädagogik

BOD-Mitgliedern sind zudem zugelassen zu einer alljährlich stattfindenden Tagung des Berufsverbandes der Augenärzte Deutschlands zum Thema «Schielen».

In den 6 Regionalgruppen, in denen auf Landesebene die BOD-Arbeit vorangebracht wird, werden neben den fachlichen Fragen auch Fragen der Tarifpolitik behandelt. Zudem findet bei den mindestens einmal jährlich stattfindenden Regionaltagungen der Erfahrungsaustausch der Kolleginnen statt.

Die Möglichkeit für überregionale Treffen der Mitglieder ist die jährlich stattfindende Jahrestagung. Sie dient vorwiegend der Fortbildung. Im Anschluß daran findet jeweils die Mitgliederversammlung statt.

BOD-Mitglieder werden außerdem zum Beispiel durch Rundschreiben zweimal jährlich über sämtliche Verbandsaktivitäten informiert, der Vorstand informiert auf Anfrage über das aktuelle Stellenangebot und liefert Informationen über nationale und internationale strabologische Tagungen.

Wichtigste Aufgaben des Verbandes:

- Förderung der Fort-, Weiter- und Ausbildung
- wissenschaftliche Weiterentwicklung des Fachgebietes
- Interessenvertretung z. B. auf dem Gebiet der Tarifgestaltung
- Förderung der beruflichen Kontakte zwischen Verbandsmitgliedern einerseits und zu anderen medizinischen Fachberufen andererseits
- Öffentlichkeitsarbeit
- Vertretung des Berufsstandes auf internationaler Ebene.

Gründungsjahr: 1971
Mitgliederzahl: ca. 1050
Berufe / Arbeitsfelder der Mitglieder: Orthoptistinnen

Gliederungen in:
Bayern, Baden-Württemberg, Berlin, Hamburg, Hessen, Niedersachsen, Nordrhein-Westfalen, Rheinland-Pfalz, Saarland, Schleswig-Holstein

Mitgliedschaft bei: Internationale Orthoptische Gesellschaft

Mitgliedsbeitrag:
DM 150,– jährlich für ordentliche Mitglieder (berufstätige und nicht berufstätige Orthopistinnen),
DM 75,– für außerordentliche Mitglieder (Studentinnen und Praktikantinnen sowie im Ausland lebende Mitglieder),
Schülerinnen sind beitragsfrei,
(DM 20,– Aufnahmegebühr)

Verbandsorgan:
- BOD-Broschüre «Orthoptik-Pleoptik»
- mehrseitige Information, verschiedene Faltblätter

Möglichkeiten des Kennenlernens:
regionale Zusammenkünfte (bei der Geschäftsstelle zu erfragen)

Angebote / Serviceleistungen für die Mitglieder:
- Beratung in allen beruflichen Fragen
- Unterstützung der Aufgaben der Lehrorthoptistinnen

Fort- und Weiterbildungsmöglichkeiten:
- qualifizierte Ausbildung von Schülerinnen; Erarbeitung eines eigenen Fort- und Weiterbildungskonzeptes
- Fort- und Weiterbildung von Lehrorthoptistinnen
- regionale und überregionale Fortbildungsveranstaltungen

Weitere Auskünfte und Unterlagen:
Berufsverband der Orthopistinnen Deutschlands e. V.
Hintere Ledergasse 23
8500 Nürnberg 1
Tel.: 0911/22968

BDH – Bund Deutscher Hebammen e. V.

Zu den ältesten Berufen der Welt gehört der Beruf der Hebamme. Und zu den ältesten Frauenberufsverbänden in Deutschland zählt auch der BDH, der 1885 in Berlin von der Hebamme Olga Gebauer gegründet wurde. Seit 1982 ist eine rasante Mitgliederentwicklung zu verzeichnen. Gab es 1982 erst 3200 Mitglieder, so wurden Ende 1990 nahezu 7000 Mitglieder gezählt, eine Steigerung von rund 120 %. Der Grund dafür liegt sicher in den katastrophalen Arbeitsbedingungen für die Hebamme, die sich mit denen der Krankenschwestern durchaus vergleichen lassen. So sprach der Verband bereits 1990 von einer drohenden «Entbindungskatastrophe», die auf Gebärende und Neugeborene zukommen würde. Denn: obwohl der Berufsstand keine Nachwuchssorgen hat, ist aufgrund der unzulänglichen Personalbedarfspläne in den Krankenhäusern ein Personalnotstand bei den Hebammen zu verzeichnen. So fehlen in ⅔ aller geburtshilflichen Stationen Hebammen. Nach Umfrageergebnissen bei Hebammen und Chefärzten von geburtshilflichen Abteilungen im Jahre 1988 stellte sich heraus, daß von ca. 650000 Geburten knapp die Hälfte in nicht ausreichend mit Hebammen besetzten Kreißsälen stattfanden.

Der besonderen Art der Tätigkeit von Hebammen und dem damit verbundenen hohen beruflichen Risiko trägt der BDH durch ein Bündel von Versicherungsangeboten Rechnung. Berufsrechtschutz ist für alle Mitglieder des BDH obligatorisch, er umfaßt z. B. Straf-, Sozialgerichts-, Arbeitsgerichts- und Beleghebammenrechtschutz.

Nach einer Erhebung des Verbandes vom November 1989 sind 60 % der Mitglieder im Angestelltenverhältnis und 30 % freiberuflich tätig. Die Statistik wäre unvollständig, wenn nicht erwähnt würde, daß – ähnlich wie bei den Krankenschwestern – Berufsanfängerinnen nur noch durchschnittlich 3–5 Jahre im Beruf bleiben. Sie begründen dies mit gesundheitlicher Überforderung und wandern entweder in andere Berufe ab oder arbeiten in freier Praxis. Der DHB hat, um diesen Mißstand zu beheben, mit der Deutschen Krankenhausgesellschaft ein neues Konzept der Personalbedarfsbemessung erarbeitet, denn: Frauen brauchen Hebammen!

Wichtigste Aufgaben des Verbandes:
- Förderung der beruflichen und wirtschaftlichen Interessen der Hebammen
- Fortbildung
- Interessenvertretung der Hebammen bei Behörden des Bundes und der Länder in allen beruflichen Fragen
- Mitwirkung bei Gesetzesvorlagen im Gesundheits- und Hebammenwesen
- Vertretung der angestellten Hebammen bei Tarifverhandlungen
- Beantragung der Gebührenordnungen für die freiberuflich tätigen Hebammen
- Zusammenarbeit mit: Standesorganisationen der Berufe im Gesundheitswesen; Deutscher Zentrale für Volksgesundheitspflege, Frankfurt/M.; Bundesvereinigung für Gesundheitserziehung, Bonn; Bundeszentrale für gesundheitliche Aufklärung, Köln

Gründungsjahr: 1885
Mitgliederzahl: 7000
Berufe/Arbeitsfelder der Mitglieder:
- angestellte und freiberuflich tätige examinierte Hebammen;
- Hebammenschülerinnen

Gliederungen in:
Baden-Württemberg, Bayern, Berlin, Bremen, Hamburg, Hessen, Niedersachsen, Nordrhein-Westfalen, Rheinland-Pfalz, Saarland, Schleswig-Holstein

Mitgliedschaft bei:
- Internationaler Hebammenverband (ICM), London
- EG-Kommission der Vorsitzenden der Hebammenverbände der EG-Staaten
- Internationale Studiengruppe (Joint Study Group) von Geburtshelfern und Hebammen
- Deutscher Frauenring und damit
- Deutsche Liga für das Kind in der Familie und Gesellschaft

- Internationale Vereinigung zur Hilfe der Mütter und Kind (IAMA-NEH)

Mitgliedsbeitrag:

DM 160,– jährlich,
DM 10,– für Schülerinnen,
DM 24,– für passive Mitglieder (im Ruhestand, im Ausland lebend, vorübergehend nicht tätig)

Verbandsorgan:

- Deutsche Hebammenzeitschrift
- Informationsfaltblatt

Möglichkeiten des Kennenlernens: bei Tagungen

Angebote / Serviceleistungen für die Mitglieder:

- Rechtsberatung in beruflichen Belangen für angestellte und freiberuflich tätige Hebammen; ggfs. auch Vertretung vor Gericht
- Beratung bei Abrechnungs- und Versicherungsfragen
- Kooperative Mitgliedschaft in der Deutschen Angestellten Gewerkschaft (DAG) – ohne Mehrkosten für angestellte Hebammen
- Hebammengemeinschaftshilfe: unverschuldet in Not geratenen Hebammen kann auf Antrag Unterstützung gewährt werden
- Berufs- und Privathaftpflichtversicherung mit günstigem Gruppentarif
- Möglichkeit zum Erwerb der Hebammenbrosche und der Autoplakette

Fort- und Weiterbildungsmöglichkeiten:

- auf Bundes- und Landesebene
- jährliche Delegiertentagung

Weitere Auskünfte und Unterlagen:

Bund Deutscher Hebammen e. V.
Reinhold-Frank-Str. 18
Postfach 1724
7500 Karlsruhe
Tel.: 0721/27476

Bundesverband Deutscher Kosmetikerinnen e. V.

«Damit Sie sich in Ihrer Haut wohl fühlen!»
Unter diesem Slogan wirbt der BDK für Dienstleistungen, die weit über die üblicherweise bekannte «dekorative Kosmetik» hinausgehen. Die mittlerweile 2000 Mitglieder des Verbandes sind nicht nur zuständig für die Behandlung verschiedenster Hautprobleme, wie z. B. vernarbte Haut, Hautunreinheiten, Orangenhaut uvm., auch die Hand- und Fußpflege sowie die Ganzkörperbehandlung gehören dazu. Eine Reihe von Behandlungsarten wird dabei in enger Zusammenarbeit mit Fachärzten (Dermatologen) durchgeführt. Daneben beraten die Kosmetikerinnen des BDK ihre Kundinnen in puncto Ernährung, Bewegung und gesunder Lebensführung. Daß der BDK seine Arbeit auch im Bereich der Gesundheitspflege ansiedelt, dokumentiert er nicht nur durch die hohen Ansprüche, die in hygienischer Hinsicht an die Ausstattung der Praxen und Institute der Verbandsmitglieder gestellt werden. Auch seine Mitgliedschaft in der «Bundesvereinigung für Gesundheitserziehung e. V.» zeigt die Richtung an, in der sich der Bundesverband, der seit 1966 besteht, bewegt.

Mit seinem Leistungskatalog präsentiert sich der BDK als Interessenvertreter der Kosmetikerinnen. Der Breite des Mitgliedsspektrums (angestellte und selbständige Kosmetikerinnen, Praktikantinnen sowie Berufsfachschulen für Kosmetik) entspricht auch das Leistungsangebot:

- die Beratung der Mitglieder in Fragen der Berufsausübung: betriebswirtschaftliche, wettbewerbsrechtliche, arbeits- und tarifrechtliche Themen ebenso wie Beratung durch einen Verbandsanwalt bei Kauf/Verkauf/Verpachtung von Kosmetikinstituten,
- Vertretung gegenüber Institutionen und Behörden auch im Hinblick auf die Schaffung gesetzlicher Vorschriften und Fragen der Berufsausbildung,
- Öffentlichkeitsarbeit

Darüber hinaus sieht der BDK «sein vordringlichstes berufspolitisches Ziel darin, das qualifizierte Berufsbild der Kosmetikerinnen in der Öffentlichkeit, bei Behörden und Ministerien bekannt zu machen. Damit dieser Berufsstand die Bedeutung erlangt, die ihm – nicht nur aus gesundheitspflegerischer Sicht – zusteht.»

Der Beruf der Kosmetikerin gehört trotz der enormen Vielfalt an Möglichkeiten (es gibt annähernd 400 anerkannte Ausbildungsberufe für Mädchen und Jungen) immer noch zu den meistgewünschten Berufen bei Schulabgängerinnen. Dieser enormen Beliebtheit entsprechen jedoch leider die tatsächlichen beruflichen Aufstiegsmöglichkeiten überhaupt nicht. Für die meisten Kosmetikerinnen ist nach Abschluß der Ausbildung erst einmal das Ende der Karriereleiter erreicht, es sei denn, sie machen sich selbständig. Die Tatsache, daß dieser Beruf eine reine Frauendomäne ist, läßt die Vermutung zu, daß die Verdienstmöglichkeiten nicht großartig sind. Hier gibt es für den BDK noch viel zu tun.

Wichtigste Aufgaben des Verbandes:
- Öffentlichkeitsarbeit
- Mitgliederberatung in Fragen der Berufsausübung
- Interessenvertretung gegenüber Behörden und Institutionen sowie bei der Schaffung gesetzlicher Vorschriften
- Regelung und Förderung der Berufsausbildung und der beruflichen Fortbildung

Gründungsjahr: 1966
Mitgliederzahl: ca. 2000
Berufe / Arbeitsfelder der Mitglieder:
selbständige und angestellte Kosmetikerinnen
Gliederungen in:
Baden-Württemberg, Bayern, Berlin, Hamburg, Hessen, Rheinland, Rheinland-Pfalz, Schleswig-Holstein, Westfalen
Mitgliedschaft bei:
- Deutscher Frauenrat,
- Fédération Internationale de l'Esthétique-Cosmétique (INFA),
- Bundesvereinigung für Gesundheitserziehung e. V.

Mitgliedsbeitrag:
Selbständige DM 240,– jährlich,

Angestellte DM 120,–,
Praktikantinnen DM 60,–,
nicht im Beruf DM 18,–,
anerkanntes Institut DM 252,–,
(Aufnahmegebühr DM 20,–)

Verbandsorgan:

- BDK-Info (vierteljährlich);
- monatliche Verbandsnachrichten in den «blauen Seiten» des Kosmetik Journal
- verschiedene Informationsfaltblätter

Möglichkeiten des Kennenlernens:

in den Landesgruppen bei Tischgesprächsrunden

Angebote / Serviceleistungen für die Mitglieder:

- kollegialer Austausch bei den Tischgesprächen
- Beratung in fachlichen und wirtschaftlichen Fragen
- günstige berufsorientierte Versicherungen durch das BDK-Versicherungswerk
- Bezug von Werbe- und Verkaufshilfen
- Bezug von Anstellungsverträgen, Ausbildungsverträgen, Gebührentafeln für die Preisauszeichnungspflicht, Karteikarten, Berufsbildungspässe

Fort- und Weiterbildungsmöglichkeiten:

Seminare, die von den Landesgruppen angeboten werden zu Themen wie «Verkaufspsychologie», «Firmen- und Depotschulungen», «Dermatologie», «Ernährung», «Gesundheitserziehung» «neue Behandlungsmethoden».

Weitere Auskünfte und Unterlagen:

Geschäftsstelle des Bundesverbandes
Deutscher Kosmetikerinnen e. V.
Liesegangstr. 10
4000 Düsseldorf 1
Tel.: 0211/365891

Deutscher Ärztinnenbund e. V. (DÄB)

«Fröhliches Krankenzimmer» und «Silberne Feder» nennen sich Aktivitäten, die zunächst einmal nicht zu den Hauptaufgaben des Deutschen Ärztinnenbundes gehören, aber für das Selbstverständnis dennoch typisch sind. So ist mit dem «fröhlichen Krankenzimmer» eine Aktion gemeint, die kranken Kindern im Krankenhaus zugute kommen soll. Da auch bzw. gerade im Krankenhaus gilt: «Kranke Kinder brauchen Bücher» (Text eines Aufklebers), versorgt der DÄB Krankenhäuser mit Kinderbüchern, stellt Mitarbeiterinnen, die den Kindern die Bücher ans Krankenbett bringen, sie beraten und auch vorlesen. Diese persönliche, bibliotherapeutische Betreuung hat nicht nur äußerst günstige Effekte auf den Genesungsprozeß, sondern hat auch aus manchem TV-Kind eine Leseratte gemacht. Durch diese Aktion, die von München ausging, sind bislang über 80 Kinderbüchereien entstanden. Eine Buchempfehlungsliste für kranke Kinder wird ständig aktualisiert.

Ergänzend dazu verleiht der DÄB einen Kinder- und Jugendbuchpreis, «Die Silberne Feder», 1989 bereits zum achtenmal, mit dem hervorragende Arbeiten auf den Gebieten Gesundheitserziehung und -bildung ausgezeichnet werden. Die Preis-Jury setzt sich aus Ärztinnen, Philologen und einer Lektorin zusammen.

Neben diesen Aktivitäten, die ein wichtiger Beitrag zur Humanisierung des Krankenhauses sind, stellt sich der DÄB natürlich auch den typischen Aufgaben eines Berufsverbandes. Dazu gehören vorrangig die Interessenvertretung, die Vertretung in Gremien und die Pflege internationaler Beziehungen. Das am 1. 1. 1989 in Kraft getretene Gesundheitsreformgesetz hat naturgemäß den DÄB sehr in Anspruch genommen. Er wehrte sich im Vorfeld gegen einzelne Passagen, die insbesondere eine Benachteiligung von Ärztinnen nach sich gezogen hätten. Auch im Zusammenhang mit dem § 218 machte der DÄB seine Bedenken deutlich.

Im Bundesgesundheitsrat, einem Gremium, das die Bundesregierung in Sachfragen berät, sind schon immer Mitglieder des DÄB vertreten gewesen.

In enger Zusammenarbeit mit anderen Frauenverbänden wie z. B. dem Deutschen Juristinnenbund, dem Akademikerinnenbund, Landesfrauenräten und dem Deutschen Frauenrat ist der DÄB in Sachen Frauenpolitik tätig. So unterstützt er auch die Forderung nach

- Frauenbeauftragten an die Hochschulen,
- mehr Teilzeitarbeitsplätzen an Krankenhäusern, Unikliniken und Hochschulen,
- Anrechnung von Kindererziehungszeiten auch bei den ärztlichen und zahnärztlichen Versorgungswerken,
- Betreuungseinrichtungen für alle Kinder mit flexiblen, den Arbeitszeiten angepaßten Öffnungszeiten auch an den Krankenhäusern, Unikliniken und Hochschulen

Der 1950 wieder gegründete Deutsche Ärztinnenbund (1924 entstand der «Bund Deutscher Ärztinnen», der sich 1936 auflöste, da er ansonsten in das nationalsozialistische Deutsche Frauenwerk überführt worden wäre) veranstaltet seit 1951 im Turnus von zwei Jahren wissenschaftliche Tagungen. Hier einige Themen:

- Gesundheitliche Aspekte im Frauensport,
- Psycho-soziale Hintergründe des Schwangerschaftsabbruchs heute,
- Differenzierung von Mann und Frau aus medizinischer und psychologischer Sicht,
- Die Frau in der modernen Arbeitswelt – der Einsatz von Frauen in neuen Berufen und Technologien aus sozial- und arbeitsmedizinischer Sicht,
- Zwischen Reproduktionsmedizin und Schwangerschaftsabbruch – medizinische, rechtliche und gesellschaftliche Positionen im Spannungsfeld

Neben der Organisation und Durchführung eigener Kongresse beteiligt sich der DÄB auch an internationalen Kongressen und organisiert Gruppenreisen dorthin. Beispielsweise 1992 nach Guatemala, wo der nächste Kongreß der «Medical Women's International Association» stattfindet (die MWIA ist die älteste interantionale ärztliche Organisation der Welt), bzw. 1995 nach Den Haag.

Für junge Ärztinnen unter 40 Jahren, die im DÄB organisiert sind, bietet die MWIA mit dem «Young Forum» ein Netzwerk, um gerade die internationalen Kontakte zu fördern. Darüber hinaus werden für Berufsanfängerinnen spezielle Workshops auf den MWIA-Kongressen angeboten.

Zum Selbstverständnis des DÄB, der sich humanistischen Traditionen verpflichtet sieht, zitiert die Vizepräsidentin ein Gedicht von Erich Fried: «Wer will
daß die Welt
so bleibt
wie sie bleibt
will nicht
daß sie bleibt.»

Wichtigste Aufgaben des Verbandes:

- Vertretung von beruflichen Interessen der Ärztinnen mit ihren speziellen Problemen als *Frau* in der Medizin
- Eintreten für Chancengleichheit im Beruf und Schaffung von Teilzeitstellen und Teilzeitweiterbildung
- Zusammenarbeit mit allen ärztlichen Körperschaften, Ministerien etc.
- Pflege von internationalen Beziehungen
- Pressearbeit

Gründungsjahr: 1924

Mitgliederzahl: über 2000

Berufe / Arbeitsfelder der Mitglieder:

Ärztinnen und Zahnärztinnen, Studentinnen nach dem Physikum; angestellte, beamtete und freiberuflich tätige Ärztinnen aller Fachgruppen

Gliederungen in:

Baden-Württemberg, Bayern, Berlin, Bochum, Bonn, Braunschweig, Dortmund, Düsseldorf, Essen, Frankfurt / Main, Gießen, Göttingen, Hamburg, Hannover, Kassel, Kiel, Köln, Lübeck, Marburg, Münster, Neumünster, Ostwestfalen-Lippe, Saarbrücken, Wiesbaden-Mainz, Wuppertal, in Vorbereitung: Schwerin und Rostock

Mitgliedschaft bei:

- Deutscher Frauenrat
- Weltärztinnenbund (Medical Women's International Association – MWIA)

Mitgliedsbeitrag:

DM 96,– jährlich,
DM 24,– für Studentinnen

Verbandsorgan:

- ÄRZTIN (erscheint monatlich, Bezugspreis durch den Mitgliedsbeitrag abgegolten)
- Informationsbroschüre
- Jahresberichte
- AKTION'S-INFO
- diverse Faltblätter

Möglichkeiten des Kennenlernens:

- auf den Treffen der örtlichen Gruppen
- Tagungen alle 2 Jahre, z. B. 1991 in Marburg: «Prävention ist weiblich – Ärztinnen in der frauenspezifischen Prävention»;
- internationale Kongresse alle 3–4 Jahre

Angebote / Serviceleistungen für die Mitglieder:

- Beratungs-Service durch Versicherungsspezialisten
- Gruppenversicherungsverträge speziell für Ärztinnen

Fort- und Weiterbildungsmöglichkeiten:

wissenschaftliche Tagungen mit unterschiedlichen Themenschwerpunkten

Weitere Auskünfte und Unterlagen:

Deutscher Ärztinnenbund e. V.
Herbert-Lewin-Str. 1
5000 Köln 41
Tel.: 0221/4004282

Frauen in Büroberufen

BDS Bund Deutscher Sekretärinnen e. V.

Als größter Sekretärinnenverband Europas stellt sich der BDS mit seinem Sitz in München dar. Er ging 1955 aus den Sekretärinnen-Vereinigungen den sogenannten «Gabriele-Klubs» («Gabriele, die perfekte Sekretärin» – Titel der Hauszeitschrift) München, Kiel und Wiesbaden hervor.

Die mehr als 2500 Mitglieder sind in 40 Klubs in den alten Bundesländern organisiert. Auch in den neuen Bundesländern ist der BDS bereits seit längerem mit fünf Vertretungen aktiv. Die Klubs verstehen sich als aktive Sekretärinnengruppen, die regional die Ziele des BDS umsetzen.

Sein Selbverständnis als Interessenvertretung des Berufsstandes «Sekretärin» macht der BDS nicht nur deutlich durch seine aktive Mitwirkung z. B. bei der Erarbeitung von Lernzielkatalogen für die anerkannte Prüfung, er setzt sich ebenso ein für

- die Besserstellung der Sekretärin in wirtschaftlicher, sozialer und rechtlicher Hinsicht,
- Zusatzqualifikationen wie z. B. Fortbildung zur Fremdsprachen- und zur Arztsekretärin, zur Chefassistentin ebenso wie für Weiterqualifikation im EDV-Bereich,
- die Förderung der Sekretärin als Assistentin des Managements,
- ein besseres Image des Berufs in Wirtschaft und Verwaltung
- betriebliche Frauenförderprogramme

Der BDS möchte als Sprachorgan schlechthin der deutschen Sekretärin anerkannt werden und arbeitet darauf hin, durch gezielte Öffentlichkeitsarbeit, durch Verhandlungen mit Behörden und Ministerien einerseits und Arbeitnehmer- / Arbeitgebervertreter andererseits.

Seinen Mitgliedern bietet der BDS umfangreiche Beratung an. Dies geht von der Hilfestellung bei Bewerbungsschreiben, Fort- und Ausbildungswünschen bis zur Beratung bei beruflichen Problemen mit Vorgesetzten und Kolleginnen und Kollegen, arbeitsrechtliche Fragen und auch solchen in bezug auf Existenzgründungen. Auch der Bereich Fortbildung wird beim BDS großgeschrieben. So werden z. B. sogenannte Bausteinseminare «Datenverarbeitung im Sekretariat» angeboten, die an 12 Wochenenden mit insgesamt 240 Unterrichtsstunden durchgeführt werden. Besonders an Wiedereinsteigerinnen – nach Baby-Pause oder Arbeitslosigkeit – richten sich diese Veranstaltungen. Bislang finden sie in Hamburg, Stuttgart und Düsseldorf statt.

An geprüfte Chefassistentinnen und erfahrene Sekretärinnen aus dem Vorstands- und Direktionsbereich richtet sich eine anspruchsvolle Seminarreihe «Von der Chefassistentin zur Assistenzchefin». Besucht werden kann diese Fortbildungsmaßnahme in Bielefeld, Dortmund und Frankfurt / Main.

Bildungsurlauberinnen können in Bonn an einem BDS-Seminar teilnehmen, das sich «Kinder–Küche–Karriere und / oder Konferenzen–Ziele–Konflikte» nennt. Die Vereinbarkeit von Beruf, Familie und Partnerschaft stehen dabei im Mittelpunkt des Interesses.

Engagierten Mitgliedern steht neben den Fortbildungsangeboten eine Vielzahl von Betätigungsfeldern innerhalb des BDS offen:

- die jährlich durchgeführte Fachtagung, das BDS-Forum
- die regionalen, monatlich durchgeführten Klub-Treffen mit Vorträgen, beruflichen Diskussionen und Seminaren
- Arbeitskreise zu verschiedenen Themen (Öffentlichkeitsarbeit, Karrierechancen – Laufbahnmöglichkeiten, Bildungsmaßnahmen, Handbuch Sekretärinnen-Seminare etc.)
- Bildungsreisen mit Fachprogramm, die u. a. nach Norwegen, in die GUS, in die Toscana und nach Burgund und Barcelona führten

Und zu guter Letzt: die erste Fachmesse für Sekretärinnen, die 1991 in Wiesbaden durchgeführt wurde, wurde vom BDS mitgetragen. Nicht nur neue Produkte und Dienstleistungen für den Bürobereich, sondern auch Seminare und Workshops wurden dort angeboten.

Wichtigste Aufgaben des Verbandes:
- Beratung
- Fortbildung
- Interessenvertretung
- Erfahrungs- und Informationsaustausch
- Öffentlichkeitsarbeit

Gründungsjahr: 1955
Mitgliederzahl: ca. 2500
Berufe / Arbeitsfelder der Mitglieder: Sekretärinnen / Chefassistentinnen
Gliederungen in:
Aachen, Amberg, Augsburg, Bayreuth, Bergisches Land, Berlin, Bonn, Braunschweig / Peine, Bremen, Chemnitz, Detmold / Bielefeld, Dortmund, Düsseldorf, Dresden, Essen, Frankfurt / Main, Freiburg, Gelsenkirchen, Gera, Gifhorn, Hamburg, Hamm, Hannover, Kassel, Koblenz, Köln, Lübeck, Mönchengladbach, München, Münster, Neubrandenburg, Nordsee, Nürnberg, Osnabrück, Ostfriesland, Ostwestfalen, Regensburg, Rendsburg, Rostock, Saarbrücken, Schwäbisch-Hall, Schweinfurt, Stuttgart, Trier, Wesermarsch
Mitgliedschaft bei: Deutscher Frauenrat
Mitgliedsbeitrag:
ordentliche Mitglieder (Nachweis zur Befähigung des Berufes der Sekretärin lt. Prüfungsordnung bzw. 5 Jahre Sekretariatspraxis): DM 160,– jährlich; (Aufnahmegebühr DM 10,–)
Verbandsorgan:
- Fachzeitschrift «SEKRETARIAT» (Abo in der BDS-Mitgliedschaft enthalten), drei BDS-Rundschreiben im Jahr
- Informationsbroschüre

Möglichkeiten des Kennenlernens:
- als Gast bei den Foren
- auf der Sekretärinnenmesse
- auf der Fachausstellung «Sekretärin '91» in Wiesbaden
- auf Fachtagungen
- auf Messen wie z. B. «Management & Marketing Services '91»
- und top '91 (siehe Seite 254).

Angebote / Serviceleistungen für die Mitglieder:
- Beratung zu allen beruflichen Fragen

- Bewerbungsservice
- Musterstellenbeschreibungen
- Gehaltsinformationen
- Fachbuchdienst
- Sekretärinnenpaß
- Kontaktvermittlung zu Kolleginnen im Ausland.

Fort- und Weiterbildungsmöglichkeiten:

- BDS-Seminare
- BDS-Forum (Jahresfachtagung): 1991 z. B. zum Thema «Sekretärin und Banking» (fand statt auf der Fähre Stena Line von Kiel nach Göteborg)
- Klubtreffen in den mehr als 40 Clubs (Vorträge, Seminare, berufsbezogene Diskussionen)
- BDS-Bildungsreisen mit Fachprogramm

Weitere Auskünfte und Unterlagen:

Bund Deutscher Sekretärinnen e. V.
Zentnerstr. 44
8000 München 40
Tel.: 089/2716873
Fax: 089/2724285

Deutscher Sekretärinnen-Verband e. V.

Neben dem BDS, von dem zuvor die Rede war, ist beinahe zeitgleich der DSV entstanden. Die voneinander unabhängigen Verbände haben nahezu identische Zielsetzungen. Bei der Umsetzung gibt es jedoch Unterschiede, die sich z. B. in der Gewichtung von Fortbildung einerseits und Beratung andererseits ausdrücken. Während die «Spezialität» des BDS z. B. die Beratung der Mitglieder ist, liegt der Schwerpunkt des DSV in der beruflichen Fortbildung der Sekretärinnen. Dem nämlich von vielen Sekretärinnen beklagten Umstand, daß ihr Beruf kein Lehrberuf ist und von daher die Bezeichnung «Sekretärin» keine Gewähr für eine qualifizierte Ausbildung bietet, versucht der DSV bereits seit 1956 in erheblichem Umfang abzuhelfen. Zu diesem Zweck hat er ein dickes Bündel an Fort- und Weiterbildungsmaßnahmen geschnürt, die in annähernd 50 Schulen und Studios, vom Verband anerkannten Fachausbildungsstätten, durchgeführt werden. Diese Institute bieten je nach Bedarf Teilzeit- oder Vollzeitunterrichtsmaßnahmen an, z B. zur Sekretärin, Fremdsprachensekretärin, Sekretariats- und Direktionsassistentin. Darüber hinaus werden Schreibtechnikprüfungen durchgeführt (d. h. Kurzschrift, Maschinenschnellschreiben, Briefgestaltung und Phonotypie, Computerunterstützte Textverarbeitung). Die Lehrgänge sind in sich abgeschlossen, die Leistungen werden durch ein Zeugnis oder ein Diplom des DSV bestätigt. Von den jeweils zuständigen Industrie- und Handelskammern werden sie anerkannt.

Sind die individuellen Voraussetzungen gegeben, dann besteht die Möglichkeit einer finanziellen Förderung im Rahmen des Arbeits- bzw. Ausbildungsförderungsgesetzes. Auf Europa 1992 hat sich der Verband schon seit längerem durch ein Weiterbildungsangebot zur «Europa-Sekretärin» vorbereitet. So gehört z. B. zu den hohen Anforderungen an diese Gruppe die Beherrschung von immerhin drei Fremdsprachen.

Die Karriere nach Maß wird zudem darüber hinaus ermöglicht durch ein umfangreiches Seminarprogramm «zu äußerst günstigen Konditionen» (wie es ein Faltblatt verheißt). Das Programm beinhaltet Seminare zu Gedächtnis- und Konzentrationstraining, Bewerbungstraining, Telefonverhalten, Business-English ebenso wie Marketing-Praxis für Sekretärinnen und Zusammenhänge der Betriebswirtschaft, PC-Training mit der Software MS-Word. Das gesamte Lehr- und Seminarangebot des DSV ist übrigens in einer überregionalen Datenbank der Industrie- und Handelskammern gespeichert und kann bundesweit mit dem Hinweis auf «WIS» (Weiterbildungs-Informations-System) bei den örtlichen IHK abgerufen werden.

Der Seminarkalender des Jahres 1991 firmierte unter «Weiterbildung ist eine Investition in die Zukunft!». Zum Bedauern vieler DSV-Kolleginnen wird die Notwendigkeit lebenslangen Lernens nicht von allen Arbeitgebern akzeptiert, was zur Folge hat, daß Weiterbildung oftmals als Privatangelegenheit gesehen wird und keine finanzielle Unterstützung erfolgt. Dies ist übrigens ein Ergebnis eines Forschungsprojektes «Sekretariat der Zukunft», durchgeführt vom Fraunhofer-Institut für Arbeitswissenschaft und Organisation in Stuttgart unter Mitarbeit des DSV.

Ein erfreuliches Zwischenergebnis dieser Untersuchung: Sekretärinnen, die in Berufsverbänden organisiert sind, haben mehr Freude am Beruf als andere.

Dies soll nun auch verstärkt für die neuen Bundesländer gelten. Der Verband ist bereits seit 1990 intensiv dabei, sein Netz von regionalen Arbeitsgemeinschaften dorthin auszuweiten. Dies spiegelt sich auch im Seminarprogramm wider. So wurden z. B. 1991 Veranstaltungen mit den Themen

- Berufsbild und -situation der Sekretärin,
- Bewerbungsratschläge,
- Repräsentation im Sekretariat

in Zusammenarbeit mit der «Kammer der Technik» durchgeführt, die auf sehr großes Interesse stießen. Selbstverständlich ist der DSV auch mit seinen Sekretärinnen-Lehrgängen, von denen bereits oben die Rede war, in den neuen Bundesländern vertreten. Als Zeichen der besonderen Verbundenheit mit den ostdeutschen Kolleginnen wurde 1991 erstmals eine Kollegin aus Dresden, die die dortige Arbeitsgemeinschaft bereits leitete, in den DSV-Vorstand gewählt.

Wichtigste Aufgaben des Verbandes:

- Interessenvertretung
- Anerkennung des Berufsstandes in der Öffentlichkeit
- Durchführung von Fort- und Ausbildungslehrgängen
- Networking mit Sekretärinnenvereinigungen in Europa und Übersee sowie Verbänden aus berufsverwandten Fachbereichen.

Gründungsjahr: 1956

Mitgliederzahl: ca. 1600

Berufe / Arbeitsfelder der Mitglieder:

Sekretärinnen / Assistentinnen und verwandte Berufe

Gliederungen in:

Aachen, Bad Oldesloe, Baden, Berlin, Bonn, Bremen, Chemnitz, Cottbus, Darmstadt, Dessau, Dortmund, Dresden, Düsseldorf, Erfurt, Frankfurt / Main, Frankfurt / Oder, Freiberg, Gera, Görlitz, Halle, Hamburg, Hannover, Jena, Kaiserslautern, Kiel, Köln, Lausitz, Leipzig, Lippstadt, Magdeburg, Merseburg, München, Münster, Neubrandenburg, Nordenham, Osnabrück, Paderborn, Potsdam, Regensburg, Rhein-Neckar, Rostock, Saar, Schwerin, Sonnneberg, Stuttgart, Suhl, Weimar / Jena / Gera, Wiesbaden.

Mitgliedschaft bei:

- Deutscher Frauenrat
- European Association of Professional Secretaries (EAPS)

Mitgliedsbeitrag:

DM 125,– jährlich (bei Zahlung im 1. Quartal), DM 148,– (bei quartalsweiser Zahlung)
(DM 15,– Aufnahmegebühr).

Verbandsorgan:

- Fachzeitschrift «Assistenz» erscheint zweimonatlich (Abo ist im Mitgliedsbeitrag enthalten)
- Mitgliederrundschreiben
- verschiedene Informationsfaltblätter
- Informationsbroschüre

Möglichkeiten des Kennenlernens:

- Teilnahme an Treffen der regionalen Arbeitsgemeinschaften
- als Gast beim Verbandstag alle 2 Jahre;
- offene Seminare

Angebote / Serviceleistungen für die Mitglieder:
- Auskünfte und Beratungen
- Betriebsbesichtigungen
- Exkursionen
- kulturelle Veranstaltungen

Fort- und Weiterbildungsmöglichkeiten:
- Durchführung von Kursen, die zu folgenden Abschlüssen führen: Geprüfte/r Sekretär/in; Deutsches Sekretärinnen-Diplom DSV; Europa-Sekretärinnen-Diplom ESA; Sekretariatsassistentinnen-Diplom (eine Liste der Sekretärinnenschulen im DSV erhalten Sie bei der Geschäftsstelle)
- Seminare zu Fachthemen (1991 wurden 10 Themen angeboten, die Seminarorte waren im gesamten Bundesgebiet – in den neuen Bundesländern wurde gezielt das Thema «Bewerbung» durchgeführt) u. a. Büroorganisation, Konzentrationstraining, Marketingpraxis und Rhetorik
- das Seminarprogramm des Verbandes ist in der «Weiterbildungsdatenbank der Industrie- und Handelskammern» gespeichert (WIS)

Weitere Auskünfte und Unterlagen:

Deutscher Sekretärinnen-Verband e. V.
Lagewiesenstr. 1 a
6700 Ludwigshafen 14
Tel.: 0621/695965
Fax: 0621/632158

European Association of Professional Secretaries

Dieser europäische Verband qualifizierter Sekretärinnen wurde bereits 1974 in Zürich von einer englischen Sekretärin gegründet. Aus den damals 16 Mitstreiterinnen hat sich seitdem ein Verband mit 1500 Mitgliedern in 15 europäischen Ländern entwickelt. Die Verbandssprache ist Englisch, was für Europa 1992/93 sicher eine günstige Voraussetzung ist. Als Ziele des Verbandes werden in einer Presseinformation folgende genannt:

- «Das Image der Sekretärin in Europa als wichtiges Element im Management-Team herauszustellen und den Status der Sekretärin zu verbessern,
- die Fort- und Ausbildung der Sekretärin zu verbessern,
- die Sekretärin zu ermutigen, sich weiter zu qualifizieren,
- einen Kreis von hochqualifizierten europäischen Sekretärinnen zu bilden,
- Förderung der europäischen Gemeinschaft, des Verständnisses und der Zusammenarbeit über die Grenzen hinaus.»

Für reiselustige Sekretärinnen bietet der EAPS eine Fülle von Möglichkeiten, verbandspezifische Aktivitäten mit Städtereisen zu verbinden. So findet nicht nur der Höhepunkt des Verbandslebens, das «Annual General Meeting» (die Jahreskonferenz), in wechselnden europäischen Städten statt (Reykjavik, Turku, Kopenhagen, Maastricht und Oslo, 1992: Brügge), auch der Besuch von Fortbildungsveranstaltungen in anderen europäischen Ländern ist für die Mitglieder möglich. Zu beachten ist, daß nicht nur der Gesamtverband, sondern auch sämtliche Landesverbände Jahreskonferenzen durchführen.

Das Motto «Going International European» bedeutet für den EAPS, daß sich die Mitgliederzahlen bis 1993 um 20 Prozent und bis 1995 um weitere 20 Prozent erhöhen sollen. Da bereits Kontakte nach Leningrad und auch nach Ungarn bestehen und zudem der Wunsch nach einer Ausdehnung in die neuen Bundesländer besteht, ist die Realisierung des Zuwachses durchaus machbar.

Über die Verbandsaktivitäten werden die Mitglieder in verschiedenen Magazinen informiert. Zum einen erscheint zwei- bis dreimal jährlich das internationale Magazin «European Secretary Today», zum anderen für die deutschen Mitglieder «Stop Press Germany».

Zum Problem der Arbeitslosigkeit wurde im deutschen Magazin über eine Untersuchung unter englischen Sekretärinnen berichtet. Dabei stellte sich heraus, daß immerhin 58 % der Mitglieder mindestens einmal arbeitslos waren. Um dieser realen Bedrohung nicht gänzlich unvorbereitet gegenüberzustehen, veröffentlichten die britischen EAPS-Kolleginnen umgehend eine «Survival Guide to Redundancy». Ein schönes Beispiel für kollegiale Solidarität!

Wichtigste Aufgaben des Verbandes:
- Imagebildung des Berufsbildes «Sekretärin» in Europa
- Verbesserung des Status der Sekretärin
- Bildung eines Kreises hochqualifizierter europäischer Sekretärinnen
- Förderung der Europäischen Gemeinschaft, des Verständnisses und der Zusammenarbeit über die Grenzen hinaus

Gründungsjahr: 1974, BRD: 1986

Mitgliederzahl:
1500 in 15 europäischen Ländern, ca. 70 deutsche Mitglieder

Berufe / Arbeitsfelder der Mitglieder:
Sekretärinnen und Assistentinnen

Gliederungen in:
Deutschland: Hamburg, München, Rhein-Main-Gruppe (Köln, Bonn, Frankfurt, Düsseldorf, Wiesbaden)
Europa: Belgien, Dänemark, Finnland, Griechenland, Großbritannien, Island, Italien, Luxemburg, Niederlande, Norwegen, Österreich, Schweden, Schweiz, Spanien, Zypern.

Mitgliedsbeitrag: DM 120,– jährlich

Verbandsorgan:
- European Secretary Today (zwei- bis dreimal jährlich)
- Stop Press (von EAPS Deutschland, zwei- bis dreimal im Jahr)

Möglichkeiten des Kennenlernens: bei den lokalen Stammtischen

Angebote / Serviceleistungen für die Mitglieder:
- Annual General Meeting, 1991 in Oslo
- Erfahrungsaustausch
- Beratung
- Aufnahme in eine Datei
- Besuch (außer-)europäischer Tagungen.

Fort- und Weiterbildungsmöglichkeiten:
- zwei bis drei Seminare pro Jahr in Deutschland, z. B. Englischkurs, «Time management», «Introduction to Assertive Training», «Das Outfit der Sekretärin»
- durch den Besuch der EAPS-Meetings in anderen europäischen Ländern mit den Themen: «Business Travel in the 90's» (Brüssel), «Secretaries – their significance» (Madrid) sowie «Brain Training und Mind Mapping» (Nikosia, Zypern).

Weitere Auskünfte und Unterlagen:

EAPS
c/o Rose-Marie Esser
Luganerstr. 6
7000 Stuttgart 75
Tel.: 0711/477758
Fax: 0711/475419

bzw.
Head Office:
Maison de l'Europe
Hotel de Coulanges
35/37 rue des Francs-Bourgeois
F-75004 Paris

Frauen in Haus- und Landwirtschaft

Berufsverband Hauswirtschaftlicher Fach- und Führungskräfte e V.

Das ganze Spektrum der Berufe rund um die Haushaltsführung, also Wirtschafterin, Hauswirtschaftsleiterin / hauswirtschaftliche Betriebsleiterin, Meisterin und Diplomoecotrophologin (dazu gehören die Fachrichtungen Haushaltswissenschaft, Ernährungswissenschaft, Ernährungsökonomie, Haushaltsökonomie), hat mit dem bhf seit 1971 erstmals eine berufsständische Vertretung.

Die Arbeitsplätze der Mitglieder finden sich v. a. in Einrichtungen für alte Menschen, Behinderte, in Tagungsstätten, Jugendherbergen, Rehabilitationszentren, Einrichtungen der Kinder- und Jugendfürsorge, in Krankenhäusern, Erholungsheimen, Mensen, Ganztagsschulen und Personalrestaurants, kurz gesagt, überall dort, wo Großhaushalte sind. Im Zentrum der Verbandsarbeit steht einerseits, für die Benutzer von Großhaushalten mehr Lebensqualität zu erreichen. Dies soll geschehen durch die Förderung von fachlicher und persönlicher Fortbildung, z. B. durch Seminare und Fachtagungen, Erfahrungsaustausch untereinander, Austausch zwischen Theorie und Praxis. In diesem Zusammenhang versorgt die Verbandszeitung «Informationsdienst» die Mitgliedschaft mit Verbandsinterna, fachpraktischen und fachwissenschaftlichen Informationen.

Der Verband bemüht sich andererseits intensiv darum, den Leistungen der Mitarbeiterinnen in der Hauswirtschaft den Stellenwert zukommen zu lassen, der ihnen entsprechend den Aufgaben gebührt.

Hier findet eine Zusammenarbeit mit Schulen und Hochschulen, Behörden und zuständigen Stellen der Ausbildung statt. Bei der Erarbeitung von Stellungnahmen und Empfehlungen ist der bhf ein gefragter Gesprächspartner.

Seine Mitglieder finden sich in Berufsbildungs- und Prüfungsausschüssen sowie in Lehrplankommissionen. Nicht zuletzt sieht der bhf eine Aufgabe darin, bei der Erschließung neuer Stellen tätig zu werden.

Der Verband kennt aktive und passive Mitgliedschaft. Als aktive Mitglieder gelten all jene, die aufgrund einer abgeschlossenen Ausbildung an Fachschulen, Fachhochschulen und Universitäten auf ihre Tätigkeit in hauswirtschaftlichen Großbetrieben vorbereitet wurden. Ebenso gehören Lehrkräfte dieser Fachrichtungen dazu, wie Hauswirtschaftsmeisterinnen und Hauswirtschaftlerinnen. Passive Mitglieder sind Studierende der o. g. Fachrichtungen, in der Hauswirtschaft Tätige ohne Ausbildung, Auszubildende für den Beruf Hauswirtschaftsleiterin sowie korporative Mitglieder (Bildungseinrichtungen für hauswirtschaftliche Fach- und Führungskräfte, Verbände, Verlage sowie Institute).

Wichtigste Aufgaben des Verbandes:

- Einsatz für die beruflichen, sozialen und wirtschaftlichen Belange der Mitglieder
- Zusammenarbeit mit Schulen, Hochschulen, Behörden im Sinne einer praxisnahen Ausbildung
- Zusammenarbeit mit anderen Berufsverbänden und Organisationen zur Optimierung der Öffentlichkeitsarbeit
- Mitwirkung in Berufsbildungs- und Prüfungsausschüssen sowie in Lehrplankommissionen

Gründungsjahr: 1971

Mitgliederzahl: ca. 1600

Berufe / Arbeitsfelder der Mitglieder:

Hauswirtschaftliche Kräfte in Großhaushalten aller Art

Gliederungen in:

Bayern, Berlin, Rheinland-Pfalz, Schleswig-Holstein;

Erfagruppen («Erfahrungsaustausch») u. a. in: Berlin, Bielefeld, Flensburg, Frankfurt / M., Freiburg, Hamburg, Hannover, Heilbronn, Hermannsburg, Kiel, Köln, München, Neumünster, Nürnberg, Oberschwaben, Ostalb, Regensburg / Landshut / Straubing, Rheinland-

Pfalz, Ruhrgebiet/Münster, Schwäbisch-Hall, Spiekeroog, Stuttgart, Tuttlingen, Würzburg

Mitgliedschaft bei:

- Internationaler Verband für Hauswirtschaft
- Deutscher Frauenrat
- Deutsche Gesellschaft für Hauswirtschaft

Mitgliedsbeitrag:

DM 144,– jährlich für aktive und passive Mitglieder,
DM 48,– Schülerinnen und Studentinnen,
DM 288,– korporative Mitglieder,
Arbeitslose und Nichterwerbstätige 50 % Ermäßigung

Verbandsorgan:

- Infodienst
- Informationsfaltblatt

Möglichkeiten des Kennenlernens:

- Jahrestagungen (1991 zum Thema. «Entwicklungen in den sozialen Einrichtungen – neue Anforderungen an die hauswirtschaftlichen Führungskräfte»)
- Erfagruppentreffen (= «Erfahrungsgruppentreffen»)
- Seminare

Angebote / Serviceleistungen für die Mitglieder:

- Förderung des Erfahrungsaustausches unter den Mitgliedern
- Studienfahrten

Fort- und Weiterbildungsmöglichkeiten:

- Seminare z. B. «Erfolgreich argumentieren und überzeugen», «Meinen eigenen Arbeitsstil finden», «Mitarbeiter in persönlichen Krisen – eine Herausforderung für die Vorgesetzten», «Gebäudereinigung»
- Supervisionsgruppe: Wir reflektieren unser Verhalten im Berufsalltag.

Weitere Auskünfte und Unterlagen:

Berufsverband Hauswirtschaftlicher Fach- und Führungskräfte e. V.
Esslinger Str. 8
7053 Kernen
Tel.: 07151/43770

Bundesverband der Meisterinnen der Hauswirtschaft e. V.

Der 2. Bundesleistungswettbewerb für Auszubildende in der städtischen Hauswirtschaft, der im Frühjahr 1991 in Hannover durchgeführt wurde, trug das optimistische, fast beschwörende Motto «Hauswirtschaft hat Zukunft». Die schwindende Zahl an Ausbildungsverhältnissen läßt jedoch eher vermuten, daß dieser Lehrberuf heutzutage immer weniger attraktiv ist. Sicher hat das Negativimage, das der Hausfrauentätigkeit heutzutage anhaftet, ebenso damit zu tun wie die schlechte Bezahlung in den hauswirtschaftlichen Berufen. Dabei gehört zum Berufsbild der Hauswirtschafterin mehr als nur Wäschepflege, Nahrungszubereitung, Reinigung und Vorratshaltung. Gute Hauswirtschafterinnen müssen «managen» können. Von ihnen wird Planungs- und Organisationstalent, Dispositionsvermögen und Flexibilität verlangt. Sie müssen diese «Schüsselqualifikationen» nicht nur im Familienhaushalt, sondern auch darüber hinaus im Großhaushalt unter Beweis stellen können.

Aus den zahlreichen und vielseitigen Aktivitäten des erst 1982 gegründeten Berufsverbandes läßt sich erkennen, daß der Fort- und Weiterbildung hauswirtschaftlicher Fähigkeiten ein ganz großer Stellenwert beigemessen wird.

Der 1991 im Frühjahr neu gewählte Bundesvorstand legte fest, daß «die Öffentlichkeitsarbeit für das Berufsbild der Meisterin wie bisher im Vordergrund stehen wird, ebenso das große Angebot an Fort- und Weiterbildungsveranstaltungen und die Zertifikatsweiterbildung».

Im Weiterbildungsbereich bietet der Verband zweimal jährlich Seminare für Mitglieder in Prüfungs- und Berufsbildungsausschüssen an. Der Doppelbelastung durch Erwerbstätigkeit und Haushalt ist ein Seminar gewidmet, das berufstätigen Frauen helfen kann, Konflikte zu lösen.

Der ersten Bundestagung 1988 «Hauswirtschaftliche Berufsbildung im europäischen Vergleich» folgte 1990 aufgrund des großen Erfolges eine weiterführende Fachtagung, sozusagen ein hauswirtschaftlicher Beitrag zum europäischen Binnenmarkt.

Als ganz großes Ereignis wird die jährliche Durchführung des Bundesleistungswettbewerbs für Auszubildende in der städtischen Hauswirtschaft gefeiert, von dem bereits oben die Rede war.

Bei diesem Wettbewerb werden Fachtheorie und Fachpraxis geprüft. In der Theorie müssen Fragen aus Wirtschafts- und Sozialkunde, Hygiene, Ernährungslehre, Haushaltstechnik, Haushalts- und Textilkunde bearbeitet werden. Die Fachpraxis bezieht sich einerseits auf Nahrungszubereitung und andererseits auf Textilgestaltung.

Große Aufmerksamkeit schenkt der Verband seit 1991 der Vorbereitung des 17. Welthauswirtschaftskongresses, der 1992 in Hannover stattfindet.

Wichtigste Aufgaben des Verbandes:
- Öffentlichkeitsarbeit und Interessenvertretung
- Zusammenarbeit mit Gremien anderer Verbände
- Mitwirkung in Ausschüssen auf Bundesebene in bezug auf Berufsbildungs- und Verbraucherfragen
- Erarbeitung von Stellungnahmen und Gutachten
- Förderung der Hauswirtschaft im Bildungssystem
- jährliche Durchführung des Bundesleistungswettbewerbes für Auszubildende
- Schaffung neuer Formen hauswirtschaftlicher Erwerbstätigkeit

Gründungsjahr: 1982
Mitgliederzahl: 4000
Berufe / Arbeitsfelder der Mitglieder:
Hauswirtschaftsmeisterinnen
Gliederungen in:
Allgäu, Baden-Württemberg, Bayern, Hessen, Niedersachsen, Rheinland-Pfalz, Schleswig-Holstein, Saarland, (Nordrhein-Westfalen)
Mitgliedschaft bei:
- Deutscher Frauenrat
- Internationaler Verband für Hauswirtschaft
- Arbeitsgemeinschaft Hauswirtschaft
- Arbeitsgemeinschaft der Verbraucherverbände
- Deutsche Gesellschaft für Hauswirtschaft

- Bundesstelle für hauswirtschaftliche Berufsbildung
- Beirat für internationale Fragen der Deutschen Gesellschaft für Hauswirtschaft
- Zentralstelle für rationales Haushalten.

Mitgliedsbeitrag:

DM 40,– bis DM 60,– jährlich (regional verschieden)

Verbandsorgan: «Hauswirtschaften» (erscheint in Bayern)

Möglichkeiten des Kennenlernens:

- auf Fachtagungen
- in den regionalen Arbeitskreisen

Angebote / Serviceleistungen für die Mitglieder:

- Arbeitskreise: Berufliche Bildung, Großhaushalt, Öffentlichkeitsarbeit, Umwelt
- Bundes- und Landesleistungswettbewerbe

Fort- und Weiterbildungsmöglichkeiten:

- Multiplikatorenseminare für Mitglieder der Meisterprüfungsausschüsse: Bewertung der hauswirtschaftlichen Praxis – Bereich Nahrungszubereitung – einschließlich Arbeitsunterweisung innerhalb der Meisterprüfung
- Seminare z. B. «Rationalisierung des Privathaushaltes» (in Zusammenarbeit mit REFA-Fachausschuß), «Doppelbelastung durch Berufstätigkeit und Haushalt»

Weitere Auskünfte und Unterlagen:

Bundesverband der
Meisterinnen der Hauswirtschaft e. V.
Siebertstr. 5
8000 München 80
Tel.: 089/9828409

Deutscher Hausfrauen-Bund e. V.

Noch immer fehlt den Frauen, die sich entschieden haben, den Beruf der Hausfrau zu ergreifen, die gesellschaftliche Anerkennung. Getreu dem Motto «was nichts kostet, kann auch nichts wert sein» werden Hausfrauen diskriminiert, belächelt und sogar als faul angesehen. Ein vor Jahren populärer Schlager, gesungen von Johanna von Kozcian, spiegelt die Vorurteile in unserer Gesellschaft gegenüber Hausfrauen wider: «Das bißchen Haushalt...»

In einer Dokumentation des Deutschen Hausfrauen-Bundes über die Situation der Hausfrau, die 1987 immerhin zum fünftenmal aufgelegt wurde, wird die täglich erbrachte Arbeitszeit von Hausfrauen insgesamt auf 100000000 Stunden geschätzt. Eine Zahl, die keine andere Berufsgruppe erreicht. Danach, so heißt es, beträgt die durchschnittliche Arbeitszeit einer Hausfrau 55 Stunden pro Woche.

Bei diesem hohen Stundenvolumen sind übrigens eventuell vorhandene Kinder nicht berücksichtigt.

Gäbe es eine im Sinne der politischen Wirksamkeit ernst zu nehmende Hausfrauengewerkschaft, so hätte diese alle Hände voll zu tun, den wöchentlichen Überstunden den Garaus zu machen.

Die erwerbstätige Hausfrau steht zeitlich und belastungsmäßig gesehen nicht besser da, denn ihr Zeitbudget für den Haushalt beläuft sich auch noch auf immerhin 80 Prozent dessen einer «Nur-Hausfrau». Eine andere Form der Diskriminierung von Hausfrauen drückt sich darin aus, daß ihr Einsatz für Familie und Haushalt nicht in das Bruttosozialprodukt eingeht, da ja weder Lohn noch Gehalt gezahlt werden, d. h., für die bundesdeutsche Statistik ist die Leistung von Millionen von Frauen einfach nicht existent.

Um den Benachteiligungen der Hausfrauen wirksam entgegenzutreten, ging 1915 der Deutsche Verband der Hausfrauen aus bereits bestehenden Hausfrauenvereinen hervor. 1935 erfolgte die Auflösung des Verbandes, da eine selbständige Arbeit unter der nationalsozialistischen Regierung nicht möglich war. 1949 konnte in Eutin die Wiedergründung vollzogen werden.

Im Zentrum der Aktivitäten steht die Losung «Öffentliche Anerkennung des Berufes Hausfrau». Dafür wird auf vielen gesellschaftlichen Ebenen gerungen und gekämpft. Als Tarifpartner steht die Gewerkschaft Nahrung-Genuß-Gaststätten (NGG) zur Seite. Bundesministerien, Parteien und Politiker werden ebenfalls in die Pflicht genommen, wenn es z. B. darum geht,

- Hausfrauen in die gesetzliche Unfallversicherung aufzunehmen,
- eine eigenständige soziale Sicherung der Frau festzuschreiben,
- mehr Teilzeitarbeitsplätze für Frauen *und* Männer einzufordern,
- Ausbildungs- und Beschäftigungskosten in Privathaushalten steuerlich absetzen zu können.

Informationen und Weiterbildung führen das Angebot des Verbandes für die Frauen an. Den wenigsten wird bekannt sein, daß die Verbraucherzentralen, die aus dem öffentlichen Verbraucher-Leben nicht mehr wegzudenken sind, bereits 1957 vom DHB mitbegründet wurden.

Die Fachgruppe Hauswirtschaft innerhalb des DHB ist zuständig für die Weiterbildung auf hauswirtschaftlichem Gebiet. So bietet er z. B. Grundbildungslehrgänge zur Vorbereitung auf die Prüfung zur Hauswirtschafterin an und führt Vorbereitungslehrgänge zur Hauswirtschaftsmeisterin durch. Weitere Fachgruppen befassen sich mit Familienfragen, internationalen Beziehungen und Wohnfragen. Die Auseinandersetzung des DHB mit Fragen des Umweltschutzes manifestierte sich in einem Modellprojekt «Umweltberatung Haushalt – Weiterqualifizierung von Familienfrauen». Es wurde in Zusammenarbeit mit der Universität Bielefeld im Auftrag des Bundesministeriums für Bildung und Wissenschaft 1989/90 durchgeführt. Die Ergebnisse sind als Selbststudienmaterial dokumentiert.

Den aktuellen gesellschaftlichen Entwicklungen und Diskusssionen stellt sich der DHB, indem seine Aktivitäten 1991 unter dem Jahresmotto stehen: «Man(n) kann auch Hausfrau sein!»

Wichtigste Aufgaben des Verbandes:
- Interessenvertretung der Hausfrau und ihrer Familie
- öffentliche Anerkennung des Berufes Hausfrau
- eigenständige soziale Sicherung der Frau
- Einbeziehung von Hausfrauen in die gesetzliche Unfallversicherung
- hauswirtschaftliche Bildung im Unterricht in Schulen für Mädchen und Jungen
- Maßnahmen zur Erleichterung der Vereinbarkeit von Familie und Beruf
- partnerschaftliche Haushaltsführung

Gründungsjahr: 1915
Mitgliederzahl: ca. 100000
Berufe/Arbeitsfelder der Mitglieder: Hausfrauen und in der Hauswirtschaft Tätige
Gliederungen in:
- 14 Landesverbände: Baden, Bayern, Berlin, Bremen, Hamburg, Hessen, Niedersachsen, Oldenburg, Rheinland, Rheinland-Pfalz, Schleswig-Holstein, Westfalen, Württemberg
- ca. 700 Ortsverbände
- 26 Clubs junger Hausfrauen
- 62 Beratungs- und Informationsstellen

Mitgliedschaft bei: Deutscher Frauenrat
Mitgliedsbeitrag: wird regional festgelegt (niedrig)
Verbandsorgan:
- «Moderne Hausfrau», erscheint monatlich
- verschiedene Infofaltblätter

Möglichkeiten des Kennenlernens:
- bei Kongressen
- bei Veranstaltungen des Bundesverbandes, der Landesverbände oder bei den örtlichen Gliederungen, z. B. 1991 in Friedrichshafen «Haus- und Familienarbeit: Eine Leistung ohne Wert?»

Angebote/Serviceleistungen für die Mitglieder:
- Arbeitskreise zu aktuellen Themen wie Umweltschutz, gesunde Ernährung, Verbraucherfragen
- Vermittlung von Kontakten, Freizeitangebote
- Veranstaltungen, Lehr- und Besichtigungsfahrten

Fort- und Weiterbildungsmöglichkeiten:

- Grundbildungslehrgänge zur Vorbereitung auf die Prüfung zur Hauswirtschafterin
- Vorbereitungslehrgänge zur Hauswirtschaftsmeisterin
- Wiedereingliederungsmodelle zur Rückkehr ins Berufsleben als Umweltberaterin und Fachkraft im Seniorenhaushalt bzw. hauswirtschaftliche Altenhelferin.

Weitere Auskünfte und Unterlagen:

Deutscher Hausfrauen-Bund e. V.
Coburger Str. 19
5300 Bonn 1
Tel.: 0228/237799 und 237718

Deutsche Hausfrauengewerkschaft e. V.

Um es gleich vorweg zu sagen: «Die dhg ist überparteilich und unabhängig und ist keine Untergliederung des DGB.»

So steht es im Grundsatzprogramm der Deutschen Hausfrauengewerkschaft geschrieben. Nichtsdestotrotz verteidigt die dhg ihren Namen, in dem das (vermeintliche) Reizwort «Gewerkschaft» enthalten ist, weil lt. Brockhaus Gewerkschaften Organisationen sind, in denen sich abhängig Beschäftigte zusammenschließen, um bestimmte, in ihren Interessen liegende Ziele zu erreichen. Und genau das ist es, was die dhg auch für sich proklamiert.

Wie auch der Deutsche Hausfrauenbund, setzt sich die dhg für Frauen in der Familienarbeit ein. Dies ist im Vergleich zu den anderen Netzwerken und Berufsverbänden, die in diesem Handbuch beschrieben werden, eine deutliche Abgrenzung. Denn diese propagieren in der Regel die außerhäusliche Berufstätigkeit. Außerdem unterstützen sie die Frauen in ihrem Wunsch nach Karriere oder beruflichem Weiterkommen, und das ist im Haushalt kaum zu realisieren.

Der dhg setzt sich dahingegen u. a. ein für

- gleichberechtigte Verfügung der Ehepartner über das Einkommen,
- Pflegegeld für die Versorgung pflegebedürftiger und behinderter Familienangehöriger,
- Altersversorgung durch Anhebung der Hinterbliebenenrente, durch Anrechnung von mindestens sechs Erziehungsjahren pro Kind, durch Anrechnung von Pflegejahren,
- gesetzliche Unfallversicherung,
- Krankenversicherungen, die die Inanspruchnahme von Kuren ermöglichen und eine Familienpflege für minderjährige Kinder stellen,
- Fortfall der Einschränkungen bei Fortbildungs- und Umschulungsmaßnahmen für Hausfrauen,

- besondere Förderung bei Wiedereingliederung in das Erwerbsleben,
- Arbeitslosengeld im Falle einer nicht greifenden Wiedereingliederung,
- soziale Absicherung bei Teilzeitarbeit.

Aus den letztgenannten Forderungen wird deutlich, daß sich die dhg, obwohl sie vorrangig für die Anerkennung und soziale Sicherung der Familien- und Hausarbeit eintritt, durchaus auch für die Wiedereingliederung in den Beruf stark macht.

Wie setzt die dhg ihre Forderungen um? Dazu ein Auszug aus dem Grundsatzprogramm.

«Tarifpartner der dhg ist der Gesetzgeber, sind Parlament und Regierung, die zuständig sind für die Gesetzesänderungen in allen Bereichen, welche die Familie, Ehe und die soziale Sicherung ihrer Mitglieder betreffen. Die Arbeit der dhg konzentriert sich zum einen auf Fachgespräche im politischen, wirtschaftlichen und wissenschaftlichen Bereich, zum anderen auf die Bewußtseinsveränderung einer breiten Öffentlichkeit über gesellschaftspolitische Grunddaten.»

An die Öffentlichkeit tritt die dhg nicht nur über einen Infostand z. B. auf der top '91 (siehe Seite 254), auch bei eher unkonventionellen Aktionen ist sie dabei. So rief sie 1991 zu einem Frauenstreiktag auf: am 14. 6. 1991 wurden die Frauen aufgefordert, keine ehrenamtlichen Tätigkeiten auszuführen und nicht im Haushalt in Aktion zu treten. In der (männerbeherrschten) Presse wurde das mit dem Streik verbundene Anliegen, jeder Hausfrau ein staatlich garantiertes Gehalt in Höhe von DM 3000 zu zahlen, entweder ignoriert oder belächelt.

Wichtigste Aufgaben des Vereins:
- Wahrung und Durchsetzung der Interessen im Familienbereich
- Anerkennung des Berufs der Familienhausfrau durch eigenständiges Einkommen und soziale Sicherung
- Forderung nach Wiedereingliederung in das Erwerbsleben
- Forderung nach Entscheidungsfreiheit für Frauen und Männer in bezug auf eine Haus- und Familientätigkeit

Gründungsjahr: 1979
Mitgliederzahl: (keine Angaben)
Berufe / Arbeitsfelder der Mitglieder: alle Berufe
Gliederungen in:

Baden-Württemberg, Bayern, Berlin, Bonn, Bremen, Hamburg,

Hessen, Niedersachsen, Nordrhein-Westfalen, Rheinland-Pfalz, Schleswig-Holstein

Mitgliedschaft bei:

z. T. Landesfrauenräte

Mitgliedsbeitrag: DM 54,– jährlich

Verbandsorgan:

- dhg-Rundschau (erscheint vierteljährlich, im Beitrag enthalten)
- Informationsfaltblatt
- Grundsatzprogramm
- Sonderdrucke zu diversen Themen

Möglichkeiten des Kennenlernens:

- über die Ortsverbände
- auf Infoständen
- top '91 (siehe Seite 254).

Angebote / Serviceleistungen für die Mitglieder:

- Beratung im sozialpolitischen Bereich
- Arbeitskreise z. B. «Grundsatzfragen», «Rundschau-Redaktion»
- Jahresmitgliederversammlung

Fort- und Weiterbildungsmöglichkeiten:

- durch das dhg-Bildungswerk
- Seminare: z. B. «Situation der Familienfrau in der Europäischen Gemeinschaft», «Die Armut ist weiblich, alt und kinderreich»

Weitere Auskünfte und Unterlagen:

Deutsche Hausfrauengewerkschaft e. V.
Postfach 1462
5300 Bonn 1
oder
Bundesgeschäftsstelle der dhg
Querbrakenring 26
3180 Wolfsburg 14
Tel.: 05361/74255

Deutscher Landfrauen-Verband e. V. (DLV)

Nicht etwa weil sie bienenfleißig sind, sondern weil sie in der Biene das Symbol für staatsbildende Verantwortung, Gemeinsinn und soziales Engagement sehen, haben die Frauen im Deutschen Landfrauen-Verband die Biene als ihr Maskottchen ausgewählt.

Der Verband, der auf eine lange wechselvolle, über 40jährige Geschichte zurückblicken kann (1948 wurde der DLV in Bad Godesberg gegründet), sieht sich vorrangig als Interessenvertretung der Bäuerinnen.

Angesichts der seit Jahren miserablen wirtschaftlichen Situation der Landwirte und ihrer Familien (1989 haben ca. 16700 landwirtschaftliche Betriebe aufgeben müssen) ist der DLV ein unverzichtbarer Faktor im Bemühen um die Besserstellung der Frauen im ländlichen Raum.

Seit Bestehen des Verbandes ist jedoch eine Verschiebung im Spektrum der behandelten Fragen eindeutig festzustellen: Von den eher landwirtschaftlichen und beruflichen zu den gesellschaftspolitischen, frauenspezifischen, infrastrukturellen Verbraucher- und Umweltfragen vollzog sich die Entwicklung. So gehören beispielsweise heutzutage Diskussionen mit Umweltschützern und Verbraucherorganisationen ganz selbstverständlich zum Verbandsleben. Eine Ausgabe der Verbandszeitschrift DLV Informationen widmete sich z. B. vorrangig dem Thema Müll.

Ganz selbstverständlich ist für den DLV ebenfalls, daß wer sich als «echte Lobby» für die Frauen auf dem Land sieht, auch einen heißen Draht zur Politik in Bonn haben muß. Und so ist der DLV dort als einer der 1300 Verbände und Organisationen beim Deutschen Bundestag registriert. In regelmäßigem Abstand führt er Gespräche mit den Bundesministerien und den im Bundestag vertretenen Parteien durch.

Für den DLV, der in knapp 30 Organisationen Mitglied ist, endet die

Lobbypolitik nicht an den Landesgrenzen. Das Zusammenwachsen Europas ist schon lange Thema für den Verband. So arbeiten die DLV-Frauen aktiv im Landesfrauenausschuß bei COPA, dem Komitee für die bäuerliche Organisation auf europäischer Ebene, in Brüssel bei der EG mit. Es geht dabei u. a. um Statusfragen und Aus- und Weiterbildung für Bäuerinnen. Seit der Vereinigung der beiden deutschen Staaten hat der DLV einen großen Teil seiner Aufmerksamkeit auf die Arbeit der deutsch-deutschen Frauenverbände gerichtet. So hat er z. B. im März 1991 eine Aktion «Landfrauen helfen Landfrauen in Deutschland» gestartet. Das besondere Interesse liegt hier bei den Frauen und ihren Familien in den neuen Bundesländern.

Ein Aspekt der DLV-Arbeit sollte auf keinen Fall unerwähnt bleiben – das Engagement des Verbandes im Bereich der Entwicklungspolitik. Seit 1974 nämlich leistet der DLV konkrete Hilfe bei verschiedenen Projekten in den Entwicklungsländern, wobei Hilfe als «Hilfe zur Selbsthilfe» verstanden wird:

- Missionsstation Pattuvam/Indien (seit 1974): medizinische Betreuung, Versorgung von Leprakranken, Einrichtung und Leitung von Kindergärten, Werkstätten,
- Landjugendheime in Kolumbien/Lateinamerika (1980–1984): landwirtschaftliche Ausbildung von Jugendlichen (aus Kleinbauernfamilien), Verbesserung der landwirtschaftlichen Produktion mit angepaßten Technologien, Einrichtung von agrartechnischen Modellen, die ohne Schwierigkeiten von kleinen Betrieben übernommen werden können,
- Landfrauen helfen Landfrauen in der Dominikanischen Republik/Mittelamerika (1984–1989): Gemüseanbau, Kleintierzucht, Bienenhaltung, Wohnungsbau, Trinkwasseranlagen,
- Integriertes Ernährungssicherungsprogramm in Lesotho/Afrika (seit 1989). Sicherstellung der Ernährung durch Erhöhung der Grundnahrungsmittelproduktion; Straßenbau, Wasserversorgung, Lagerhausbau, Fisch- und Tierhaltung

Der Deutsche Landfrauentag 1991 fand in Anwesenheit der Königinmutter des Königreichs Lesotho statt. Nicht allein dies, sondern auch der Fakt, daß dieser Landfrauentag der erste gesamtdeutsche seit 40 Jahren war, verlieh ihm einen besonderen Charakter.

Die Tatsache, daß dieser größte Frauenverband in Deutschland in den mehr als 40 Jahren seit seiner Gründung immer noch sensationelle Zuwächse bei der Mitgliederzahl verzeichnen kann, ist einerseits mit Blick auf die Programmatik verständlich und andererseits auch Beleg für die Effizienz und Attraktivität des Verbandes.

Wichtigste Aufgaben des Verbandes:
- Interessenvertretung der Frauen im ländlichen Raum, insbesondere in der Landwirtschaft durch z. B.
- Stellungnahmen zu gesetzgeberischen und politischen Vorhaben
- Kontakte und Gespräche mit Vertretern von Parlament, Regierung und Parteien
- Zusammenarbeit mit Verbänden und Institutionen auf nationaler und internationaler Ebene
- Öffentlichkeitsarbeit
- Unterstützung der Arbeit der Landes-Landfrauenorganisationen
- Unterstützung von Projekten in der Entwicklungshilfe
- Einsatz für die Verbesserung der Stellung der Familien und Frauen im ländlichen Raum, die soziale Absicherung der Frau

Gründungsjahr:
1948 (hervorgegangen aus dem 1916 gegründeten Reichsverband Landwirtschaftlicher Hausfrauenvereine)

Mitgliederzahl: über 550000

Berufe / Arbeitsfelder der Mitglieder:
Frauen in der Landwirtschaft und im ländlichen Raum

Gliederungen in:
Baden-Württemberg, Bayern, Berlin, Hamburg, Hessen, Mecklenburg-Vorpommern, Niedersachsen, Nordrhein-Westfalen, Rheinland-Pfalz, Saarland, Sachsen-Anhalt, Schleswig-Holstein

Mitgliedschaft bei:
- Arbeitsgemeinschaft der Verbraucherverbände (AgV)
- Bundesvereinigung für Gesundheitserziehung e. V.
- Deutsche Welthungerhilfe
- Deutscher Bauernverband e. V.
- Deutscher Frauenrat
- Weltlandfrauenverband
- und ca. 24 weitere.

Mitgliedsbeitrag: (nicht bekannt)

Verbandsorgan:

- DLV-Informationen (magazinähnliche Zeitschrift)
- Informationsfaltblatt
- vierseitiges Vorstellungsmaterial

Möglichkeiten des Kennenlernens:

- z. B. auf Großveranstaltungen wie «Grüne Woche» in Berlin
- Ausstellungen z. B. «Garten Hamburg» 1991
- Großkundgebungen

Angebote / Serviceleistungen für die Mitglieder:

- Informations- und Erfahrungsaustausch
- Studienfahrten

Fort- und Weiterbildungsmöglichkeiten:

Weiterbildung für Führungskräfte

Weitere Auskünfte und Unterlagen:

Deutscher Landfrauen-Verband e. V.
Godesberger Allee 142–148
5300 Bonn 2
Tel.: 0228/378051
Fax: 0228/375477

Juristinnen, Volks- und Betriebswirtinnen

Anwältinnenverein Norddeutschland e. V.

Noch zu den jungen Netzwerken kann sich der Anwältinnenverein Norddeutschland zählen. Er spricht vor allem die Anwältinnen an, die in Bremen, Hamburg, Niedersachsen und Schleswig-Holstein ansässig sind (der Süden der Republik ist fest in den Händen des Anwältinnenvereins Süddeutschland, siehe Seite 182). Der Verein besteht erst seit Ende 1988. Er wurde mit dem Ziel gegründet, «das berufliche Ansehen von Rechtsanwältinnen in der Öffentlichkeit zu fördern und die Kommunikation zwischen Anwältinnen sowie mit anderen Gruppen berufstätiger Frauen zu vertiefen» (aus: Wir über uns).

Dies geschieht einerseits durch die alle sechs Wochen stattfindenden Treffen, auf denen Informationen und Erfahrungen ausgetauscht werden, und auf denen zu rechtspolitischen Themen gearbeitet wird. Daneben haben sich die Anwältinnen etwas ganz Besonderes ausgedacht, um nicht nur ihr Ansehen zu fördern, sondern auch ratsuchenden Frauen ein Angebot zu machen: sie haben in Hamburg einen Telefonanschluß eingerichtet, unter dem Namen und Adressen von Anwältinnen vermittelt werden, je nach Fragestellung der Ratsuchenden und Spezialgebiet der Anwältin. In die Anwältinnenliste werden dabei auch Nichtmitglieder nach Wunsch aufgenommen. Die Spezialgebiete der Anwältinnen können sein z. B.:

- Arbeitsrecht (Benachteiligung von Frauen am Arbeitsplatz, Arbeitnehmer-Arbeitgeber-Problem),

- Verkehrsrecht (Unfallregulierung, Führerscheinentzug),
- Wohnungsrecht (Mietverträge etc.),
- Familienrecht (Scheidung, Sorgerecht, Namensänderung, Vaterschaftsfeststellung),
- Wirtschaftsrecht (Firmengründungen, Bildung von Gesellschaften)

Der Verein möchte ausdrücklich die Kolleginnen ermuntern, auch auf Fachgebieten tätig zu werden, die bislang männliche sind. Für kollegiale Fortbildung wird selbstverständlich gesorgt.

Wichtigste Aufgaben des Vereins:
- Förderung des beruflichen Ansehens von Rechtsanwältinnen in der Öffentlichkeit
- Vertiefung der Kommunikation zwischen Anwältinnen sowie mit anderen Gruppen berufstätiger Frauen

Gründungsjahr: 1988
Mitgliederzahl: (keine Angaben)
Berufe / Arbeitsfelder der Mitglieder:
selbständige und angestellte Rechtsanwältinnen
Gliederungen in:
Bremen, Hamburg, Niedersachsen, Schleswig-Holstein
Mitgliedsbeitrag:
DM 300,– jährlich für Mitglieder aus Hamburg und den angrenzenden Amtsgerichtsbezirken Schleswig,
DM 150,– jährlich für Mitglieder aus Bremen, Niedersachsen und Schleswig-Holstein, soweit nicht aus angrenzenden Amtsgerichtsbezirken.
Verbandsorgan:
Kurzbeschreibung
Möglichkeiten des Kennenlernens:
bei den regelmäßigen Treffs ca. alle 6 Wochen
Angebote / Serviceleistungen für die Mitglieder:
- Informations- und Erfahrungsaustausch
- Diskussion zu rechtspolitischen Themen
- Erstellung einer Anwältinnenliste mit Fachgebiet für Mitglieder und Nicht-Mitglieder
- Etablierung eines Telefonanschlusses für Ratsuchende (in Hamburg) und Weiterempfehlung von Anwältinnen aus der o. g. Liste

Fort- und Weiterbildungsmöglichkeiten: (nicht bekannt)

Weitere Auskünfte und Unterlagen:

Anwältinnenverein Norddeutschland e. V.
Ehrenbergstr. 64
2000 Hamburg 50
Tel.: 040/384243
Fax.: 040/3809717

Anwältinnenverein Süddeutschland e. V.

Seit September 1990 besteht eine Schwesterorganisation des in Hamburg ansässigen Anwältinnenvereins Norddeutschland e. V. auch in Stuttgart. Da bis Redaktionsschluß kein Material in Form einer Broschüre o. ä. vorlag, beruhen die vorhandenen Informationen auf der Kenntnis der Vereinssatzung vom 10. 9. 1990 sowie auf einem Brief an die Verfasserin.

Wichtigste Aufgaben des Vereins:

- Förderung der gesellschaftlichen Bedeutung und der wirtschaftlichen Belange der Rechtsanwältinnen durch
- Erfahrungsaustausch
- Öffentlichkeitsarbeit
- Vermittlung von Korrespondenzmandaten

Gründungsjahr: (keine Angaben)

Mitgliederzahl: (keine Angaben)

Berufe / Arbeitsfelder der Mitglieder:

Rechtsanwältinnen aus Baden-Württemberg, Bayern, Hessen, Rheinland-Pfalz und Saarland (sind stimmberechtigt und wählbar); Fördermitglieder (passive Mitgliedschaft)

Gliederungen in:

Ansbach, Augsburg und Umgebung, Darmstadt und Umgebung, Frankfurt/M., Freiburg, Heidelberg, Homburg, Karlsruhe und Umgebung, Konstanz und Umgebung, Mainz, Mannheim, München und Umgebung, Neu-Ulm, Nürnberg, Stuttgart und Umgebung, Würzburg und Umgebung

Mitgliedsbeitrag: (keine Angaben)
Möglichkeiten des Kennenlernens: (siehe unten)
Angebote / Serviceleistungen für die Mitglieder:

- Mitgliederliste
- Erfahrungsaustausch
- Kontakt- und Informationsaustausch zu deutschen und ausländischen Anwältinnen

Fort- und Weiterbildungsmöglichkeiten:
Fortbildungs- und Informatonsveranstaltungen
Weitere Auskünfte und Unterlagen:
Anwältinnenverein Süddeutschland e. V.
RAin Susanne Göggerle
Reinsburgstr. 11
7000 Stuttgart 1
Tel.: 0711/627092
Fax: 0711/632928

Deutscher Juristinnenbund e. V. (DJB)

Auf ein Jubiläum ganz besonderer Art konnte der DJB 1989 zurückblikken. Erstens wurde die Gründung des Deutschen Juristinnenvereins gefeiert, die vor 75 Jahren stattfand: Damals hatten sich erstmals Juristinnen in Deutschland zusammengeschlossen mit dem Ziel, insbesondere die wissenschaftliche Fortbildung der Juristinnen zu fördern. Dieses Vorhaben konnte 1922 einen ersten Erfolg verbuchen: Per Gesetz wurde die Zulassung von Frauen zu den Berufen Richter, Staatsanwalt und Rechtsanwalt ermöglicht.

Zweitens wurde das 40jährige Bestehen des Deutschen Juristinnenbundes selbst gefeiert, der 1948 in Dortmund von sieben engagierten Juristinnen gegründet worden war. Die damalige Bezeichnung lautete: Vereinigung weiblicher Juristen und Volkswirte e. V. (Seit 1979 trägt der Verein den jetzigen Namen.) Eine Neugründung war nach dem Krieg erforderlich geworden, weil sich – wie viele andere Verbände auch – der Deutsche Juristinnenverein bei der Machtergreifung der Nationalsozialisten aufgelöst hatte (Bei weiterem Bestehen wäre er zwangsläufig dem sogenannten Gleichschaltungsgesetz zufolge in eine NS-Organisation überführt worden).

Die Diskriminierung von Juristinnen, wie zu Beginn des Jahrhunderts üblich, ist heute Geschichte. Dennoch ist der Anteil von Juristinnen im Beruf noch zu gering. Immerhin ist jeder dritte Berufsanfänger im Rechtswesen eine Frau, was sich in der Berufspraxis nicht widerspiegelt. Anlaß genug für den DJB, sich nicht nur dieser Frage, sondern auch der Frauenförderung und der Frauenfördergesetze anzunehmen. Über eine umfangreiche Untersuchung zur «Gleichberechtigung und Gleichstellung von Frauen und Männern in Beruf, Politik und Gesellschaft» hat eine 15köpfige Kommission des DJB auf der Arbeitstagung von 1989 berichtet. Das Ergebnis der Untersuchung ist wie folgt nachzulesen: «Die

Kommission hofft, daß – frei nach Emile de Girardin – Gleichheit in Zukunft nicht mehr bloß die Utopie der Empörten sein wird» (aus: Sonderrundschreiben zur 28. Arbeitstagung).

Andere Themenbereiche für DJB-Kommissionen sind
- Rentenrecht,
- Gentechnologie,
- Strafrecht,
- § 218,
- Familienrecht.

Die Mitwirkung des DJB an der gesamten Reform des Familienrechts, insbesondere des Scheidungsrechts, des Rechts der elterlichen Sorge und des Nichtehelichenrechts haben dem Verband den Vorwurf eingebracht, er befasse sich nur mit Familienrecht. Aber auch im Hinblick auf das Renten- und Steuerrecht, das Strafrecht sowie auf die Teilzeitarbeit für Richterinnen und Beamtinnen macht der DJB seinen Einfluß geltend.

Nicht unerwähnt bleiben sollte auch der Einsatz für das öffentliche Dienstrecht. In den 50er Jahren war eine Juristin des DJB federführend in der Abschaffung der sogenannten «Zölibatsklausel», die besagte, daß eine Beamtin, die einen Beamten heiratet, gegen ihren Willen aus dem Dienst entfernt werden konnte. Auch noch drei Jahre nach Inkrafttreten des Grundgesetzes war diese Klausel beibehalten worden.

Die Zusammenarbeit des DJB mit dem Deutschen Richterbund, dem Deutschen Anwaltsverein, der Bundesrechtsanwaltskammer, dem Familiengerichtstag und dem Deutschen Juristentag garantiert ebenfalls effiziente Arbeit.

Wichtigste Aufgaben des Verbandes:
- Erreichung der rechtlichen und tatsächlichen Gleichstellung der Frauen in Beruf, Familie und Gesellschaft
- internationale Verständigung
- Zusammenarbeit mit dem Deutschen Juristentag, dem Deutschen Richterbund, der Bundesrechtsanwaltskammer, dem Familiengerichtstag, dem Deutschen Anwaltverein

Gründungsjahr: 1948
Mitgliederzahl: über 1400

Berufe / Arbeitsfelder der Mitglieder:

Richterinnen, Rechtsanwältinnen, Verwaltungsbeamtinnen und Angestellte im öffentlichen Dienst und Privatwirtschaft: 95 % Juristinnen, 5 % Volks- und Betriebswirtinnen

Gliederungen in:

Franken, Rhein-Main, Saarland, Südbayern sowie Berlin, Bonn, Dortmund, Düsseldorf, Freiburg, Hamburg, Hannover, Karlsruhe, Kiel, Köln, Lübeck, München, Münster, Stuttgart, Kolleginnen aus den neuen Bundesländern werden von Berlin aus betreut.

Mitgliedschaft bei:

- Deutscher Frauenrat
- Int. Federation of Women Lawyers (FIDA)
- Fedération des Femmes de Carrières Juridiques (FIFCJ)

Mitgliedsbeitrage:

DM 100,– jährlich,
DM 50,– für Referendarinnen, DM 25,– für Studentinnen.

Verbandsveröffentlichung:

- Alice Prausnitz: Juristinnen in Deutschland (1900–1989) J. Schweizer Verlag 1989
- umfangreiche Sonderrundschreiben
- Informationsfaltblatt

Möglichkeiten des Kennenlernens:

- bei der alle 2 Jahre stattfindenden Arbeitstagung (mit internationaler Beteiligung)
- bei Seminaren wie z. B. «Die nichteheliche Lebensgemeinschaft» (1988), «Namensrecht und Juristinnenausbildung» (1990), «Innerdeutsche Rechtsanwendungsprobleme» (1992)

Angebote / Serviceleistungen für die Mitglieder:

- Tagungen / Seminare
- Mitarbeit in Kommissionen zu Gleichberechtigung / Gleichstellung von Mann und Frau, Renten- und Steuerrecht, Familienrecht, Gentechnologie, Strafrecht, § 218.

Fort- und Weiterbildungsmöglichkeiten:

Arbeitstagungen wie z. B. «Europarecht» (1989), «Recht und Unrecht in der Justiz der DDR: Fakten – Folgen – Überwindung» (1991) sowie «Medizin, Recht und Ethik: Auswirkungen humanmedizinischer Forschung insbesondere im Bereich der Gerontologie»

Weitere Auskünfte und Unterlagen:

Deutscher Juristinnenbund e. V.
Sträßchensweg 28
5300 Bonn 1
Tel.: 0228/238613

Selbständig und unternehmerisch tätige Frauen

Berufsverband der Frau im Mittelstand, im freien Beruf und im Management e. V.

Der Seiltanz vieler Frauen zwischen Karriere und Familie, die dadurch immer noch vorrangig bei den Frauen resultierende Doppelbelastung gehört u. a. zu den Themen, die der B.F.M. mit seiner Verbandsarbeit aufgreifen möchte. 1989 in München von 7 Frauen gegründet, gehört dieser Verband eher noch zu den Newcomern, den erfolgreichen dazu: 1991 hat B.F.M. bereits 44 Mitglieder.

Die Mitgliedschaft ist besonders von solchen Frauen erwünscht, die bereit und interessiert sind, einen *aktiven* Beitrag zu leisten. Sei es z. B. in Form von Impulsen oder durch ein Engagement in Ausschüssen und Gremien bei Bund und Ländern, in mittelstandsrelevanten Organisationen u. ä.

Der B.F.M. gliedert sich entsprechend dem jeweiligen Tätigkeitsbereich in folgende Sektionen:

Sektion I: Unternehmerinnen und Angehörige freier Berufe

- Handel – Dienstleistung,
- Handwerk – Industrie,
- freie Heilberufe,
- freie rechts- und wirtschaftsberatende Berufe,
- freie technische und naturwissenschaftliche Berufe,
- freie künstlerische und publizistische Berufe,
- freie pädagogische, psychologische, übersetzende und sonstige freie Berufe

Sektion II: Frauen im Management und leitende Angestellte
- leitende Angestellte,
- Führungskräfte,
- derzeit nicht berufstätige Frauen

Ein wichtiges Thema ist für den B.F.M. die qualifizierte berufliche Weiterbildung. Insbesondere vor dem Hintergrund der Doppelbelastung von Frauen gehören Seminare zu den Bereichen Rhetorik, Sprachen, Bewerbungstraining, Verhandeln, Mitarbeiterführung/-motivation, Zeitmanagement, Moderationstechniken, EDV-Schulung, Öffentlichkeitsarbeit u. a., wie sie für B.F.M.-Mitglieder angeboten werden, quasi zur «Grundausstattung».

Als ein Beispiel für aktive Interessenpolitik sei die Forderung des Verbandes genannt, bei der Rentengesetzgebung der Frauen ein sogenanntes «Baby-Bonusjahr» für jedes Kind einzuführen. Dieses soll den Frauen die Entscheidung erleichtern, daß die Altersversorgung dadurch nicht unnötig belastet wird.

Das Verbandsorgan «Der Aktuelle Tip» ist ein technisch und inhaltlich gelungenes Magazin, das auf durchschnittlich acht Seiten im redaktionellen Teil lesenswerte Beiträge liefert zu den verschiedensten berufs- und frauenspezifischen Themen, aufgelockert durch Grafiken, Seminarankündigungen, Frauenportraits, kurze Meldungen, Rechts- und Buchtips u.v.m.

Wichtigste Aufgaben des Verbandes:
- berufsständische Interessenvertretung aller Frauen im Mittelstand, in den freien Berufen und im Managemant bei Bund und Ländern
- Weiterbildung und Nachwuchsförderung
- Regelung der Altersversorgung

Gründungsjahr: 1984

Mitgliederzahl: 44

Berufe/Arbeitsfelder der Mitglieder:

Rechtsanwältinnen, Seminarveranstalterinnen, Steuerberaterinnen, leitende Angestellte

Gliederungen in:

Köln, geplant auf Länderebene

Mitgliedschaft bei:

Europäische Mittelstandsunion (EMSU)

Mitgliedsbeitrag:
DM 600,– jährlich (Aufnahmegebühr DM 60,–)
Verbandsorgan: «Der Aktuelle Tip»
Möglichkeiten des Kennenlernens:
- Stammtisch der Regionalgruppen
- top '91 (siehe Seite 254)
- telefonische Verabredung

Angebote / Serviceleistungen für die Mitglieder:
- Seminare und Informationsveranstaltungen zu aktuellen Themen
- Kostenlose Erstberatung bei Rechtsauskünften in beruflichen Fragen durch Verbandsanwälte
- Informationen über Arbeitsverträge / Arbeitsrecht
- Aufklärung über die gesetzlichen Rechte und Pflichten bei der Unternehmensgründung oder bei der Niederlassung als freiberuflich Tätige
- Mitarbeit in Ausschüssen
- weitere auf Anfrage

Weitere Auskünfte und Unterlagen:
Berufsverband der Frau im Mittelstand,
im freien Beruf und im Management e. V. (B.F.M.)
Ehrwalder Str. 85
8000 München 70
Tel.: 089/711658

Bundesverband der Unternehmerfrauen im Handwerk e. V.

Die Existenz vieler, wenn nicht sogar der meisten Handwerksbetriebe wäre gefährdet, wenn die Ehefrauen der Meister nicht mitarbeiten würden. Die handwerklichen Kleinbetriebe – im Schnitt sind im Handwerk pro Betrieb acht Angestellte beschäftigt – sind angewiesen auf das Engagement der Meisterfrauen, die nicht selten bis zu 14 Stunden täglich arbeiten, wenig Urlaub machen und neben ihrer Tätigkeit als Unternehmerin auch Verantwortung für Haushalt und Kinder tragen.

Wer nun glaubt, daß diese «mitarbeitenden Ehefrauen» ein Anhängsel ihrer Ehemänner sind, der/die irrt gewaltig. Schon über 4000 Meisterfrauen haben ihre berufliche Bedeutung erkannt, was sich in einer rapide zunehmenden Zahl von im UFH organisierten Unternehmerfrauen niederschlägt. Fast wie Pilze nach einer feuchten Sommernacht sprießen neue Arbeitskreise aus dem Boden.

Zum Selbstverständnis der Unternehmerfrauen im Handwerk sagt deren Verbandsvorsitzende Gerda Hambuch: «Durch den Erfahrungsaustausch und unser Weiterbildungsangebot im kaufmännisch-administrativen Bereich bestärken wir in den Arbeitskreisen die Unternehmerfrauen im Handwerk in ihrem Engagement für den Betrieb und verdeutlichen dabei gleichzeitig, wie wichtig ihre vielseitigen Tätigkeiten sind...»

Die Meisterfrauen im Handwerk – übrigens gehören neben den mitarbeitenden Handwerksfrauen auch selbständige Handwerksmeisterinnen sowie im Handwerk tätige Frauen dazu – haben sich regional in Arbeitskreisen organisiert. Diese Arbeitskreise, die innerhalb der Grenzen der Kreishandwerkerschaften oder Handwerkskammern tätig sind, münden in Landesverbänden. Ihre Hauptaufgabe besteht in der Weiterbildung und im Erfahrungsaustausch. Für den Bundesverband ist neben dem Aufbau der Arbeitskreise die Koordination aller Aktivitäten sowie die handwerkspolitische Interessenvertretung der Unternehmerfrauen auf Bundesebene Schwerpunkt der Arbeit. Fragen, die in Zusammenhang mit Erziehungsurlaub, Lohnfortzahlung im Krankheitsfall und Alterssicherung von Meisterfrauen stehen, spielen dabei eine besonders wichtige Rolle.

Nicht zuletzt ist der oftmals uneindeutige rechtliche Status der mitarbeitenden Ehefrauen problematisch. So zeichnen sie teilweise verantwortlich für Funktionen, für die letztlich die berufliche Qualifikation fehlt. Vielen Frauen fehlt eine abgeschlossene Ausbildung, was zu Irritationen und Unsicherheiten im Umgang mit Kunden führen kann.

In den bestehenden Kammer- und Verbandsorganisationen des Handwerks wurden diese Themen bislang zu wenig berücksichtigt. Der Bundesverband der Unternehmerfrauen im Handwerk arbeitet darum eng mit der handwerkspolitischen Spitzenorganisation, dem Zentralverband des Deutschen Handwerks, zusammen, um eine Verzahnung der unterschiedlichen Interessen zu ermöglichen.

Gerade in bezug auf Fort- und Weiterbildungsangebote, die im besonderen Maße den Bedürfnissen der mitarbeitenden Ehefrauen Rechnung tragen, funktioniert die Zusammenarbeit mit den Kammern sehr gut.

Dem intensiven Engagement der Hunderttausenden von Frauen im Handwerk wird nun auch öffentlich Anerkennung gezollt. Seit 1988 vergibt die Zeitschrift «handwerk magazin» in einem Wettbewerb den Titel «Die Meisterfrau des Jahres». Bewerben können sich alle Frauen, die selbst Handwerksmeisterinnen, Leiterin eines Handwerksunternehmens oder mitarbeitende und mitentscheidende Ehefrauen sind. Mit dem Preis werden Leistungen gewürdigt wie z. B. besondere Marketingaktionen, große Beliebtheit bei den Mitarbeitern und Mitarbeiterinnen, Erlangung von beruflicher Qualifikation. Die Meisterfrau des Jahre 1991 erhielt als Preis eine Urlaubsreise im Wert von DM 5000,–.

Erfreulicherweise konnten sich 1991 zum erstenmal auch die Frauen in den neuen Bundesländern an diesem Wettbewerb beteiligen. Denn nach Aussagen des Verbandes gibt es seit 1990 eine «intensive Gründungswelle von neuen Arbeitskreisen sowohl in den alten wie auch in den neuen Bundesländern».

Wichtigste Aufgaben des Verbandes:

- Stärkung der Unternehmerfrauen im Handwerk, in der Wirtschaft, in der Gesellschaft.
- Handwerks- und frauenpolitische Interessenvertretung auf Bundesebene
- Verbesserung des Images der mitarbeitenden Ehefrauen im Handwerksbetrieb
- Kontaktpflege zu ähnlichen Organisationen in Europa
- Aufbau eines flächendeckenden Netzes von Arbeitskreisen und Verbands- und Organisationsstrukturen in allen Bundesländern

Gründungsjahr:

1976 erster Arbeitskreis, 1988 Bundesverband

Mitgliederzahl: über 4000

Berufe / Arbeitsfelder der Mitglieder:

selbständige Handwerksmeisterinnen; Frauen, die im Handwerk tätig sind; mitarbeitende Handwerksfrauen und Töchter aus Handwerksbetrieben.

Arbeitskreise:

Alfeld, Altenburg, Apolda, Chemnitz, Dresden, Goslar, Greiz, Großenhain, Hamburg, Heiligenstadt, Holzminden, Husum, Ilmenau, Karlsruhe, Ludwigshafen, Naumburg / Saale, Rendsburg, Schleswig, Siegen

Landesverbände: Bremerhaven / Wesermündung, Hamburg, Hessen, München, Niedersachsen, Nordrhein-Westfalen, Rheinland-Pfalz, Saarland, Sachsen, Schleswig-Holstein, Thüringen

Mitgliedschaft bei:

Frauen Europäischer Mittel- und Kleinbetriebe (FEM)

Mitgliedsbeitrage:

DM 60,– bis DM 120,– jährlich, Fördermitgliedschaft möglich

Verbandsorgan: Infos (erscheinen vierteljährlich)

Möglichkeiten des Kennenlernens:

- auf Messen: Handwerksmesse, top '91 (siehe Seite 254)
- Landesverbandstagungen
- Besuch eines örtlichen Kreises
- auf Informationsveranstaltungen
- gesamtdeutsche Tagung der Arbeitskreisleiterinnen (November 1991 in Frankfurt / Main).

Angebote / Serviceleistungen für die Mitglieder:
- Gründungshilfen
- Jahrestagung der Arbeitskreisleiterinnen
- Beratung
- Aufnahme in interne Datei
- Erfahrungsaustausch und Gesprächskreise
- Wettbewerb «Beste Meisterfrau des Jahres»
- Informationsreisen

Fort- und Weiterbildungsmöglichkeiten:
- monatliche Fortbildungsabende z. B. Arbeitsrecht
- Tagesseminare: «Verkaufsgespräche»

Weitere Auskünfte und Unterlagen:

Gerda Hambuch
(1. Vorsitzende)
Kreuzweidenstr. 21
5340 Bad Honnef 1
Tel.: 02224/4157

Geschäftsstelle des UFH
Landesgewerbeamt Baden-Württemberg
Direktion Karlsruhe
Postfach 4169
7500 Karlsruhe 1
Tel.: 0721/1351
Fax: 0721/1354020

Femmes Chefs d'Entreprises Mondiales (F.C.E.M.)

In Frankreich wurde 1946 der F.C.E.M. gegründet. Zuerst als nationale Organisation aufgezogen, wurde schon 1949 eine europäische Vereinigung daraus, die noch vor 1960 internationale Verbreitung erlangte.

F.C.E.M. steht für «Femmes Chefs d'Entreprises Mondiales» und hat weltweit Unternehmerinnen organisiert. Die Mitgliedschaft bei F.C.E.M. ist nur in Zusammenhang mit einem Beitritt zu einer nationalen Unternehmerinnenvereinigung möglich, d. h., der F.C.E.M. ist eine Dachorganisation für internationale Unternehmerinnenverbände.

Das Ziel des Verbandes besteht darin, möglichst all jene Frauen zusammenzubringen, die Eigentümer eines Industrieunternehmens oder anderer Betriebe sind. Dabei ist es gleichgültig, ob sie darin allein, mit leitenden Mitarbeitern oder Familienmitgliedern darin tätig sind. Der F.C.E.M. versteht sich als Interessenvertreter der Unternehmerinnen gegenüber Öffentlichkeit, Behörden und Organisationen. Nach innen wirkt er als Träger und Vermittler von Informationen, er unterstützt und ermutigt Unternehmerinnen darin, sich in Arbeitgeberorganisationen zu engagieren und mit ihren männlichen Kollegen zusammenzuarbeiten. Zur Erreichung seiner Ziele hat der F.C.E.M. folgende Möglichkeiten ergriffen:

- die Organisation von Kongressen, Round Tables und Seminaren
- die Durchführung eines seit 1951 jährlich stattfindenden Weltkongresses in einem der Mitgliedsländer:
  1987: 35. int. Kongreß in Denver
  «Towards the year 2000: Business Leaders for a world of change»,
  1988: 36. int. Kongreß in Stresa/Mailand
  «Alternative energies to help humanity»,
  1989: 37. int. Kongreß in Toronto
  «Partnerschaft im Internationalen Handel»,

1990: 38. int. Kongreß in Den Haag
«Wasser als Lebensquell unserer Gesellschaft»,
1991: 39. int. Kongreß in Rosario/Argentinien
«Elimination of restrictions to international free trade»;

- Tagungen: z. B. in Kuala Lumpur (1987),
- internationale Unternehmerinnentreffen: z. B. in Malaysia (1990),
- internationale Ost-West-Tagung: z. B. in Berlin (1991).

Der Überblick über die Inhalte – nicht nur – der Weltkongresse verdeutlicht das Interesse der Unternehmerinnen an Themen, die die Umwelt und die Politik betreffen.

In «Pragmatica», dem Organ des Verbandes, bestätigt sich dies. Die in englischer bzw. alternativ in französischer Sprache erscheinende Zeitung mit dem Untertitel «International magazine for economics and culture» packt aktuelle Themen aus Politik und Wirtschaft an.

Ein Teil der Ausgabe wird von Mitgliedern der Verbände professionell gestaltet. So finden sich natürlich dort Informationen und Interna der Mitgliedsverbände sowie Stellungnahmen zu nationalen Themen. Es werden aber auch Unternehmerinnen der Mitgliedsländer vorgestellt. Mehrseitige, mit farbigen Abbildungen versehene Artikel über Kunst z. B. komplettieren das Magazin. Ein Aufruf lädt die Leserinnen ausdrücklich zur Mitarbeit an «Pragmatica» ein.

Die Rolle der Unternehmerin in den 90er Jahren stand im November 1991 in Dresden im Mittelpunkt des Interesses. Unterstützt wurde der F.C.E.M. vom Fraueninformationszentrum der EG. Ein Beispiel für praktizierte west-östliche Kooperation!

Wichtigste Aufgaben des Dachverbandes:

- Zusammenführung aller Frauen, die weltweit Eigentümerinnen eines Industrieunternehmens, eines Handelsbetriebes oder eines Dienstleistungsunternehmens sind;
- Interessenvertretung von Unternehmerinnen in der Öffentlichkeit, in Behörden und Organisationen in bezug auf ihre doppelte Rolle als Frauen und als Unternehmerinnen
- Überwachung der Gleichberechtigung von Frauen
- Unternehmerinnen dahingehend unterstützen, daß sie sich in Arbeitgeberorganisationen zusammen mit ihren männlichen Kollegen engagieren

- Eintritt für eine Intensivierung und Erleichterung der Kommunikation der F.C.E.M.-Mitglieder untereinander.

Gründungsjahr: 1946

Mitgliederzahl: (keine Angaben)

Berufe / Arbeitsfelder der Mitglieder:

nationale Unternehmerinnenverbände

Gliederungen in:

Argentinien, Australien, Belgien, Deutschland, Elfenbeinküste, Frankreich, Gabun, Großbritannien, Indien, Indonesien, Italien, Kamerun, Kanada, Malaysia, Mauritius, Niederlande, Österreich, Philippinen, Portugal, Schweiz, Senegal, Spanien, Taiwan, USA; der Beitritt Japans wird geplant

Zusammenarbeit mit:

- Europarat in Straßburg
- UN-Industrieentwicklungsorganisation (UNIDO), Wien
- Internationalem Arbeitsamt (ILO – International Labour Organization)

Verbandsorgan:

«Pragmatica», erscheint in franz. und englischer Sprache

Möglichkeiten des Kennenlernens:

nur möglich über Mitgliedschaft in der VvU z. B.

Angebote / Serviceleistungen für die Mitglieder:

- internationales Directory (Mitglieder-Adreßbuch)
- jährlich stattfindender Weltkongreß in einem der Mitgliedsländer
- Erfahrungsaustausch

Fort- und Weiterbildungsmöglichkeiten:

- Kongresse
- Seminare
- Round Tables

Weitere Auskünfte und Unterlagen:

F.C.E.M. c/o
Vereinigung von
Unternehmerinnen e. V.
Postfach 51 10 30
5000 Köln 51
Tel.: 02 21 / 37 50 74-5
Fax: 02 21 / 34 31 71

bzw. über die Vorsitzende
der Vereinigung:
Dr. Maria Grazia Randi
Corso Europa 14
I-20122 Milano
Italien

Frauen Europäischer Mittel- und Kleinbetriebe

Wenn 1992/93 europaweit die Grenzen fallen und der europäische Markt geöffnet wird, dann sind die Frauen in den europäischen Mittel- und Kleinbetrieben mit einer über 7 Länder reichenden Organisation, der FEM, bereit für den Wettbewerb. Noch schnell bevor das Jahr 1991 zu Ende ging, führten sie den Gründungskongreß «Unternehmerinnen aus der europäischen Perspektive» in Twente durch, nachdem sie bereits 1990 die Grundlagen für FEM gelegt hatten. Der Ursprung dieses Dachverbandes liegt in den Niederlanden. Der KNOV – Königlich-Niederländischer-Unternehmer-Verband – etablierte 1988 einen Lenkungsausschuß «Frau und Unternehmen» (Stuurgroep Vrouw en Onderneming) mit dem Ziel, die Frauen dazu anzuregen, innerhalb des Verbandes tätig zu werden und außerdem mehr Einblicke in die berufliche Lebenswelt der (mittätigen) Unternehmerinnen zu bekommen. Die Vielzahl internationaler Kontakte (wozu auch der UFH gehörte, siehe Seite 191) führte dann zur Gründung von FEM.

Ähnlich wie in der Bundesrepublik ist auch in anderen europäischen Ländern die Situation mittätiger und selbständiger Unternehmerfrauen unbefriedigend. Das reicht von unzureichender sozialer Sicherheit und ungenügenden Rentenansprüchen bis zu Diskriminierungen bei der Gewährung von Krediten. Bei der Gründung von eigenen Existenzen müssen sich die Frauen zudem mit der doppelten Belastung Arbeit, Haushalt und Familie auseinandersetzen.

Durch diesen europaweit tätigen Verband soll die Öffentlichkeit vermehrt auf die genannten Probleme aufmerksam gemacht werden, um dann gezielt in ganz Europa Verbesserungen zu erreichen.

Unter den 300 geladenen Gästen des Gründungskongresses befanden sich dann auch Multiplikatoren und Prominenz aus Europaparlament, Mitglieder verschiedener europäischer Ausschüsse, Beamte aus Brüssel,

Vertreter der Arbeitgeber- und zentralen Unternehmerverbände, und nicht zuletzt war Ihre Majestät Königin Beatrix geladen.

Die FEM versteht sich übrigens als eine europäische Organisation ohne parteipolitische Ambitionen.

Die offizielle Verständigung erfolgt im FEM englisch, französisch und deutsch.

Wichtigste Aufgaben des Verbandes:

- Netzwerk für Unternehmerinnen in Mittel- und Kleinbetrieben
- Verbesserung der Position der (mittätigen) Unternehmerinnen in den EG-Mitgliedstaaten und in den übrigen europäischen Staaten
- Aufbau internationaler Kontakte
- Förderung von Mitverantwortung und Selbständigkeit der Frau
- Förderung der Entwicklung und Ausbildung von Unternehmerinnen
- Erreichen von Publizität in den Medien, um das «Phänomen FEM» publik zu machen

Gründungsjahr: 1990/1991

Mitgliederzahl: (noch nicht bekannt)

Mitglieder:

Organisationen, in denen sich mittätige und selbständige Unternehmerfrauen aus Mittel- und Kleinbetrieben zusammengeschlossen haben, z. B. UFH (siehe Seite 191), AFACA (Frankreich), KNOV (Niederlande) usw.

Gliederungen in: sieben europäischen Ländern

Mitgliedsbeitrag: (noch nicht bekannt)

Verbandsorgan: (noch nicht bekannt)

Möglichkeiten des Kennenlernens:

z. B. auf dem Gründungskongreß 1991 in Twente, Thema «Unternehmerinnen aus der europäischen Perspektive»

Angebote/ Serviceleistungen für die Mitglieder:

jährliche Delegiertenversammlung

Fort- und Weiterbildungsmöglichkeiten:

(noch nicht bekannt)

Weitere Auskünfte und Unterlagen:

FEM (vorläufiger Sitz)
c/o Landesgewerbeamt
Baden-Württemberg
Direktion Karlsruhe
Postfach 4169
7500 Karlsruhe 1
Tel.: 0721/135-4010
Fax: 0721/135-4020

oder

Gerda J. Eertink (Präsidentin)
Stationsstraat 2
NL-7475 AM Markelo
Tel.: 005476/3097
Fax: 005476/3230

Hydra e. V.

«Im öffentlichen Nahverkehr
geht ohne Gummi gar nichts mehr! Hydra».

Dieser flotte Spruch an der Außenwand des Kudamm-Karrees in Berlin informierte die männlichen Touristen zeitweise darüber, was sie von Berlins Huren erwarten durften. Und nicht nur das. Ganz selbstbewußt postulieren die Frauen: «Es ist nicht verkehrt, mit uns zu verkehren!»

Im ältesten Gewerbe der Welt hat sich jedoch auch schon immer die Doppelmoral der Gesellschaft widergespiegelt. Einerseits ist durchaus die Dienstleistung Prostitution gefragt nach dem Motto «kein Angebot ohne Nachfrage». Andererseits wird wohl kaum ein Mann ohne weiteres zugeben, daß er schon einmal Kunde bei einer Prostituierten war. Es müssen immer die anderen gewesen sein.

Ein paar Zahlen (entnommen dem von Hydra herausgegebenen Buch «Beruf: Hure», Galgenberg Verlag Hamburg 1989): 1988 gab es ca. 400000 Frauen in der Bundesrepublik, die der Prostitution nachgingen. Wenn von durchschnittlich drei Freiern pro Tag ausgegangen wird, bezahlten pro Tag 1200000 Männer für sexuelle Dienstleistungen!

Hydra, eine Selbsthilfeorganisation, kämpft seit mehr als zehn Jahren für die gesellschaftliche Anerkennung der Prostitution. Ein Kernstück der Forderungen betrifft die Aufnahme in das Sozialversicherungssystem. Denn obwohl die Frauen Steuern bezahlen müssen, haben sie keinen Anspruch auf die Leistungen der Sozialversicherung. Sie sind nicht arbeitslosenversichert, weder in der gesetzlichen Krankenversicherung noch rentenversichert. Da die wenigsten von ihnen während ihrer Berufstätigkeit Reichtümer ansammeln können, ist der soziale Abstieg im Rentenalter geradezu vorprogrammiert. In der Regel verfügen die Prostituierten über keine qualifizierte Berufsausbildung, die ihnen den Ausstieg erleichtern würde. Ein weiteres sozialpolitisches Problem ist die zunehmende Prostitution von ganz jungen Frauen, die zur Finanzierung ihres Drogenkonsums «auf den Strich gehen». Abgesehen davon, daß sie in vielen Dingen von den Freiern um ihren Lohn gebracht werden, sind sie aufgrund ihrer Sucht erpreßbar für Sexualpraktiken, die Aids Tür und Tor öffnen.

In Hamburg hat eine Hure den Ausstieg geschafft und ist seit 1990 als Sozialarbeiterin in einem Drogenbrennpunkt tätig: DOMENICA, die wahrscheinlich prominenteste Hure der Nation, ist in ihrer Funktion als Angestellte der Jugend- und Sozialbehörde zur Anlaufstelle für drogenabhängige Prostituierte geworden. Sie berät und informiert die jungen Frauen und bietet ihnen bisweilen auch ihre Wohnung als Zufluchtsstätte an.

In Berlin wurde mit Hilfe des Senats bereits 1987 ein Programm angeleiert, das den Berliner Huren den Ausstieg erleichtern sollte. In Zusammenarbeit mit Landesarbeitsamt und potentiellen Arbeitgebern wurden nicht nur Arbeitsplätze geschaffen, sondern auch Ausbildungs- und Umschulungsmöglichkeiten realisiert. Nach wie vor nimmt die Aids-Aufklärung und -prävention einen großen Raum im Hydra-Programm ein. Die Existenzberechtigung von Hydra und insbesondere der Kampf um die Anerkennung von Prostitution als Beruf macht das abschließende Zitat aus «Beruf: Hure» deutlich:

«Die Prostitution ist eine Großindustrie, in der allein die Prostituierten keinen rechtlichen Schutz genießen, in der sie mehr ausgebeutet werden, als daß sie einen Profit machen. Den Profit machen die Haus- und Wohnungseigentümer, die Club- und Barbesitzer, die Hersteller und Vertreiber von Kondomen, Reizwäsche und Alkohol, die Tabak-, Porno- und die Kosmetikindustrie, die Hotels, die Tageszeitungen, die Taxibranche, Fluggesellschaften etc. und letztlich auch der Staat (durch Steuern und Bußgelder).»

Wichtigste Aufgaben der Selbsthilfeorganisation:
- Anerkennung der Prostitution als Beruf
- Einsatz gegen gesellschaftliche und rechtliche Diskriminierung
- Verbesserung der Arbeitsumstände
- Öffentlichkeitsarbeit

Gründungsjahr: 1980
Mitgliederzahl: (keine Angabe)

Berufe / Arbeitsfelder der Mitglieder:
Prostituierte, ehemalige Prostituierte und Nicht-Prostituierte
Gliederung in: Berlin
Zusammenarbeit mit:
Prostituiertenprojekte in anderen Großstädten, Freiergruppen
Mitgliedsbeitrag: (keine Angabe)
Veröffentlichungen:
- Hydra-Nachtexpreß – Zeitschrift für Bar, Bordell und Bordstein
- «Prostitution, Job – Beruf – Arbeit». Hg. von Deutsche Hurenbewegung c/o HWG, Frankfurt/Main 1990
- «Beruf: Hure», Hg. vom Prostituiertenprojekt Hydra, Hamburg 1989.
- «Freier. Das heimliche Treiben der Männer.» Hg. vom Prostituiertenprojekt Hydra. Hamburg 1991.

Möglichkeiten des Kennenlernens:
- bei Veranstaltungen und Kongressen, nationalen und internationalen Prostituiertenkongressen sowie Podiumsdiskussionen
- Hurenball
- Besuch

Angebote / Serviceleistungen für die Mitglieder:
- Beratung: Arbeitsberatung, Schuldenberatung, Drogenberatung, Aids-Prävention usw.
- «Streetwork» in Clubs, Bars und auf der Straße
- Umschulungsprogramm für Ausstiegswillige.

Fort- und Weiterbildungsmöglichkeiten:
Weiterqualifizierungskurse: Schreibmaschine, Computer- und Buchhaltungslehrgänge
Weitere Auskünfte und Unterlagen:
Hydra e. V.
Kantstr. 54
W-1000 Berlin 12
Tel.: 030/3128061 (Mo, Di, Fr 10–14 Uhr,
Di 17–20 Uhr, Do 16–20 Uhr)

Weitere Prostituiertenprojekte:

HWG
Huren wehren sich gemeinsam
Karlsruher Str. 5
6000 Frankfurt/Main
Tel.: 069/252742

Kassandra
Ludwigstr. 63
8500 Nürnberg
Tel.: 0911/225436

Straps & Grips
c/o Aids-Hilfe
Herwarthstr. 2
4400 Münster
Tel.: 0251/43031

Cinderella
Postfach 2131
4000 Düsseldorf 1
Tel.: 0211/8996590

Lysistrata
Beethovenstr. 1
5000 Köln 1
Tel.: 0221/218345

Mitternachtsmission
Dudenstr. 2
4600 Dortmund 1
Tel.: 0231/144491

Huren-Selbsthilfe
Nauwieserstr. 19
6600 Saarbrücken
Tel.: 0681/35782

Nitribitt
Stader Str. 1
2800 Bremen
Tel.: 0421/448662

Phoenix e. V.
Postfach 4762
3000 Hannover 1
Tel.: 0511/14646

Vereinigung von Unternehmerinnen e. V. (VvU)

In den alten Bundesländern Deutschlands gab es 1990 über 550000 selbständig tätige Frauen, von denen immerhin ca. 300000 mehr als 5 Mitarbeiterinnen beschäftigen oder einen Jahresumsatz von über 1 Million DM erzielen. Damit bringen sie die Voraussetzungen mit, die für eine Mitgliedschaft in der VvU erforderlich sind. Neben der unternehmerischen Tätigkeit wird eine Kapitalbeteiligung am Unternehmen oder familiäre Bindung an den Firmeninhaber gefordert.

Während die 31 Gründerinnen der VvU 1954 zum größten Teil als Folge des 2. Weltkrieges zu Unternehmerinnen wurden, weil z. B. Vater, Bruder, Sohn oder Ehemann dem Betrieb nicht mehr zur Verfügung standen, sind die heutigen Unternehmerinnen zu einem ganz großen Teil Existenzgründerinnen. Was Neugründungen angeht, so expandiert vor allem der Dienstleistungssektor mit derzeit ca. 30 % (daß dies eine eher weibliche Domäne ist und daß die seit Jahren bestehende hohe Arbeitslosenzahl viele Frauen in die Selbständigkeit «treibt», sei hier nicht nur am Rande vermerkt). Immerhin sind noch jeweils ca. 35 % der VvU-Unternehmerinnen entweder im Handel oder in der industriellen Produktion tätig.

Typisch «weibliche Branchen» gibt es nicht: Unternehmerinnen sind in der Elektroindustrie ebenso zu finden wie im Maschinenbau, in der Textilbranche, in der Chemie ebenso wie im Bauwesen. Dem technologischen Fortschritt folgend, wächst ihr Einfluß jetzt auch im EDV-Bereich. Dem verbreiteten Vorurteil, daß die als typisch weiblich geltenden Eigenschaften für eine unternehmerische Tätigkeit eher hinderlich sein sollen, treten die VvU-Frauen beherzt entgegen. Zu ihren Verbandsaufgaben gehört explizit die Durchführung von Öffentlichkeitsarbeit mit dem Ziel, die Leistungen von Unternehmerinnen – unter dem Blickwinkel weiblicher Führung – herauszustellen.

In den meist monatlich stattfindenden Veranstaltungen der Landesverbände wird der Erfahrungsaustausch zu allen Belangen in Wirtschaft, Politik und Gesellschaft gepflegt. Die VvU versteht sich als Verfechterin der Marktwirtschaft. Ein wesentlicher Arbeitsschwerpunkt liegt daher in der Erhaltung und Weiterentwicklung der Marktwirtschaft. In Gesprächen mit Parlamentariern einerseits und andererseits aber auch mit Jugendlichen macht die VvU ihre Position deutlich. Die jährlich im Herbst stattfindende Jahres- und Mitgliederversammlung und auch die Jahrespressekonferenz sind Foren, auf denen die VvU-Frauen ebenfalls öffentlich Stellung zu aktuellen Fragen beziehen.

Die VvU arbeitet nicht nur mit Wirtschaftsverbänden und Ministerien zusammen. Sie gehört auch einem Dachverband an, dem sich Unternehmerinnenverbände aus 24 Ländern angeschlossen haben, dem «Femmes Chefs d'Entreprises Mondiales» (F.C.E.M., siehe Seite 195). Die jährlich durchgeführten internationalen Kongresse finden weltweit jeweils in einem Mitgliedsland statt. 1991 z. B. war Rosario in Argentinien Treffpunkt der «Business-Women». Die Mitglieder der VvU, die immerhin einen Jahresumsatz von rund 45 Milliarden erwirtschaften, gehörten dort sicher nicht zu den Armen. Wer «The European Businesswoman of 1992» und «The Rising Star of 1992» werden wollte, hatte 1991 Gelegenheit dazu. Diese Auszeichnungen werden von der britischen Schwesterorganisation «British Association of Women Entrepreneurs» anläßlich deren 40jährigen Jubiläums an selbständige Unternehmerinnen, die Mitglied des F.C.E.M. sein müssen, vergeben. Vorschläge für deutsche Kandidatinnen wurden von der VvU entgegengenommen.

Ob der «Rising Star of 1992» aus der Bundesrepublik kommt, steht noch in den Sternen.

Wichtigste Aufgaben des Verbandes:
- Interessenvertretung des Mittelstandes
- Hilfestellung für Unternehmensgründerinnen
- Weiterbildung
- Öffentlichkeitsarbeit
- Erhaltung und Weiterentwicklung der Marktwirtschaft

Gründungsjahr: 1954
Mitgliederzahl: 1700 (200 Sondermitglieder aus der ehemaligen DDR, 1990)

Berufe / Arbeitsfelder der Mitglieder:
Unternehmerinnen aus allen Branchen

Gliederungen in:
Baden-Pfalz-Saar, Bayern-Nord, Bayern-Süd, Berlin (Ost und West), Bischofswerda, Bremen-Weser-Ems, Cottbus, Erfurt, Halle, Hamburg, Hessen, Leipzig, Niedersachsen, Rheinland, Rostock, Ruhrgebiet, Schleswig-Holstein, Schwerin, Westfalen-Nord, Westfalen-Süd, Württemberg, Zwickau.

Mitgliedschaft bei:
Les Femmes Chefs d'Entreprises Mondiales (F.C.E.M., siehe Seite 195).

Mitgliedsbeitrag: DM 500,– jährlich (Aufnahmegebühr DM 75,–)

Verbandsorgan:
- «Die Unternehmerin» (Erscheinungsweise vierteljährlich)
- Informationsbroschüre und -blätter
- Jahresbericht

Möglichkeiten des Kennenlernens:
auf Veranstaltungen in den Landesverbänden als Gast

Angebote / Serviceleistungen für die Mitglieder:
- Erfahrungsaustausch auf nationaler und internationaler Ebene
- Betriebsbesichtigungen
- Wirtschaftsreisen
- gegenseitige Hilfestellung in unternehmerischen Fragen
- VvU-Kooperationsbörse
- VvU-Fonds für die neuen Bundesländer

Fort- und Weiterbildungsmöglichkeiten:
- Jahresversammlung mit Arbeitsgruppen zu Themen wie: «Wie bereite ich mein Unternehmen auf den europäischen Binnenmarkt vor?», «Buchhaltung / Marketing»
- Arbeitstagungen, z. B. Arbeitstagung zu den neuen Bundesländern
- Seminare, z. B.: «Menschenführung – Personalwesen», «Interview- und Einstellungstechniken», Vermögensverwaltung
- Vortrags- und Diskussionsveranstaltungen, z. B. zu den Themen: «Der Arbeitsmarkt in den 90er Jahren», «Die Unternehmenszukunft – Personal, unser wichtigstes Kapital der 90er Jahre»

Weitere Auskünfte und Unterlagen:

Vereinigung von Unternehmerinnen e. V.
Gustav-Heinemann-Ufer 94
Postfach 511030
5000 Köln 51
Tel.: 0221/375074/75
Fax: 0221/343171

Frauen in Medien, Kunst und Kultur

Deutscher Journalistinnenbund e. V.

1991 war in gewisser Weise ein historisches Jahr für die Frauen der schreibenden und berichtenden Zunft: Erstmals in der Geschichte der (alten) Bundesrepublik wurde eine Frau Funkhausdirektorin eines Senders und dann auch noch eines öffentlich-rechtlichen! Der Wechsel in der Regierungsverantwortung in Niedersachsen machte es möglich, daß Lea Rosh zur Chefin des Landesfunkhauses Hannover berufen wurde.

Daß die Ernennung von Frauen zu Funkhausdirektorinnen oder sogar Intendantinnen ein Stück Normalität wird, dafür setzt sich der Journalistinnenbund ein. Im Informationsfaltblatt steht dazu:

«Der Journalismus gilt als Männerberuf. In diesem Beruf arbeiten ca. 10000 Frauen. Viel zu selten allerdings in leitender Position...» Nicht allein das Erreichen weiblicher Repräsentanz an leitender Stelle ist erklärtes Ziel. Wenn Journalismus doch anscheinend immer noch Männersache ist, dann geht dies einher mit der Einengung der Meinungsvielfalt. (Fast) unnötig, an dieser Stelle noch einmal zu erwähnen, daß Frauen Informationen nicht nur unter einem anderen Blickwinkel auswählen und interpretieren, sondern auch vermitteln.

So nimmt es nicht wunder, wenn die Gründung des Deutschen Journalistinnenbundes vor dem Hintergrund einer Entschließung des Europäischen Parlamentes zu sehen ist. Über die Darstellung der Frauen in den Massenmedien wurde da 1987 gesagt, daß sie «sich nicht ausreichend an den konkreten Lebensrollen der Frau, sondern in alten Verhaltensmustern orientiert ... daß die von den Medien übermittelten Informationen im allgemeinen die täglichen Probleme als zweitrangig betrachten, die jedoch diejenigen sind, die die Frauen am meisten berühren ... daß bei politischen und gesellschaftlichen Problemen vor allem Männer zu Wort kommen, obwohl Frauen ihre Fähigkeiten in politischer und gesellschaftlicher Hinsicht tatkräftig unter Beweis gestellt haben ...» Der Deutsche Journalistinnenbund ist, so wird ausdrücklich betont, kein Ersatz für einen klassischen Berufsverband oder für die Mitgliedschaft in einer Gewerkschaft. So gehört zu seinen Aufgaben nicht die Ausstellung eines Presseausweises oder die Rechtsberatung, und auch Tarife handelt er nicht aus.

Vom Selbstverständnis her zielt der Deutsche Journalistinnenbund darauf ab, «durch persönliche Kontakte ein Netzwerk aufzubauen, das den Frauen in diesem ‹Männerberuf› den Rücken stärkt: durch Kontakte, durch Informationen, durch Beratung».

Genauso wichtig ist auch, daß der Journalistinnenbund die Funktion eines Sprachrohrs für seine Mitglieder einnimmt. So protestierte der Journalistinnenbund heftig, als 1991 die geplante Kürzung des sehr beliebten ZDF-Frauenjournals Mona Lisa bekannt wurde. Daß 1992 16 Sendungen gestrichen werden sollten, wollten die Frauen nicht hinnehmen. Der ZDF-Fernsehrat wurde um Vermittlung gebeten.

Gerne wird übrigens Louise Otto Peters (Gründerin und Herausgeberin der ersten Frauenzeitung in der Mitte des letzten Jahrhunderts) zitiert: «Die Geschichte aller Zeiten hat gelehrt, daß diejenigen, welche selbst an ihre Rechte zu denken vergaßen, auch vergessen wurden.»

Wichtigste Aufgaben des Verbandes:

- Aufbau eines Netzwerkes
- Forum, das die Kompetenz der im Journalismus tätigen Frauen auch öffentlich sichtbar macht
- Sprachrohr der Journalistinnen

Gründungsjahr: 1987

Mitgliederzahl: 277

Berufe / Arbeitsfelder der Mitglieder:

Journalistinnen aus Verlagen, Rundfunk- und Fernsehanstalten

Gliederungen in:

Berlin, Düsseldorf, Frankfurt / Main, Hamburg, Köln, München

Mitgliedschaft bei: Deutscher Frauenrat
Mitgliedsbeitrag:
DM 60,– bis DM 360,– jährlich
Möglichkeiten des Kennenlernens:
- auf Tagungen
- bei den Regionalgruppentreffen

Weitere Auskünfte und Unterlagen:
Deutscher Journalistinnenbund e. V.
c/o Anwaltskanzlei Rosenbleck & Weisbart
Grüneburgweg 3
6000 Frankfurt/Main 1
Tel.: 069/590931

GEDOK – Verband der Gemeinschaften der Künstlerinnen und Kunstfreunde e. V.

Was 1926 – zumindest der Idee nach – im Hamburger Frauenclub entstand, ist auch im letzten Jahrzehnt des 20. Jahrhunderts noch von Bestand, und zwar nicht nur in Hamburg, sondern bundesweit mit mittlerweile 4000 Mitgliedern in 19 Gruppen. Wenngleich – vornehmlich in den 60er Jahren – die GEDOK verschiedentlich totgesagt wurde, erfreut sie sich, wie die genauen Zahlen eindrucksvoll bezeugen, großer Popularität.

Ursprünglich, das heißt in den 20er Jahren, bedeutete GEDOK «Gemeinschaft Deutscher und Österreichischer Künstlerinnenvereine aller Kunstgattungen». Mittlerweile ist daraus der «Verband der Gemeinschaften der Künstlerinnen und Kunstfreunde» geworden.

Die GEDOK wurde von Ida Dehmel, einer kunstbegeisterten und künstlerisch tätigen Hamburgerin, ins Leben gerufen. Sie war darauf aufmerksam geworden, daß Künstlerinnen weder eine Lobby noch gelernt hatten, ihre eigenen Vorstellungen zu verbalisieren. Unter dem Motto «Neue Wege zur Gemeinschaft» wollte Dehmel die Künstlerinnen aus der Isolierung holen.

Das heutige Nebeneinander von Künstlerinnen und Kunstfreunden hat einen pragmatischen Grund: Schon Frau Dehmel sprach den Frauen aus Musik, darstellender Kunst und Rezitation, Literatur und Kunsthandwerk schlicht die Fähigkeit ab, sich unter merkantilen Gesichtspunkten selbst zu managen. Dafür sollten dann die schon erwähnten Kunstfreunde zuständig sein und die Arbeit aktiv und passiv (d. h. hier: finanziell) unterstützen.

Heute kann dies z. B. die Durchführung einer Ausstellung sein; Werkstattgespräche, der Besuch von Lesungen und Konzerten sowie Kunstfahrten, die die Begegnung mit Künstlerpersönlichkeiten beinhalten, runden das Bild ab.

Künstlerinnen müssen sich der Begutachtung durch eine Jury unterziehen, bevor sie Mitglied werden können. Dies hat vornehmlich zum Ziel, die künstlerische Qualität zu sichern. Um Qualität geht es auch bei den zahlreichen Preisen, die durch die GEDOK vergeben werden:

- Der GEDOK-Literaturpreis wird alle drei Jahre vergeben (Preisträgerinnen sind u. a. Hilde Domin, Rose Ausländer, Ingeborg Drewitz, Barbara Frischmuth, Eva Zeller, Brigitte Kronauer),
- der Förderpreis für junge Autorinnen,
- der internationale Komponistenwettbewerb, der alle fünf Jahre ausgeschrieben wird,
- der Wettbewerb GEDOK-Prämienstiftung, der Musikerinnen unter 30 Jahren eine zweiwöchige Konzerttournee durch neun Städte der Bundesrepublik inklusive einer Rundfunkaufnahme ermöglicht

Angesichts der rund 270 jährlich vergebenen Literaturpreise will die GEDOK mehr als nur literarische Qualität würdigen: «Sie nimmt sich – und das unterscheidet sie von anderen Kunst-, Musik- und Literaturverbänden – spartenübergreifend in besonderem Maße der beruflichen und sozialen Belange der Künstlerinnen und Autorinnen an. Denn noch immer sind die gesellschaftlichen Rahmenbedingungen für das künstlerische Schaffen der Frauen noch ungünstiger, als sie es für Künstler und Autoren insgesamt ohnehin sind» (aus der Dokumentation «Ich schreibe, weil ich schreibe», die 1990 erschien und einen Überblick über das literarische Schaffen von GEDOK-Autorinnen und Preisträgerinnen gibt).

Obwohl die GEDOK schon «in die Jahre gekommen ist», drückt sie dennoch aus, daß Kunst kein «abgeschlossener Prozeß» ist. Sie setzt sich mit Utopien auseinander, spürt Strömungen auf und gibt ihnen Raum – in der doppelten Bedeutung. Die GEDOK - eine Idee im Dauertest!

Wichtigste Aufgaben des Verbandes:

- Förderung der gesellschaftlichen Anerkennung der künstlerisch schaffenden Frau und Abbau von Ressentiments
- Förderung der künstlerischen Arbeit von Frauen und jungen talentierten Künstlerinnen
- Verbesserung und Festigung des Status der Künstlerinnen
- Wahrung der Interessen der Künstlerinnen
- Öffentlichkeitsarbeit.

Gründungsjahr: 1926

Mitgliederzahl: mehr als 4000

Berufe / Arbeitsfelder der Mitglieder:

Künstlerinnen der Bereiche Musik, Literatur, bildende Kunst, Kunsthandwerk, darstellende Kunst und Rezitation; darüber hinaus steht allen Kunstinteressierten die Mitgliedschaft offen

Gliederungen in:

Berlin, Bonn, Bremen, Freiburg, Hamburg, Hannover, Heidelberg, Karlsruhe, Köln, Mannheim / Ludwigshafen, München, Reutlingen, Stuttgart, Wuppertal

Franken, Niederrhein-Ruhr, Rhein-Main-Taunus, Schleswig-Holstein, Österreich

Mitgliedschaft bei:

- Deutscher Künstlerbund
- Berufsverband bildender Künstler
- Internationale Gesellschaft der bildenden Künste
- Deutscher Musikrat
- Deutscher Frauenrat

Mitgliedsbeitrag: (nicht bekannt)

Verbandsorgan:

- Informationsfaltblatt
- «Ich schreibe, weil ich schreibe», Autorinnen der GEDOK Hg. von I. Hildebrandt und R. Massmann, Stuttgart 1990

Möglichkeiten des Kennenlernens:

durch Besuch von Ausstellungen, Konzerten, Autorenlesungen

Aktivitäten der GEDOK:

- GEDOK-Literaturpreis und Literaturförderpreis
- GEDOK-Prämienstiftung
- Internationaler Komponistenwettbewerb
- GEDOK-Ausstellungen
- Editionen und Katalogprojekte z. B.: «Schattengrenzen – Performance – Grenzsprengung» (Bremen 1985), «Gegenlicht – 60 Jahre GEDOK» (Staatliche Kunsthalle Berlin).

Weitere Auskünfte und Unterlagen:

GEDOK – Verband der Gemeinschaften
der Künstlerinnen und Kunstfreunde e. V.
Einern 29
5600 Wuppertal 2 (Barmen)

VEFI Verband der Filmarbeiterinnen e. V.

Die Sicherung der beruflichen Existenz vieler Filmarbeiterinnen steht im Zentrum der Aktivitäten des Verbandes der Filmarbeiterinnen. In einem Land, das zu den reichsten der Welt gehört, ist kulturelle Förderung und hier insbesondere Filmförderung von höchstens marginaler Bedeutung. Und *wenn* gefördert wird, ergießt sich das Füllhorn nur allzu oft über die «Herren der Schöpfung». Kein Wunder also, daß sich Widerstand bei den so oft übergangenen Filmarbeiterinnen entwickelte und im «Manifest der Filmarbeiterinnen» seinen Ausdruck fand. Darin fordert der VEFI, daß 50 % aller Mittel für Filme, Produktionsstätten und Dokumentationsvorhaben, 50 % Förderung von Verleih, Vertrieb und Abspielstätten für Filme von Frauen, 50 % aller Arbeits- und Ausbildungsplätze sowie 50 % aller Gremienplätze für Frauen bereitgestellt werden.

1979 wurden diese Forderungen zum erstenmal öffentlich in Zusammenhang mit der Gründung des Verbandes der Filmarbeiterinnen gestellt.

Daß die Forderungen der VEFI-Frauen nicht aus der Luft gegriffen sind, verrät ein Blick in die deutsche (und auch internationale) Filmlandschaft.

Wenn Sie beispielsweise bei einem Quiz in Sekundenschnelle 5 – in Worten fünf! – deutsche Film- und Fernsehregisseure nennen sollten, wer fällt Ihnen da ein? ... Okay, und nun nennen Sie mir fünf deutsche Regisseurinnen! ... Tut mir leid, Karin Brandauer ist aus Österreich... bitte noch einmal! ... Ach ja, Doris Dörrie fällt Ihnen ein und wer noch? Denken Sie noch einmal nach, zumindest eine sollte Ihnen bekannt sein von vielen interessanten «Frauenfilmen» ... Ja, klar, Margarete von Trotta... schon fast vergessen Helke Sander, Jutta Brückner und Claudia von Alemann. Aus der etwas jüngeren Filmgeschichte sind noch bekannt(er) die entflammbare Pia Frankenberg und Monika Treut, ebenso wenn's hoch hergeht!

Gar nicht so einfach diese Suche, nicht?

Daß Filmarbeiterinnen immer noch mehr oder weniger im Schatten ihrer männlichen Kollegen stehen, hat mehrere Gründe. Frauen im Filmgeschäft werden oftmals auf «Frauenfilme» (was immer das auch sein mag) reduziert, bzw. beschränken sich auf sogenannte Frauenthemen. Die Verbindung zwischen Kunstwerk und Biologie hat zumindest in der Vergangenheit oftmals dazu geführt, Frauen vom Geld und damit zugleich von den Regiestühlen fernzuhalten. Denn lange galten Frauenthemen in der Filmwelt als Kassengift. Dies ist glücklicherweise vorbei, seit Regisseurinnen bewiesen haben, daß Filme, in deren Mittelpunkt Frauen bzw. frauenspezifische Themen stehen, auch Kassenknüller sein können.

Mit einem weiteren Hemmnis haben Regisseurinnen zu kämpfen. Man(n) traut ihnen nicht zu, Regie zu führen, da dies ein autoritärer Akt sei. Stellt sich die Frage, ob die arrivierten Regisseurinnen in der Tat autoritärer als ihre weniger erfolgreichen Kolleginnen sind, oder ob auch dies eine Zweckbehauptung ist.

Zur beruflichen Realität von Regisseurinnen, die gekennzeichnet ist durch eine dürftige ökonomische Basis und demnach permanente Suche nach Finanzquellen (dies gilt übrigens auch für viele Regisseure) gehört auch die Auseinandersetzung mit den Geldgebern in den öffentlich-rechtlichen Anstalten und bei der Filmförderung. Womit wir wieder bei dem eingangs erwähnten Manifest wären, das für eine paritätische Geldvergabe eintritt!

Wichtigste Aufgaben des Verbandes:

- Antidiskriminierungsverband
- Einsatz für die Geschlechterparität in allen Bereichen des Films und der audiovisuellen Medien
- Kontrolle der entsprechenden Gremien in bezug auf die paritätische Geld- und Preisvergabe
- 50 % aller Gremiensitze in den Filmfördergremien für Frauen
- gezielte Vertriebs- und Abspielförderung für Filme von Frauen
- filmpolitische Interessenvertretung.

Gründungsjahr: 1979

Mitgliederzahl: ca. 135

Berufe / Arbeitsfelder der Mitglieder:
alle Frauen, die im Bereich Film und audiovisuelle Medien tätig sind, d. h. von der Maskenbildnerin bis zur Regisseurin, von der professionellen Kamerafrau bis zur filminteressierten Studentin

Gliederung in: Köln

Mitgliedschaft bei:
Bundesvereinigung des deutschen Films (Bufi)

Mitgliedsbeitrag:
DM 180,– jährlich, für Erwerbslose und Auszubildende DM 120,–, es besteht die Möglichkeit der aktiven sowie passiven Mitgliedschaft

Verbandsveröffentlichung:
Autobiographische Skizzen 1989: 10 Jahre VEFI

Möglichkeiten des Kennenlernens:
Treffs während der verschiedenen Filmfestivals

Angebote / Serviceleistungen für die Mitglieder:
- FrauenFilmHandbuch (Loseblattsammlung)
- jährliche Mitgliedsversammlung.

Weitere Auskünfte und Unterlagen:
Verband der Filmarbeiterinnen e. V.
Friesenwall 83
5000 Köln 1
Tel.: 0221/132453

III. FRAUENFACHGRUPPEN IN GEMISCHTEN BERUFSVERBÄNDEN

Arbeitskreis Elektroingenieurinnen im VDE

Knapp 100 Jahre nach dem Gründungsjahr des VDE (Verband Deutscher Elektrotechniker) 1893 und circa 60 Jahre, nachdem die erste Frau dem technisch-wissenschaftlichen Verein beitrat, wurde 1987 der «Arbeitskreis Elektroingenieurinnen im VDE» gegründet. Angesichts der 34000 Mitglieder im VDE mutet nicht nur die Zahl der weiblichen Mitglieder mit 380, sondern auch die Zahl der AK-Mitglieder mit etwas über 30 sehr bescheiden an. Bescheiden ist auch insgesamt der Anteil an Frauen in allen Bereichen, die mit Elektrotechnik zu tun haben: der Anteil von Studentinnen im Fach Elektrotechnik beträgt 2,5 %, ein großer deutscher Konzern stellte 1988/89 ganze 3 % Elektroingenieurinnen ein.

Ein Erklärungsmodell für dieses Phänomen könnte die «Technikfeindlichkeit» der Mädchenerziehung durch Elternhaus und Schule sein. Eine andere Erklärung, die auch sicher noch in den nächsten Jahren Bestand haben wird, ist im Mangel an weiblichen Vorbildern zu sehen.

Viele Vorurteile bezüglich des Berufsbildes halten möglicherweise auch die jungen Frauen vom E-Technik-Studium ab. Seit Einzug der Informationstechnik allerdings ist diese Disziplin ganz gewiß keine reine «Männerarbeit» mehr. Viele Arbeitsplätze stehen in den Bereichen Informations- sowie Energietechnik, in der Meß- und Automatisierungstechnik, Elektronik, Halbleiterentwicklung und Medizintechnik zur Verfügung. Interessante Arbeitsfelder finden sich auch in Entwicklung, Planung, Konstruktion, im Vertrieb, in Forschung und Lehre, wie dem AK-Faltblatt zu entnehmen ist.

Für die angehenden Elektrotechnikerinnen jedenfalls hängt in den nächsten Jahren «der Himmel voller Geigen». Denn wenn man den gängigen Arbeitsmarktstatistiken glaubt, ist der Bedarf an technischen Fachkräften im Bereich der Elektrotechnik mit den vorhandenen Studienabgängern nicht zu decken. Es wird gesagt, daß gerade Frauen besonders gute Vermittlungschancen haben, und mancher Großkonzern rühmt sich gar, keine Berührungsängste Ingenieurinnen gegenüber zu haben. Sogar mit Teilzeitarbeitsplätzen wird heutzutage den Frauen gewunken. Damit diese Aussagen keine leeren Versprechungen bleiben, weil nämlich gar keine qualifizierten Frauen zur Verfügung stehen, hat der AK noch eine Menge Arbeit vor sich.

Weiterhin groß angegangen werden muß die Aufklärungsarbeit in den Schulen, das Technikverständnis von Mädchen und die Motivation für das Studium der Elektrotechnik müssen gefördert werden. Hier ist der AK in der guten Gesellschaft des Akademikerinnenbundes, der sich auch der Thematik «Mädchen und Technik» verschrieben hat (siehe Seite 116).

Die Präsenz der AK-Frauen auf Technik-Messen, wie z. B. der Hannovermesse, und die Durchführung von Podiumsdiskussionen mit Themen wie «Elektrotechnik – ein Berufsfeld für Frauen – Elektroingenieurinnen im VDE» oder «Elektroingenieurinnen in Europa» sind weiterhin fester Bestandteil der Verbandsarbeit der Frauen.

Wichtigste Aufgaben des Verbandes:
- Abbau des Eindrucks des «Ungewöhnlichen, den die Frau in der Elektrotechnik immer noch hat»... (a. d. Faltblatt)
- Förderung des Erfahrungsaustauschs über die berufliche und persönliche Situation
- Interessenvertretung von Ingenieurinnen und Studentinnen in der Öffentlichkeit
- Förderung des Technikverständnisses von Mädchen
- Motivierung von jungen Frauen für das Studium der Elektrotechnik

Gründungsjahr: 1987
Mitgliederzahl: ca. 35
Berufe / Arbeitsfelder der Mitglieder:
Ingenieurinnen, Naturwissenschaftlerinnen und Technikerinnen / Elektrotechnik und Elektronik
Gliederungen in:
über die VDE-Bezirksvereine in Aachen, Berlin, Bielefeld, Braunschweig, Bremen, Chemnitz, Dresden, Düsseldorf, Erfurt,
Essen, Frankfurt / Main, Frankfurt / Oder, Freiburg / Rheinfelden, Hamburg, Hannover, Karlsruhe, Kassel, Kiel, Köln, Krefeld, Lausitz

(Schwarze Pumpe), Magdeburg, Mannheim, Markkleeberg, München, Nürnberg, Oldenburg, Osnabrück, Quedlinburg, Rostock, Saarbrücken, Stuttgart, Trier, Wilhelmshaven, Wuppertal

Mitgliedschaft bei: Verband deutscher Elektrotechniker e. V.

Mitgliedsbeitrag:

DM 90,– jährlich, DM 24,– für Studentinnen, DM 45,– für Berufsanfängerinnen, 25 % Beitragsermäßigung bei Mehrfachmitgliedschaft im VDE und VDI,
reduzierte Übergangsbeiträge für Kolleginnen aus den neuen Ländern, abhängig von den wirtschaftlichen Verhältnissen

Verbandsorgan:

- Informationsfaltblatt
- Pressedienst des VDE
- Kongreß-Report
- VDE-Tätigkeitsberichte
- VDE-Schrift «forum»
- VDE-Studie '90

Möglichkeiten des Kennenlernens:

- auf dem VDE-Kongreß
- auf Messen

Angebote / Serviceleistungen für die Mitglieder:

- Aufnahme in eine Datei
- Arbeitskreistreffen
- Information über Berufsaussichten und Einsatzbereiche
- Kontaktmöglichkeiten untereinander
- Infos

Fort- und Weiterbildungsmöglichkeiten:

zu erfragen über die Geschäftsstelle

Weitere Auskünfte und Unterlagen:

Arbeitskreis Elektroingenieurinnen im VDE
Dipl.-Ing. Kirsten Eppmann
Stresemannallee 15
6000 Frankfurt / Main 70
Tel.: 069 / 6308-221
Fax: 069 / 6312925

Fachgruppe Frauenarbeit und Informatik in der Gesellschaft für Informatik (GI)

Nicht nur im Verein Deutscher Ingenieure und im Verband der Elektroingenieure, sondern auch in der Gesellschaft für Informatik hat sich seit 1986 eine Fachgruppe etabliert, die sich vorrangig nicht nur um die weiblichen Mitglieder des Verbandes kümmert, sondern auch der Situation von Gestalterinnen und Betroffenen der neuen Informationstechnik besondere Aufmerksamkeit schenkt.

Im Faltblatt der Gesellschaft heißt es dazu:

«Die Fachgruppe sieht ihre Aufgabe darin, ... die Folgen der aktuellen Entwicklung auf diesem Gebiet abzuschätzen und Konzepte für eine Gestaltung dieser Technik und ihrer Anwendung zu geben, die die Interessen von Frauen und Mädchen berücksichtigen.

Die Fachgruppe sucht das Gespräch mit allen Frauen, die von der Informationstechnik berührt sind, sei es als Gestaltende in Forschung, Entwicklung, Anwendungsprogrammierung oder anderen Gebieten, sei es im Bildungs-, sozial- und geisteswissenschaftlichen Bereich oder sei es als Betroffene im Arbeitsleben.»

Die Gesellschaft für Informatik, die seit 1969 besteht, ist insgesamt in acht Fachbereiche untergliedert, von denen einer «Informatik und Gesellschaft» ist. Die Fachgruppe «Frauenarbeit und Informatik» ist eine Gliederung aus diesem Fachbereich, der insbesondere die Wechselwirkung von Informatik und Gesellschaft beleuchtet. Dies geschieht durch die Durchführung von Fachveranstaltungen, wie z. B. Fachtagungen und Fachgespräche.

Die Frauenfachgruppe in der GI trat bereits gut drei Jahre nach ihrer Gründung mit einer gut besuchten Veranstaltung an die Öffentlichkeit. In Bremen fand 1989 der Kongreß «Frauenwelt – Computerräume» statt. Er war geprägt von einer breiten Interdisziplinarität einerseits und von einem breiten Themenspektrum andererseits. Dies reichte von

«Aufgaben- und benutzerinnengerechte Programmentwicklung» über «ISAR und CONDOR als Alternativen» bis zu «Mädchen und Technik» und «Elektronik in der zeitgenössischen Musik von Frauen».

Die Veranstalterinnen konnten nicht nur prominente Moderatorinnen wie z. B. Sigrid Metz-Göckel, sondern auch renommierte Referentinnen gewinnen. So dozierte Deborah Brecher – vielen Frauen und Männern bekannt durch ihr anwenderinnenfreundliches Buch «GO STOP RUN» – über «Der weibliche Zugang zum Computer».

Ganz besonders liegt den Elektronikfrauen am Herzen, daß ihr Arbeitsgebiet sich mehr jungen Mädchen und Frauen öffnet und nicht vorwiegend eine männliche Domäne bleibt. Frauenförderung nicht nur im Studium, sondern auch bereits im technischen Unterricht für Mädchen ist dafür eine Voraussetzung.

Obwohl in den Regionalgruppen der GI das Interesse am Frauen-Arbeitskreis gewachsen ist – es werden zunehmend mehr Vorträge zu Frauenthemen gewünscht –, hatten die Frauen Probleme mit der verbandsinternen Veröffentlichung ihrer Tagungsergebnisse.

Computerträume statt Computerräume, hoffentlich nicht!

Wichtigste Aufgaben der Fachgruppe:
- Auseinandersetzung mit der Situation der Frauen als Gestalterinnen und Betroffene neuer Informations- und Kommunikationstechnologien
- Abschätzung der Folgen der aktuellen Entwicklung auf diesen Gebieten
- Setzen von Impulsen für eine an den Interessen von Frauen orientierten Gestaltung und Anwendung dieser Techniken

Gründungsjahr: 1986
Mitgliederzahl: 450
Berufe / Arbeitsfelder der Mitglieder:
Informatikerinnen, DV-Frauen, Studentinnen / Hochschule, DV-Anwendungen, DV-Industrie
Gliederungen in:
Berlin, Bremen, Darmstadt, Dortmund, Freiburg, Gröbenzell
GI-Regionalgruppen: Aachen, Braunschweig, Dortmund, Düsseldorf, Erlangen–Nürnberg, Hamburg, Hannover, Heidelberg–Mannheim, Karlsruhe, München, Stuttgart

Mitgliedschaft bei:
- Deutscher Frauenrat
- Gesellschaft für Informatik (GI)
- über die GI: im Deutschen Verband Technisch-Wissenschaftlicher Vereine (DVT) und International Federation for Information Processing (IFIP)

Mitgliedsbeitrag:
DM 20,– jährlich, DM 10,– für Studentinnen und Arbeitslose

Verbandsorgan:
- Rundbrief (zweimal jährlich)
- Sondernummer: Dokumentation der Tagung «Frauenwelt Computerräume»
- Informationsfaltblatt
- «Informations-Spektrum», Organ der GI, erscheint alle zwei Monate
- «Computer Magazin»
- Informatik-Fachberichte

Möglichkeiten des Kennenlernens:
- auf der Jahrestagung der GI
- Tagung der Fachgruppe zweimal jährlich bundesweit
- Regionalgruppen der GI

Angebote / Serviceleistungen für die Mitglieder:
- Informations- und Gesprächsforum, persönliche und fachliche Kontakte
- Rundbrief
- Stellenvermittlung
- Datei
- verbilligter Bezug diverser Fachzeitschriften
- ermäßigte Gebühren bei Tagungen befreundeter Gesellschaften
- Zusendung von Tagungsberichten der GI

Fort- und Weiterbildungsmöglichkeiten:
Tagungen z. B.: «Frauenwelt – Computerräume», Bremen (1989)

Weitere Auskünfte und Unterlagen:
Fachgruppe Frauenarbeit und
Informatik in der GI
Godesberger Allee 99
5300 Bonn 2
Tel.: 0228/376151

oder
Heidi Schelhowe
(Sprecherin der Fachgruppe)
Ostendorpstr. 41
2800 Bremen
Tel.: 0421 9/7 65 57

VDI Frauen im Ingenieurberuf Verein Deutscher Ingenieure e. V.

Wir brauchen mehr Ingenieurinnen! In den technischen und Ingenieurberufen haben Frauen immer noch mit alten, festverwurzelten Vorurteilen zu kämpfen. Um so erfreulicher ist jedoch die Tatsache, daß der Anteil der Frauen, die seit 1982 Mitglieder des damals gegründeten FIB (Frauen im Ingenieurberuf) wurden, um über 200 % gestiegen ist (zum Vergleich: der Gesamtverband VDI wuchs seit 1982 «nur» um 37,5 %). Das heißt in Zahlen: während 1982 von den 80000 Mitgliedern 800 Frauen waren, so befanden sich 1991 bereits 2500 Damen unter den insgesamt 110000 Mitgliedern des VDI – Verein Deutscher Ingenieure.

Ein paar Worte aus dem Informationsfaltblatt: «Der ‹FIB› ist ein Ausschuß des Vereins Deutscher Ingenieure (VDI) in der VDI-Hauptgruppe ‹Der Ingenieur in Beruf und Gesellschaft›, Bereich ‹Berufs- und Standesfragen›... Der VDI ist der größte technisch-wissenschaftliche Verein der Bundesrepublik... Der VDI wurde 1856 gegründet und hat wichtige Entwicklungen im Bereich der technischen Überwachung, der Ingenieurausbildung und der Normung in vielen Fachgebieten der Technik in Gang gesetzt.»

Der rasante Zuwachs an weiblichen Mitgliedern im VDI ist jedoch letztendlich eine verschwindend kleine Größe, die sich langfristig nur dann verändern wird, wenn der Frauenanteil in den Ingenieurstudiengängen steigt. Eine Veränderung in diese Richtung war jedoch auch 1991 nicht zu vermerken. Im Gegenteil: wiederum gehörten die sprachlichen Studiengänge zu den beliebtesten bei den Studienanfängerinnen.

Daß dies nicht ewig so bleiben soll, dafür setzen sich die Mitglieder des FIB seit Jahren ein. Sie gehörten z. B. zu den Initiatorinnen des 1. Münchner Mädchen-Technik-Tags, der 1990 im Deutschen Museum stattfand. Bei einer ähnlichen Veranstaltung in Hamburg 1991 waren sie ebenfalls dabei.

Bei verschiedenen Diskussionen, sei es im Rahmen der Hannovermesse 1991 oder der Top '91 forderten FIB-Mitglieder, daß sich das Berufsfeld «Ingenieure» wandeln müsse. Sie kritisierten die hartnäckigen Gerüchte im Hinblick auf die vermeintliche Unterlegenheit von Frauen in technischen Berufen und erinnerten daran, daß die Karriere von Männern oftmals nur durch die Unterstützung einer treusorgenden Ehefrau möglich und nicht durch mehr Können begründet sei.

Ob es an der Vereinzelung im Beruf liegt, oder ob die Einsicht «Nur gemeinsam sind wir stark» die Aktivitäten forciert, die VDI-Frauen vernetzen sich bereits seit einigen Jahren mit den Kolleginnen aus dem VDE, dem dib und dem DAB (siehe Seiten 220, 77 und 116). Sie treten gemeinsam auf bei Messen, Kongressen und Tagungen und sind – soweit Vergleiche hier statthaft sind – vorbildliche Netzwerkerinnen.

Die Frauen im Ingenieurberuf belassen es jedoch nicht allein bei der Zusammenarbeit mit Schwesterorganisationen. Ein Beispiel für eine darüber hinaus gehende Kooperation war 1991 eine Untersuchung zum Thema «Die Wertanalyse als Instrument für UnternehmerInnen klein- und mittelständischer Betriebe», entstanden in Zusammenarbeit mit dem Technologieberatungszentrum Hamburg und dem VDI-Arbeitskreis Wertanalyse.

Das Interesse an dem Verband der VDI-Frauen und an Ingenieurinnen überhaupt manifestiert sich deutlich durch den regen Besuch von interessierten Schülerinnen und Personalfachleuten auf den Messeständen. Darüber hinaus aber ist es höchste Zeit, daß die Versprechungen der Großunternehmen endlich eingelöst werden, die in ihren Hochglanzbroschüren schön werbewirksam verkünden, daß den Ingenieurinnen Tür und Tor offenstehen!

Wichtigste Aufgaben der Fachgruppe:
- Vertretung der Interessen der Ingenieurinnen in der Öffentlichkeit und im Berufsleben
- Erhöhung der Attraktivität des Berufs für Mädchen
- Einsatz für sichere Arbeitsplätze
- Kontaktstelle für Wiedereintritt in den Beruf
- Abbau von Vorurteilen Frauen gegenüber innerhalb der Berufsgruppe und in der breiten Öffentlichkeit

Gründungsjahr: 1982

Mitgliederzahl: 2500

Berufe / Arbeitsfelder der Mitglieder:

Frauen in allen Ingenieurberufen (v. a. Maschinenbau, Elektrotechnik, Bauingenieurwesen) und angehende Ingenieurinnen

Gliederungen in:

Aachen, Berlin, Braunschweig, Bremen, Bochum, Clausthal-Zellerfeld, Düsseldorf, Frankfurt / Darmstadt, Göttingen, Hamburg, Hannover, Kaiserslautern, Karlsruhe, Köln, München, Stuttgart, Wuppertal

Mitgliedschaft bei: Verein Deutscher Ingenieure

Mitgliedsbeitrag:

DM 210,– jährlich, für Studentinnen und Jungmitglieder wesentlich weniger

Verbandsorgan:

- VDI-Nachrichten
- diverse Informationsfaltblätter
- Sonderdrucke z. B.: «Elite in einer Männergesellschaft», «Ingenieurinnen – Frauen für die Zukunft», «Ingenieurinnen helfen Schülerinnen» usw.

Möglichkeiten des Kennenlernens:

- regionale Arbeitskreise «Frau im Ingenieurberuf»
- öffentliche Symposien
- Deutscher Ingenieur Tag: Podiumsdiskussion «Frauen im Ingenieurberuf»
- Hannovermesse
- Mädchen-Technik-Tage

Angebote / Serviceleistungen für die Mitglieder:

- Erfahrungsaustausch und Zusammenarbeit mit anderen Kolleginnen vor Ort
- Erforschung der aktuellen Situation von Ingenieurinnen und Ingenieurstudentinnen
- Bestandsaufnahme der Leistungen ehemaliger Ingenieurinnen
- Zuordnung zu Fachgliederungen (Umwelttechnik, Verfahrenstechnik)
- Gehaltsanalysen

Fort- und Weiterbildungsmöglichkeiten:

- Veranstaltungen, Vorträge und Tagungen
- spezifische Fortbildungsseminare

Weitere Auskünfte und Unterlagen durch:

Obfrau des VDI-Ausschusses
«Frauen im Ingenieurberuf»
Dipl.-Ing. Margarete Pauls
Georg-Gröning-Str. 12
2800 Bremen
Tel.: 0421/344378 (privat)
Tel.: 0471/4831-180 (dienstlich)

VDI-Geschäftsstelle
Postfach 1139
4000 Düsseldorf
Tel.: 0211/6214-419

IV. CLUBS

Soroptimist International – Deutsche Union

Neben Zonta (siehe Seite 236) existiert eine weitere Organisation, die ebenfalls als Antwort auf die geschlossene Männergesellschaft der Rotary Clubs, Lions etc. – eben den Old Boys Network – zu verstehen ist: «Soroptimist International ist eine internationale Vereinigung berufstätiger Frauen, die sich in einem Service-Club zusammengeschlossen haben. Parteipolitische und konfessionelle Neutralität und Toleranz sind verbindlicher Grundsatz» (aus dem Informationsfaltblatt).

Der Name Soroptimist, was soviel wie «die besten Schwestern» bedeutet, ist demzufolge Programm und Verpflichtung zugleich. Denn auch hier wird neben dem beruflichen Fortkommen das soziale Engagement in den Mittelpunkt des Tuns gestellt. Für die Deutsche Union der Schwestern gilt, daß sie «eher ein Zusammenschluß berufstätiger Frauen sind, die sich sympathisch finden» (so die Präsidentin in einem Brief an die Autorin).

Die Vereinigung, 1921 in Oakland/Kalifornien gegründet, ist zur Zeit in 88 Ländern weltweit mit 95 000 Mitgliedern in rund 2850 Clubs verbreitet. Die Clubs sind jeweils in den vier Föderationen vertreten:

- Soroptimist International of the Americas,
- Soroptimist International of Europe,
- Soroptimist International of Great Britain and Ireland,
- Soroptimist International of the South West Pacific.

Internationalen Einfluß nehmen die Soroptimistinnen durch Repräsentantinnen in folgenden Unterorganisationen der Vereinten Nationen:

- Zentrum für soziale Entwicklung und humanitäre Angelegenheiten (CSDHA),
- Wirtschafts- und Sozialrat (ECOSOC),
- Ernährungs- und Landwirtschaftsorganisationen (FAO),
- Internationale Arbeitsorganisation (ILO),

- Umweltorganisation (UNEP),
- Organisation für Erziehung, Wissenschaft und Kultur (UNESCO),
- Hochkommissar für Flüchtlinge (UNHCR),
- Weltkinderhilfswerk (UNICEF) und
- Weltgesundheitsorganisation (WHO).

Um diesen Aufgaben und Pflichten optimal nachzukommen, ist die Arbeit in der Vereinigung in sechs Sachbereiche gegliedert:

- Wirtschaftliche und gesellschaftliche Entwicklung,
- Erziehung und Kultur,
- Umwelt,
- Gesundheit,
- Menschenrechte und Stellung der Frau,
- Internationale Verständigung.

Wie auch bei Zonta ist eine Mitgliedschaft bei SI an eine Einladung durch den Club geknüpft. Eine breite Vielfalt von Berufen wird dadurch erreicht, daß nur jeweils ein Beruf pro Club vertreten sein darf. Das Clubleben vor Ort ist geprägt durch Diskussionen, Referate und Berichte, aber auch geladene Gäste sind Mittelpunkt der monatlichen Treffen. Obwohl SI sich nicht als caritative Organisation versteht, werden soziale Hilfen gegeben und in Katastrophenfällen zu Spenden aufgerufen.

Wichtigste Aufgaben des Clubs:

- Wahrung hoher ethischer Werte im Berufs- und Geschäftsleben wie auch in anderen Lebensbereichen
- Einsatz für die Verbesserung der Stellung der Frau und die Menschenrechte
- Beitrag zu internationaler Verständigung weltweit
- Förderung der Hilfsbereitschaft und des menschlichen Verstehens

Gründungsjahr:

1921 (USA), 1930 (Deutschland), 1952 (Wiedergründung)

Mitgliederzahl:

weltweit ca. 95000, in Deutschland ca. 2200 Mitglieder in 75 Clubs, Ausdehnung auf neue Bundesländer erfolgt

Berufe / Arbeitsfelder der Mitglieder:

keine bestimmten; es wird jedoch eine Vielfalt der im Club vertretenen Berufe angestrebt, d. h. in den Clubs ist jeweils nur ein Beruf vertreten

Gliederungen in:

Aachen, Baden-Baden, Bergisches Land/Wuppertal, Berlin, Bielefeld, Bocholt, Bochum/Witten, Bonn-Bad Godesberg, Braunschweig, Bremen, Bremerhaven, Celle, Cuxhaven, Darmstadt, Dortmund, Düsseldorf, Duisburg/Mülheim, Essen, Frankenthal, Frankfurt/Main, Freiburg, Gelsenkirchen-Buer, Gießen, Glückstadt, Göttingen, Haan, Hagen, Hamburg, Hameln/Pyrmont, Hanau, Hannover, Heidelberg, Herrenalb/Gernsbach, Isartal/Bad Tölz, Karlsruhe, Kiel, Köln, Leverkusen/Leichlingen, Lippe-Detmold, Ludwigshafen, Lübeck/Bad Schwartau, Mainz, Mannheim, Mönchengladbach, München, Münster, Münsterland-Süd/Nordkirchen, Neuss, Nürnberg, Oeynhausen, Offenburg, Pforzheim, Prien am Chiemsee, Ravensburg/Weingarten, Recklinghausen, Regensburg, Remscheid, Saarbrücken, Solingen, Stuttgart, Taunus, Tübingen, Überlingen, Ulm/Neu-Ulm, Weinheim/Bergstraße, Wolfsburg, Würzburg, Wuppertal

europaweit:

Belgien, Dänemark, Finnland, Frankreich, Griechenland, Island, Israel, Italien, Luxemburg, Monaco, Niederlande, Norwegen, Österreich, Polen, Portugal, San Marino, Schweden, Schweiz, Spanien, Türkei, Ungarn

Mitgliedschaft bei:

Deutscher Frauenrat, bei diversen Unterorganisationen der Vereinten Nationen mit Repräsentanten vertreten

Mitgliedsbeitrag: DM 200,– bis 300,– jährlich

Verbandsorgan: «soroptimist intern»

Möglichkeiten des Kennenlernens:

nur auf Einladung einer Soroptimistin

Angebote/Serviceleistungen für die Mitglieder:

- Clubabende monatlich; sonstige Treffen im In- und Ausland (nicht berufsbezogen)
- Jahreshauptversammlung
- alle vier Jahre ein Weltkongreß (Convention)
- Mitgliederverzeichnis

Fort- und Weiterbildungsmöglichkeiten:

bei den Clubtreffen durch Referate, jedoch nicht gezielt

Weitere Auskünfte und Unterlagen:

Ständige Verwaltungsstelle bei:
Ute Jacobs
Am Bramhoff 13
5000 Köln 80
Tel.: 0221/637162

Zonta International

Nur die Besten aus jedem Beruf können bei Zonta Mitglied werden, und das nur, wenn sie dazu aufgefordert werden. Denn Zonta – der Name ist der Sprache der Sioux-Indianer entnommen und bedeutet soviel wie Licht, Schutz, Zusammenhalt und Vertrauen – behält sich nicht nur vor, jeden Beruf nur zweimal vertreten zu haben, sondern fordert zukünftige Mitfrauen dazu auf, Mitglied zu werden. Dies geschieht auf der Basis von Vorschlägen aus dem Mitgliederkreis.

Daß nur zweimal pro Club (das ist die kleinste regionale Einheit) ein Beruf vorhanden sein darf, ist eine Vorschrift von Zonta International, die einen vielfältigen Gedankenaustausch in verschiedenen Berufswelten ermöglichen soll.

Zonta wurde 1919 in Buffalo/USA gegründet. Den Zusatz «International» hat dieser Damenclub erst, seitdem er sich in Ländern und Erdteilen außerhalb der USA ausgebreitet hat. Seit 1930 gibt es die Organisation europaweit, 1931 kam Zonta auch nach Deutschland. Weltweit sind mittlerweile in über 53 Ländern mehr als 35 000 Zontians organisiert z. B. in Argentinien, Australien, Bangladesh, Brasilien, Kanada, Chile, Kolumbien, Costa Rica, Dominikanische Republik, Ägypten, Ghana, Guatemala, Honduras, Hongkong, Island, Elfenbeinküste, Indien, Indonesien, Japan, Kenia, Korea, Mexiko, Neuseeland, Nigeria, Peru, Philippinen, Puerto Rico, Senegal, Sierra Leone, Singapur, Sri Lanka, Taiwan, Thailand, Togo, Vereinigte Staaten, Uruguay.

In Europa ist Zonta in fast allen europäischen Ländern zu finden und in Deutschland mit mehr als 1500 Mitgliedern in 54 Clubs organisiert.

Zonta beschreibt sich aufgrund seiner Aufgaben und Ziele als Service-Club. Eine prominente Zontian hat dies einmal so formuliert: «Die Mitgliedschaft in einer Service-Organisation versetzt mich in die Lage, der

Gemeinschaft nützlich zu sein, deren Unterstützung mir diese Position ermöglicht hat.»

Hilfsbereitschaft wird bei Zonta in hohem Maße angesprochen. In unzähligen Servive-Projekten auf nationaler und internationaler Ebene wird diese umgesetzt:

- die Amelia Earhart-Stiftung (benannt nach einer berühmten Fliegerin, die Zonta-Mitglied war) vergibt Stipendien für Studentinnen der Luft- und Raumfahrttechnik;
- Entwicklungshilfeprojekte:
  1982–1986 in Kenia: Einführung neuer Technologien und Marketingstrategien, um Frauen in die Lage zu versetzen, ihren Lebensstandard zu erhöhen;
  1982–1986 auf Sri Lanka: mit UNICEF ein Projekt zur Verbesserung der Brunnenschächte und der Trinkwasserversorgung;
  1986–1990: Zonta stellte UNIFEM $ 1000000,– für Selbsthilfeprojekte für Frauen in Dritte-Welt-Ländern zur Verfügung;
- in Deutschland unterstützt Zonta Frauenhäuser, die Kinder-Aids-Hilfe, Friedlandhilfe u. v. m.

In bezug auf die Bereitschaft zu praktischer Hilfeleistung ist Zonta durchaus mit den männlichen Vereinigungen der Rotarier und Lions zu vergleichen (und hat gegen den Vergleich auch nichts einzuwenden). Darüber hinaus ist Zonta durch beratenden Status bei den Vereinten Nationen in vier UNO-Gremien präsent: ECOSOC, UNICEF, UNESCO und ILO. Dies bedeutet in der Praxis z. B., daß Zonta-Mitglieder als UNO-Repräsentantinnen den Club bei internationalen Konferenzen, Treffen und Veranstaltungen direkt vertreten können. Es besteht über das United Nations Committee Vorschlagsrecht für die Vereinten Nationen.

Zu den Zontians gehören unter anderem Marion Gräfin Dönhoff, Julia Dingwort-Nusseck, und auch Margaret Thatcher wurde in den Club gebeten.

Wichtigste Aufgaben:

- Verbesserung der gesetzlichen, politischen, wirtschaftlichen und beruflichen Stellung der Frau
- Netzwerkbildung
- Schaffen von Bewußtsein für Frauen-Anliegen bei den Spitzen der Wirtschaft

- Förderung des gegenseitigen Verstehens weltweit
- Stärkung des Friedens
- soziales Engagement / Service

Gründungsjahr:
1919 (USA), 1931 (Deutschland)

Mitgliederzahl:
weltweit über 35000 in 53 Ländern, in Deutschland über 1500 in 54 Clubs

Berufe / Arbeitsfelder der Mitglieder:
Frauen in leitenden und verantwortlichen Positionen, vornehmlich Akademikerinnen; pro Club sind nur zwei Mitglieder mit dem gleichen Beruf zugelassen

Mitgliedsbeitrag:
keine genaue Angabe, wird von den örtlichen Clubs geregelt

Verbandsorgan: Informationsfaltblatt (deutsch / international)

Möglichkeiten des Kennenlernens:
auf Einladung durch Mitglieder

Angebote / Serviceleistungen für die Mitglieder:
- Clubtreffen weltweit
- Studienfahrten
- auf lokaler Ebene berufliche Kontakte
- Jour fixe, regelmäßige monatliche Treffen

Fort- und Weiterbildungsmöglichkeiten:
- überregionale alle 2 Jahre stattfindende Wochenendtagung zu aktuellem Thema
- Führungskräftetraining

Weitere Auskünfte und Unterlagen:
Zonta International
Past-Area Director Marianne Schmidt
Adolfstr. 40
3300 Braunschweig
Tel.: 0531/795062

V.
FRAUENFÖRDERKREISE IN DER WIRTSCHAFT

Frauen in Verantwortung (FiV)

Ein Förderkreis mit dem Anspruch «Mehr Frauen in Verantwortung» wurde Ende 1990 von Cleverle Lothar Späth in Baden-Württemberg initiiert. Dort nämlich schlossen sich einige Unternehmen mit dem Ziel zusammen, den weiblichen Führungsnachwuchs zu fördern und Frauen darin zu unterstützen, mehr Verantwortung zu übernehmen.

Nach dem Vorbild der Schweizer Aktion «Taten statt Worte» (siehe Seite 242) hat sich der Förderkreis das Ziel gesteckt, «alle Wege zu nutzen, um Unternehmen dazu zu veranlassen, die Fähigkeiten von Frauen nachhaltig zu fördern und adäquat einzusetzen» (aus der Pressemitteilung).

Ein eigens dafür eingesetztes Kuratorium, dem Persönlichkeiten der baden-württembergischen Wirtschaft angehören, erarbeitet Mittel und Wege, um den Aktionsradius des Förderkreises zu vergrößern.

Prof. Claudia Hübner, die Vorsitzende von FiV, benannte bei der Gründung die Schwerpunktthemen für die Arbeit des Förderkreises:

«... u. a. die psychologischen Rahmenbedingungen in der Zusammenarbeit zwischen Frauen und Männern, ein neues Arbeitszeitmanagement, die Vereinbarkeit von Familie und Beruf sowie die Weiterbildung und Wiedereingliederung von qualifizierten Frauen ins Erwerbsleben.»

Die ideelle und finanzielle Unterstützung anderer Institutionen, zu deren Zielsetzung ebenfalls die Chancengleichheit gehört, behält sich der Förderkreis vor.

Ausdrücklich wird vermerkt, daß FiV keine politische Aktion und auch kein neues Netzwerk für Managerinnen, sondern vielmehr ein Impulsgeber für die Wirtschaft sei.

Wichtigste Aufgaben des Förderkreises:

- Förderung der Zusammenarbeit zwischen Frauen und Männern, der Vereinbarkeit von Familie und Beruf und eines neuen Arbeitszeitmanagements
- Förderung des weiblichen Führungsnachwuchses und Unterstützung in der Übernahme von Verantwortung

Gründungsjahr: 1990

Mitgliederzahl: (nicht bekannt)

Mitglieder: Baden-Württembergische Unternehmen

Gliederung in: Baden-Württemberg

Zusammenarbeit mit: EWMD in Baden-Württemberg (siehe Seite 49)

Mitgliedsbeitrag: (nicht bekannt)

Möglichkeiten des Kennenlernens:
bei öffentlichen Veranstaltungen

Angebote / Serviceleistungen für die Mitglieder:

- Erfahrungsaustausch der Unternehmen
- Ausstattung der Geschäfts- und Personalleitungen mit wichtigen Informationen zur Frauenförderung
- Beratung und konkrete Hilfe bei betriebsinternen Förderungsmaßnahmen
- Ideenforen und Projektgruppen
- Seminare und Workshops

Weitere Auskünfte und Unterlagen:

Förderkreis FiV
Reinsburgstr. 35b
7000 Stuttgart 1
Tel.: 0711/621786

Taten statt Worte e. V.

Das Vorbild für die deutsche Unternehmer-Initiative «Taten statt Worte» stammt aus der Schweiz, wo diese Initiative bereits seit 1986 mit großem Erfolg läuft. Geboren wurde die Idee von Elisabeth Michel-Alder, einer Züricher Publizistin, die sich nach einem Seminar mal wieder mächtig über die Situation der Frauen in der Arbeitswelt geärgert hatte. Statt nun – wie sonst – «nicht mehr bloß nachzudenken und zu klagen», reifte in ihr der Entschluß, «alle Kräfte darauf zu konzentrieren, auf der Handlungsebene Veränderungen einzuleiten» (E. Michel-Alder). Daß ihr dies gelang, zeigt, daß mehr als 80 Unternehmen in der Schweiz an der Initiative beteiligt sind, darunter Nestlé, Hoffmann La Roche, Coop, Swiss Air, IBM.

Die bundesdeutsche Initiative wurde von FDP-Frauen ins Leben gerufen, und neben der ehemaligen VvU-Vorsitzenden – Dr. Annerose Iber-Schade – ist auch Otto Graf Lambsdorff im Vorstand vertreten. Ihm fiel die Aufgabe zu, unter seinen Unternehmerfreunden für die Initiative die Werbetrommel zu rühren. Denn wie schon oben erwähnt, «Taten statt Worte» ist eine Initiative, in der Unternehmen vereinigt sind, die sich explizit der Frauenförderung annehmen und auch an deren Umsetzung gemessen werden. Die Initiative lehnt starre Frauenquoten als Mittel der Frauenförderung ab. Für sie heißt Frauenförderung

- das Entdecken von Ressourcen eines weiblichen Arbeitskräftepotentials,
- die Annahme und Eingliederung der weiblichen Arbeitskräfte in das Unternehmen,
- die Erschließung von Führungskräften für das Middle- und Top-Management der 90er Jahre.

«Taten statt Worte» hat den Anspruch, sich der Frauenförderung in der deutschen Wirtschaft aktiv und umfassend anzunehmen; das heißt

Management und Personalabteilungen mit dem Ziel anzusprechen, bei der Personalpolitik qualifizierte Mitarbeiterinnen zu berücksichtigen. Das heißt aber auch, Erkenntnisse und Erfahrungen zur Frauenförderung zusammenzufassen und den interessierten Unternehmen sowie einer breiten Öffentlichkeit zuzuleiten, einen Erfahrungsaustausch zwischen Unternehmen, Vereinsmitgliedern u. a. zu ermöglichen und Frauenfördermaßnahmen unterstützend zu begleiten.

Der Verein nimmt nur Unternehmen auf, die aktiv Frauenförderung betreiben wollen oder bereits betreiben. «Frauenförderungswilligen» Unternehmen ist «Taten statt Worte» bei der Erarbeitung individueller Förderprogramme behilflich. Dies geschieht in enger Zusammenarbeit mit den Mitarbeiterinnen und Mitarbeitern des Betriebes und unter Berücksichtigung der Ausgangssituation. Einzelne Aktivitäten können z. B. die Errichtung eines Betriebskindergartens, die Öffnung einer Firma für Mädchen in gewerblich-technischen Berufen, aber auch komplette Frauenförderpläne beinhalten. «Patentrezepte» werden nicht angeboten oder gar übergestülpt. Bei der Umsetzung der Programme hilft der Verein durch Vermittlung von Expertinnen und Experten sowie Beraterinnen und Beratern. Flankierend dazu werden die Verantwortlichen in Seminaren und Workshops geschult, und es wird ein Erfahrungsaustausch der Vereinsmitglieder ermöglicht.

Für die Zukunft versprechen sich die Initiatoren, daß u. a. dadurch dem zu erwartenden Führungskräftenachwuchsmangel in den 90er Jahren und den wachsenden Aufgaben durch den europäischen Binnenmarkt begegnet werden kann. «Es wird eines Tages zum Image einer gut geführten Firma gehören, ein ausgewogenes Verhältnis von männlichen und weiblichen Mitarbeitern in Führungspositionen aufzuweisen. Damit wird das Unternehmen auch gerade besonders tüchtigen Frauen einen Anreiz bieten, sich bei ihm zu bewerben.»

Wichtigste Aufgaben der Initiative:

- Verbesserung der Möglichkeiten für Frauen in der Arbeitswelt, d. h. Öffnung von Arbeitsfeldern in der Wirtschaft für Frauen, aber auch Einrichtung von Betriebskindergärten, Ausbildung von Mädchen in gewerblich-technischen Berufen etc.
- Förderung von Frauen in Managementpositionen in der Wirtschaft z. B. durch gezielte Weiterbildung

- intensive Öffentlichkeitsarbeit, um Bewußtsein im Hinblick auf die partnerschaftliche Partizipation von Frauen und Männern in Wirtschaft, Verwaltung und Politik zu bewirken
- Einrichtung von Arbeitsplätzen und Beschäftigungsmodellen, die auf weibliche Lebensmuster Rücksicht nehmen

Gründungsjahr: 1987

Mitglieder:

ca. 100 fördernde und ordentliche Mitglieder (z. B. Audi AG, Dresdner Bank, Gerling Konzern, Kreissparkasse Köln, Mannesmann AG u. a.)

Mitgliedsbeitrag:

DM 150,– jährlich für juristische Personen, DM 50,– für natürliche Personen, fördernde Mitglieder unterliegen keiner Beitragspflicht

Verbandsorgan:

- Informationsbroschüre
- Informationsbrief

Angebote / Serviceleistungen für die Mitglieder:

- in regelmäßigen Abständen Treffen der für die Frauenförderung verantwortlichen Personen zum Erfahrungs- und Ideenaustausch
- einmal jährlich öffentliches Symposium, auf dem die Unternehmen ihre Aktionen präsentieren können
- Podiumsdiskussionen
- regelmäßige Herausgabe von Informationsmaterial
- Kontakte zu Beratern und Experten
- Kontakte zu Frauen- und Network-Organisationen

Fort- und Weiterbildungsmöglichkeiten:

- Seminare für Verantwortliche in interessierten Betrieben und Unternehmen, z. B. «Weibliche Führungskräfte – exotisch oder normal?», «Teilzeitarbeit»
- Workshops für Personalvorstände, Frauenbeauftragte sowie anderen Interessierten z. B. «Betriebliche Frauenförderung»
- Symposium z. B. «Strategien für eine stärkere Partizipation von Frauen in Wirtschaft und Politik», zusammen mit dem DAB «Europa '92, Perspektiven für die berufstätige Frau»

Weitere Auskünfte und Unterlagen:

Taten statt Worte e. V.
Initiative zur Frauenförderung im Unternehmen
Geschäftstelle: Friedrich-Gustav-Theis-Kaltwalzwerke

Postfach
5800 Hagen 5
Tel.: 02331/6930 (Frau Koll)
oder
Büro Bonn
Tel.: 0228/163114 (Frau Giersch)

Verein Management-Symposium für Frauen

Der Führungskräftemangel, der seit langem bereits für die 90er Jahre prognostiziert wird, war 1988 ein Grund für namhafte Vertreter und Vertreterinnen aus Wirtschaftskreisen in der Schweiz, das bereits mehrere Male durchgeführte «Management Symposium für Frauen» durch eine Trägerschaft, d. h. einen Verein institutionell abzusichern: den «Verein Management-Symposium für Frauen».

Entsprechend der Gründungsidee hat sich der Verein der Förderung und Weiterbildung von weiblichen Führungskräften verschrieben.

Als Höhepunkt der Vereinsaktivitäten wird das alljährlich stattfindende Management-Symposium genannt, das sich in der Schweiz Jahr für Jahr einer wachsenden Beachtung erfreut. Die Symposien stehen unter wechselnden Themenschwerpunkten. 1990, auf dem 6. Management-Symposium, wurden beispielsweise zukunftsorientierte Unternehmensstrategien entwickelt. In welche Richtung das Unternehmen der Zukunft sich entwickeln muß, wurde von Dr. Monique Siegel, einer deutschstämmigen Managementberaterin und Buchautorin aus Zürich und gleichzeitig Initiatorin und Organisatorin der Veranstaltung, wie folgt umrissen: «Firmen, die den Beitrag der Frauen zum Unternehmenserfolg gerecht bewerten, werden nicht nur die besten Frauen gewinnen, sondern auch die besten Männer.» Und weiter: «Frauenförderungsprogramme sollten in den neunziger Jahren nicht mehr nötig sein!»

Das Motto des Symposiums «Partnerschaftliches Miteinander als Unternehmensstrategie» (1990) wurde nicht nur von einer prominenten Teilnehmerin aus der UdSSR, sondern auch durch einen Architekten der EG, Gaston Thorn, unterstrichen. Den Organisatorinnen gelang darüber hinaus, prominente Referenten für die Teilnahme zu gewinnen. Frederic Vester umriß seine prinzipiellen Gedanken zum «vernetzten Denken», die längst auch Einzug im Management gehalten haben.

Das 7. Mangement-Symposium 1991 hatte sich unter der Thematik «Die neue Führungspersönlichkeit: Werden und Wirken» zum Ziel gesetzt, der Entwicklung der Führungspersönlichkeit zu folgen, von der Gaston Thorn sagt, daß sie nicht angeboren sei, sondern sich im Kontakt mit anderen Menschen bilde «und durch die Bereitschaft, ständig dazuzulernen und Erfahrungswerte laufend in Frage zu stellen». (Aus dem Programm 1991)

In Podiumsgesprächen, Gesprächen am «runden Tisch», Referaten und Workshops bestand an vier Tagen eine Menge Gelegenheit, diesem Postulat nachzugehen. 1991 änderte der Verein die Vergabepraxis seines Förderpreises «Preis Management Symposium für Frauen». Erstmals wurde er nicht einer einzelnen Frau verliehen, sondern solchen Frauen zugestanden, die wenig Zugang zum Symposium haben. Dies waren 1991 die – ohnehin stark gebeutelten – Frauen aus den neuen Bundesländern.

In die gleiche Richtung geht eine andere neue Entwicklung: Der Initiative von Monique Siegel ist es zu verdanken, daß weibliche Führungskräfte im Osten Deutschlands durch eine Seminarreihe in ihrer Tätigkeit unterstützt wurden, die von einem Sponsor finanziert wird. Die Absolventinnen dieser Seminare sind übrigens die Nutznießerinnen des Förderpreises, der so eine Grundlage für zukünftige Geschäftsverbindungen von und nach Deutschland-Ost schaffen soll.

Wichtigste Aufgaben des Vereins:

- Förderung und Weiterbildung von weiblichen Führungskräften
- Begünstigung des Know-how-Transfers unter Führungskräften in Management und Unternehmertum
- Erweiterung und Verbesserung der Führungsqualitäten von Frauen
- Einsatz für die Förderung weiblicher Führungskräfte am Arbeitsplatz und in der Öffentlichkeit
- Durchführung eines jährlichen Management-Symposiums für Frauen
- Verleihung eines Preises «Management-Symposium für Frauen»

Gründungsjahr: 1988

Mitgliederzahl: (nicht bekannt)

Firmen- und Kollektivmitglieder (Auswahl):

American Express, Coop Zürich, digital, Globus, Jacobs, Suchard, Kuoni, Nestlé, Philips, Royal Trust, Schweizerische Bankgesellschaft, Schweizer Rück, Winterthur

Gliederung in: Zürich

Mitgliedsbeitrag:

SFr 300,– für Einzelpersonen jährlich, SFr. 3000,– für Firmen, SFr. 1000,– für Firmen mit weniger als 500 Mitarbeitern, SFr. 500,– für Kollektivmitglieder (Mitglieder von Verbänden und Organisationen)

Veröffentlichungen:

- Infomaterial
- Symposiumsprogramme

Möglichkeiten des Kennenlernens:

- Besuch der jährlichen Symposien
- bei den Kommunikationsseminaren in Dresden

Fort- und Weiterbildungsmöglichkeiten:

- Symposium z. B.: 7. Management-Symposium für Frauen (1991) «Die neue Führungspersönlichkeit: Werden und Wirken» mit folgenden Themen:
  «Arbeitswerte im Wandel – Machtzerfall der Führung?»
  «Spielerische Unternehmensführung mit begeisterten Mitarbeiter(inne)n und Kund(inn)en: Das Team als Perpetuum mobile», «Kinder und Karriere – Warum eigentlich nicht beides?»
  «Unsere unbekannten Potentiale: Geheime Führer und Verführer»

Weitere Auskünfte und Unterlagen:

MRS Management Related Services AG
Dr. Monique R. Siegel
P. O. Box
CH-8030 Zürich
Tel.: 00411/555155
Fax: 00411/559535

VI. STIFTUNG, MESSE UND KONGRESS FÜR FRAUEN

Helga Stödter-Stiftung zur Förderung von Frauen für Führungspositionen

Eine private Stiftung, die sich die berufliche Förderung von Frauen in Führungspositionen zur Aufgabe gemacht hat, ist die Helga Stödter-Stiftung, die seit Anfang 1988 vor den Toren Hamburgs tätig ist. In Wentorf, einer Gemeinde in Schleswig-Holstein, wohnt und arbeitet die Frau, die diese Stiftung ins Leben gerufen hat: Dr. Helga Stödter, Jahrgang 1922, Rechtsanwältin und erfahren in der Frauenförderung – sie war die erste Präsidentin von EWMD und Mitbegründerin von FIM –, hat nicht nur viel Geld, sondern vor allem viel Zeit, Energie, Kreativität und nicht zuletzt «Herzblut» investiert.

Mit dieser Stiftung möchten sie und ihre Mitarbeiterinnen den Kampf für eine Frauenbewegung in den Chefetagen aufnehmen. Dabei sollen insbesondere die Frauen berücksichtigt werden, die sich aufgrund von Familienarbeit für mehrere Jahre aus dem Erwerbsleben zurückgezogen haben und nun zu den besonders benachteiligten Gruppen im Erwerbsleben gehören (selbst bei einer hervorragenden Ausbildung). Die Wiedereinsteigerinnen bzw. Berufsrückkehrerinnen gehören zur zahlenmäßig größten Gruppe, die Rat und Tat durch die Stiftung wünschen.

Die Arbeit der Stiftung setzt an mehreren Punkten an. So gehören praktische Hilfen, Auskünfte und Beratung zu den Serviceleistungen für alle Frauen, die sich für verantwortliche Positionen interessieren. Zwischen drei- und fünftausend Frauen melden sich jährlich. Dies allein würde jedoch dem Auftrag einer Stiftung nicht Genüge leisten. Der Satzungszweck wird erst erfüllt durch die Herausgabe einer wissenschaftlichen Schriftenreihe, darüber hinaus wird Frauenforschung betrieben, und die Stiftung übernimmt die Träger- und Schirmherrschaft von Veranstaltungen.

Kennenlernen kann jede Frau die Arbeit der Stiftung durch die meist in Zusammenarbeit mit einem Sponsor durchgeführten Workshops. So diskutieren z. B. einen Tag lang 17 Teilnehmerinnen mit Personalleiterinnen, einem Unternehmensberater und Mitarbeiterinnen von Firmen, in denen bereits Frauenförderung betrieben wird, zum Thema «Karrierechancen und Karriereplanung». Das Ziel solcher Art von Veranstaltungen ist schon erreicht, wenn die Frauen dabei feststellen, daß eigene innere Blockaden ein Karrierehemmnis darstellen können. Und es wird auch nicht verhehlt, daß die immer stärker werdende Konkurrenzangst der Männer gegenüber den Frauen ein Handikap auf dem Weg nach oben ist.

Die Helga Stödter-Stiftung gehört zu den Veranstaltern der 1991 erstmals in der Bundesrepublik durchgeführten top '91 (siehe Seite 254). Auf 500 qm Ausstellungsfläche in Halle 2 des Düsseldorfer Messegeländes wurden Börse und Forum der Stiftung vom 20.–23. Juni präsentiert, wobei jeder Tag unter einem anderen Motto stand.

Zur «Börse» zählten:

- Posterpräsentationen: Informationen von Frauen für Frauen über neue Ideen und Berufe, Projekte;
- Beraterinnenecken: für berufliche Weiterentwicklung;
- Sitzgruppen und Stammtisch: Erfahrungsaustausch zwischen Organisationen, Berufsgruppen etc.;
- «Blick-Denk-Technikecken» und Rollenspielzentrum:
  Kennenlernen von Gesprächs-, Führungs- und Problemlösungstechniken für den Beruf,
  Wissenschaftsshop: für den wissenschaftlichen Nachwuchs Anregungen für Diplomarbeiten, Dissertationen, Gespräche mit Mentorinnen, Buchstände, Workshop Karriere-Chancen und Karriere-Beratung,
  Wissenschaft zum Anfassen: «Mitmach-Runden».

Das «Forum» bot:

- Orientierungs- und Ergebnismarkt mit Carmen Thomas,
- Talk-Shows mit bekannten Persönlichkeiten,
- Kurzvorträge,
- Künstlerdarbietungen,
- Fragerunden mit Expertinnen.

Übrigens: Ohne die finanzielle Spritze eines deutschen Großkonzerns wäre die top '91 für die Stiftung wohl ins Wasser gefallen. Erst ein projektgebundener Geldbetrag sicherte die Mitwirkung der Stiftung. Seit der Vereinigung der deutschen Staaten ist es um ein Vielfaches schwieriger geworden, die Stiftung zu finanzieren. Firmen verplanen Gelder eher für Aktivitäten in den neuen Bundesländern. Erschwerend kommt des weiteren hinzu, daß die baden-württembergische Stiftung «Frauen in Verantwortung» (siehe S. 240) einen Teil der bislang geflossenen Mittel absorbiert. Bitter bemerkt Frau Dr. Stödter: «Es ist heute leichter, Geld für einen drittklassigen Fußballverein aufzutreiben, als für die Sache der Frauen.» Bitter ist diese Tatsache auch für die Frauen in den neuen Ländern, denn dorthin wollte die Stiftung einen Teil ihrer Aktivitäten lenken.

Mit einem neuen Finanzierungsmodell versucht die Stiftungsgründerin der Misere zu begegnen. Für DM 2000, die steuerlich absetzbar sind, sollen sogenannte «Donatoren» (Geber) für ein Jahr die Stiftung unterstützen. Schon 60 Donatoren könnten die weitere Arbeit der Stiftung sicherstellen.

Wichtigste Aufgaben der Stiftung:
- Förderung von Frauen in und für Führungspositionen in Wirtschaft, Wissenschaft und Politik
- Vorbereitung der Frauen für ihren beruflichen Aufstieg
- Unterstützung bei Problemen in bezug auf unternehmenshierarchischen Aufstieg
- Initiierung von Forschungsprojekten aus dem Bereich Frau/Beruf/Familie und Karriere
- Unterstützung von Unternehmen bei der internen Karriereförderung von Frauen
- Sammlung von Veröffentlichungen aus den Bereichen Frauen, Beruf, Familie und Karriere

Gründung:
1988 durch die Juristin Dr. Helga Stödter, Wentorf
Zielgruppe:
alle diejenigen Frauen, die sich nach Berufsausbildung, Begabung oder Interesse für Tätigkeiten in verantwortlichen Positionen interessieren
Gliederungen in: Hamburg und Stuttgart
Zusammenarbeit:
mit allen Institutionen, die für Frauen arbeiten
Finanzielle Grundlagen der Stiftung:
- Stiftungskapital

- Spenden aus der Wirtschaft: Daimler-Benz, Mobil Oil, Philips, Deutsche Bank, Deutsche Unilever, Dresdner Bank, Hewlett Packard, Tchibo, VW u. a.

Veröffentlichungen:

- Mitteilungsblatt
- Schriftenreihe «Neue Führungsstrukturen in der europäischen Wirtschaft der 90er Jahre» und «Frauen im Management»

Möglichkeiten des Kennenlernens:

- durch Seminare und Beratungen
- durch die top '91 bzw. top '93 (siehe Seite 254)

Angebote / Serviceleistungen für interessierte Frauen:

- Beratung und Informationsweitergabe, z. B. bei Bewerbungen und Laufbahnplanung
- medienorientierte Öffentlichkeitsarbeit: Vorträge, Gesprächsforen, Kollegveranstaltungen, Tagungen, Arbeitsgruppen
- Vermittlung von Seminaren
- Trägerschaft und Schirmherrschaft von Veranstaltungen
- Planung, Evaluierung und Begleitung von Forschungsprojekten; Bereitstellung und Sammlung von Daten
- Erwerbung von Mitteln zur Durchführung von bundesweiten und regionalen Förderungsmaßnahmen und Forschungsprojekten

Fort- und Weiterbildungsmöglichkeiten:

Seminare, z. B. «Karrierechancen und Karriereplanung»

Weitere Auskünfte und Unterlagen:

Helga Stödter-Stiftung
Golfstr. 7
2057 Wentorf
Tel.: 040/7201099
Fax: 040/7204983

top'91 Messe und Kongreß für Frauen

Im Sommer 1991 war eine Premiere ganz besonderer Art. Zum erstenmal wurde in Deutschland eine Frauenmesse, die «top '91» durchgeführt. Schon Monate im voraus wurde über das große Ereignis in Frauenzeitschriften, aber auch in Wirtschaftsmagazinen und der Düsseldorfer Lokalpresse, wo die Veranstaltung stattfand, berichtet. In vier Tagen eroberten mehr als 25000 Frauen (und auch einige Männer, genaugenommen 4 %) zwischen 18 und 88 Messehallen und Kongreßcenter.

Im Pressetext der Veranstalter – dies waren neben der Helga Stödter-Stiftung (siehe Seite 250) das Rationalisierungs-Kuratorium der Deutschen Wirtschaft (RKW) und die Düsseldorfer Messegesellschaft (NOWEA) – wird die Messe folgendermaßen umrissen: «Die Veranstaltung ist ein Novum in der deutschen Messelandschaft und trägt der immer noch unzureichenden Anerkennung der Frau in unterschiedlichen Lebensbereichen Rechnung. Arbeitsmarktschwankungen treffen Frauen überproportional. Nach wie vor sind weniger Frauen als Männer in qualifizierten Berufen tätig...» Frauen und ihre Berufstätigkeit sollten also im Mittelpunkt des Interesses stehen.

Die Idee für diese Unternehmung stammt aus Schweden, wo es bereits seit 1984 eine alle zwei Jahre stattfindende Veranstaltung gibt, die sich «Kvinnor Kan» («Frauen können») nennt. 1992 wird die schwedische Frauenmesse zum fünftenmal durchgeführt, und es ist davon auszugehen, daß die Besucherzahl von 85000 (1990) wieder übertroffen wird. Die schwedischen Städte reißen sich mittlerweile darum, Austragungsort zu werden, verspricht die Messe doch einen doppelten Gewinn: einmal in Mark und Pfennig abzulesen (bzw. in Kronen) und zum anderen im wachsenden Prestige der Austragungsorte. Damit jedoch nicht genug, diese Messe ist in Schweden zur festen Einrichtung und «Kvinnor Kan» zum geflügelten Wort geworden.

Zurück an den Rhein, wo auf 20000 qm Messegelände 217 Aussteller aus Industrie, Parteien, Gewerkschaften, Bundes- und Landespolitik, Arbeitsamt, Handel, Universitäten, Initiativen, Vereinen u. v. m. die Gelegenheit hatten, sich und ihre Produkte darzustellen. Wobei «Produkte» durchaus auch wörtlich zu verstehen ist, denn in der Tat präsentierten z. B. verschiedene Automobilkonzerne nicht nur ihre Frauenförderpläne, sondern auch ihre Luxuslimousinen (Preisfrage: Wer saß in der Regel hinterm Steuer?).

Parallel zur Messe gab es bei der top '91 auch einen Kongreß. Ein Blick in den Themenkatalog eröffnet die Vielfalt der Diskussions- und Veranstaltungsangebote, der Symposien und Weiterbildungskurse, an denen immerhin 1700 Frauen teilnahmen:

- Frau in Aus- und Weiterbildung: Möglichkeiten und Angebote, die Erfolg versprechen,
- Frau + Geld: Beratung zur Altersversorgung, zur Kapitalanlage, zur Existenzgründung,
- Frau + Kultur: Künstlerinnen und ihre Kunst, Galeristinnen und Mäzene,
- Frau + Wissenschaft: Wege zur Wissenschaft,
- Frau + Kontakte: Frauengruppen, Frauenverbände, Frauenvereine, Frauenkontakte, Frauennetzwerke,
- Frau + Europa: Kontakte von Frauen zu Frauen über die Grenzen hinweg,
- Frau + Technik: alles gegen das Vorurteil, Technik sei nur Männersache,
- Frau + Medien: die Bedeutung der Medien für die Frauen in Politik, Wirtschaft und Gesellschaft,
- Frau + Familie: Familie, Partnerschaft, Beruf, Gesellschaft: Lösungen zur Vereinbarkeit,
- Frau + Beruf: Positionen, Chancen fordern, fördern und befördern,
- Frau + Teilzeitarbeit: Teilzeitmodelle für die Zukunft.

Für ein täglich wechselndes Programm wurde auf dem «Forum» der Helga Stödter-Stiftung gemeinsam mit der Breuninger-Stiftung gesorgt. Talk-Shows mit Persönlichkeiten, Expertinnenrunden, künstlerische Darbietungen, Kurzvorträge und Fragerunden mit Politikerinnen waren Publikumsmagnet. Die «Börse» der beiden Stiftungen informierte mit Poster-Präsentationen, bot in den Beraterinnenecken insbesondere für Frauen aus den neuen Bundesländern fachkundige Beratung.

Natürlich gab es auch Kritik. Angefangen damit, daß auf den Plakaten für die Messe mit einem schwungvoll schreibenden Lippenstift geworben wurde, was zu Irritationen führte, und als «weibchenspezifisch» (miß-) gedeutet wurde.

Sicher schade war für viele Kleinausstellerinnen, daß ihnen die attraktiven Hallenplätze nicht zur Verfügung standen und sie teilweise im Abseits standen. Auch die Frauen aus den neuen Bundesländern waren gänzlich unterrepräsentiert. Die Ursache dafür ist sicher teilweise in den hohen Standmieten zu sehen, die auch von vielen «Westfrauen» erst «geschluckt» werden mußten.

Ebenfalls wurde in der Presse kritisiert, daß die klare Linie im Ausstellungsbereich fehlte, daß zu viele Produkte mit nicht erkennbarem Bezug zu Frauen angeboten wurden.

Für Aufregung sorgte überdies eine bundesweit vertretene Sekte, die unter einem Tarnnamen ihr Produkt darbot und nach Entdeckung von den Veranstaltern mit Hausverbot belegt wurde (was jedoch gerichtlicherseits wieder aufgehoben wurde).

Zusammenfassend ließe sich – bei aller Kritik – sagen, daß Veranstaltungen wie die top '91 eine ständige Einrichtung werden sollten, weil sie nötig und sinnvoll sind. Daran kann nach dieser Premiere mit 25000 Besucherinnen kein Zweifel bestehen. Lediglich die Taxifahrer, die sich bei anderen Messen nicht um Kundschaft sorgen müssen, klagten bei der top '91 über zu lange Stehzeiten. Und dies lag wohl nicht am besser entwickelten Umweltbewußtsein der Frauen, sondern schlicht daran, daß sie, obwohl sie laut Slogan «Spitze sind», nicht zu den Spitzenverdienern gehören.

Wichtigste Aufgaben:

- Messe und Kongreß in einem
- Präsenz und Präsentation aller Netzwerke der Frauen-Förderung à la «Seilschaften auch für Frauen»
- Einrichtung einer Weiterbildungsbörse
- Herausstellung der Leistungen von Frauen
- Kommunikations- und Ausstellungsforum für die Bereiche Beruf, Technik, Medien, Geld, Wirtschaft, Politik und Gesellschaft
- Präsentationsforum für Firmen

Wer steckt hinter top '91?

- Düsseldorfer Messegesellschaft (NOWEA);
- Rationalisierungskuratorium der Deutschen Wirtschaft (RKW);
- Helga Stödter-Stiftung.

An wen richtet sich die top '91?

- an von Frauen geführte Unternehmen
- an Unternehmen mit Frauenförderungsprogrammen
- an Unternehmen, die spezielle Produkte für Frauen anbieten
- an Unternehmen, die Frauen als Mitarbeiterinnen gewinnen wollen
- an Unternehmen, die Dienstleistungen für Frauen bieten
- an Institutionen und Organisationen
- an Kleinaussteller und Künstlerinnen
- an alle Frauen und auch an Männer

Gründungsjahr (bzw. erste Durchführung): 1991

Veranstaltungsort: Düsseldorf

Veröffentlichung: Newsletter

Möglichkeiten des Kennenlernens:

top '93: 1.–4. 7. 1993 in Düsseldorf

Weitere Auskünfte und Unterlagen:

RKW – NRW
Gabriele Zimmermann
Projektleiterin Forum für Frauen
Sohnstr. 70
4000 Düsseldorf 1
Tel.: 0211/6800147
Fax: 0211/6800168

oder

Düsseldorfer Messegesellschaft mbH
– NOWEA –
top '91
Postfach 320203
4000 Düsseldorf 30
Tel.: 0211/456001
Fax: 0211/4560668

oder

Helga Stödter-Stiftung
Golfstr. 7
2057 Wentorf
Tel.: 040/7201099
Fax: 040/7204983

VII.
LOBBY DER FRAUEN

Deutscher Frauenrat – Bundesvereinigung deutscher Frauenverbände und Frauengruppen gemischter Verbände e. V.

Wenn es in diesem Buch um Frauenberufsverbände und Netzwerke geht, dann darf keinesfalls der Deutsche Frauenrat fehlen, dem als Schirmorganisation für 46 Frauenverbände mit über 10 Millionen Mitgliedern in der Bundesrepublik eine besondere Bedeutung zukommt. Inhaltlich besteht ein enger Zusammenhang zwischen Netzwerken, Berufsverbänden und anderen Frauengruppen auch gemischter Verbände, was ein Zitat aus den «Informationen für die Frau» vom Januar 1991 widerspiegelt: «Seit einiger Zeit sind Netzwerke modern. Marlies Kutsch (*stellv. Vorsitzende des Deutschen Frauenrats von 1983–1988, d. V.*) hat einmal gesagt, daß der Deutsche Frauenrat schon immer ein solches Netzwerk gewesen ist, lange bevor dieser Begriff entstand. Seit der Gründung des Deutschen Frauenrats im Jahr 1951 ist das Netz immer dichter geknüpft worden. Immer häufiger kommt es zu den Kontakten der Mitgliedsverbände untereinander, zu gemeinsamen Maßnahmen oder Aktionen...»

Die 100 im Deutschen Frauenrat vereinigten Organisationen decken praktisch den gesamten Lebens- und Interessenbereich von Frauen ab. So breit ist das Spektrum – hier nur eine kleine Auswahl:

- die Frauenberufsverbände (auch in diesem Buch beschrieben) und einige Netzwerke,
- DGB, DAG und DBB mit ihren Frauenabteilungen,
- Deutscher Sportbund – Frauensport,
- Jüdischer Frauenbund in Deutschland,
- Volksbund Deutsche Kriegsgräberfürsorge,
- Verband alleinstehender Frauen u. v. m.

Daneben gibt es noch die Arbeitsgemeinschaften katholischer Frauenverbände, die Arbeitsgemeinschaft sozialdemokratischer Frauen (ASF) und die Arbeitsgemeinschaft Berufstätiger Frauen in der Christlich-Demokratischen Arbeitnehmerschaft, CDA.

An dieser Stelle sei erwähnt, daß sich der Deutsche Frauenrat als überkonfessionell und überparteilich begreift. Obwohl der Deutsche Frauenrat in der offiziellen Liste der Sachverständigen der Bundesregierung und des Bundestages steht, ist damit keineswegs ein Anhörungsrecht in bezug auf frauenrelevante Themen verbunden. Dies wird vom Verband denn auch beklagt. Nichtsdestotrotz behält er sich vor, gebeten oder ungebeten, seine Stellungnahmen zu aktuellen Gesetzesvorlagen, gesellschaftlichen Entwicklungen und konkreten Verstößen gegen den Gleichberechtigungsgrundsatz abzugeben.

Jahr für Jahr ist der Deutsche Frauenrat verpflichtet, der Bundesregierung, seiner Geldgeberin, den Nachweis seiner Bedeutsamkeit und Unverzichtbarkeit darzulegen. Es besteht nämlich kein Rechtsanspruch auf Bundesmittel. Da ist es ein «Muß» für den Verband, mit den Politikerinnen und Politikern jedweder Couleur gut zusammenzuarbeiten, schließlich sind sie es, die in den jeweiligen Ausschüssen den Anträgen zustimmen müssen.

Der Deutsche Frauenrat hat eine Vermittlerfunktion zwischen den Verbänden – ihnen gegenüber ist er informationspflichtig – einerseits und den Parteien, dem Bundestag, der Bundesregierung und dem Bundesverfassungsgericht andererseits. Hier nämlich vertritt er die Interessen der ca. elf Millionen Frauen. Auf internationalem Parkett ist der Frauenrat in Brüssel vertreten, wo er den Aufbau einer Europäischen Frauen-Lobby fördert, und bei den Vereinten Nationen, wo er Beraterstatus II beim Wirtschafts- und Sozialrat hat.

Darüber hat er jedoch nicht die Frauen in den neuen Bundesländern vergessen. Die organisatorische Einbeziehung ist ein vorrangiges Ziel. Der Verband begrüßt in diesem Zusammenhang nachdrücklich die Bildung neuer Frauenorganisationen. Gut zu wissen: Frauenverbände, die Mitglied im Deutschen Frauenrat werden möchten, müssen sich um die Aufnahme bewerben!

Wünschenswert wäre es für die «Lobby der Frauen», wenn sich die finanzielle Unabhängigkeit (trotz 90 %iger Subventionierung!) auch in der Schlagkraft des Verbandes bemerkbar machen würde und nicht weiter gilt, was das langjährige Vorstandsmitglied zu *Emma* (6/1991) sagte: «Wir werden gehört und angehört, dürfen reden und mitreden, aber letztlich nicht mitbestimmen in den Bastionen der Männergesetzgebung, Männerverwaltung und Männerjustiz.»

Wichtigste Aufgaben der Organisation:

- Verbesserung der politischen Chancen von Frauen und der Arbeitschancen von Mädchen und Frauen
- Vereinbarkeit von Familien- und Erwerbsarbeit
- Eigenständige soziale Sicherung der Frau
- Einsatz für die Gleichstellung der Frau in allen gesellschaftlichen Bereichen
- Bundesfrauenplan
- EG-Frauenlobby in Brüssel
- Sicherung der Demokratie
- Völkerverständigung, Internationale Solidarität

Gründungsjahr: 1951

Mitgliederzahl:

über 10 Millionen Frauen in 46 Verbänden, 100 Organisationen; der DF ist eine sogenannte «Schirmorganisation» (Doppel- und Dreifachmitgliedschaften möglich!)

Ansprechpartnerinnen des Deutschen Frauenrats:

- Deutscher Bundestag
- Bundesrat
- Bundesregierung
- die politischen Parteien
- gesellschaftspolitisch relevante Gruppen, Institutionen, Entscheidungsgremien auf Bundesebene und international

Mitgliedsbeitrag:

individuelle Mitgliedschaft ist möglich

Finanzierung des Verbandes:

durch Gelder des Bundes, ca. 1 Million DM jährlich

Verbandsorgan:

- «Informationen für die Frau», erscheint 10mal jährlich, Jahresabbonement DM 30,–, Probeheft wird versandt
- Informationsfaltblatt

Möglichkeiten des Kennenlernens:

durch einen Besuch in der Geschäftsstelle

Angebote / Serviceleistungen für die Mitglieder:

Seminare, z. B. gemeinsam mit dem FRAUENINFORMATIONSDIENST 1991 in Bonn «Der Binnenmarkt von 1992: Chancen für Europas Frauen?» (Zielgruppe: die Frauen der fünf neuen Länder)

Weitere Auskünfte und Unterlagen:

Deutscher Frauenrat –
Bundesvereinigung deutscher Frauenverbände
und Frauengruppen gemischter Verbände e. V.
Simrockstr. 5
5300 Bonn 1
Tel.: 0228/223008
Fax: 0228/218819

VIII.
TIPS ZUR GRÜNDUNG EINES NETZWERKES

Keine Schnellschüsse bitte!

Vielleicht hat Sie die Lektüre dieses Handbuchs ja so beflügelt, daß Sie auch gerne ein Netzwerk gründen möchten. Ihre Entschlossenheit in allen Ehren, doch nehmen Sie sich bitte erst einmal eine Stunde Zeit, und schreiben Sie in einer Art «Brainstorming» all das auf, was Sie mit Hilfe eines Netzwerks erreichen möchten und welche Mitstreiterinnen (Zielgruppe) Sie dabei haben möchten.

Das könnte z. B. so aussehen:

- «Es geht mir ganz allgemein um Erfahrungsaustausch»;
- «Ich möchte mich an weiblichen Vorbildern orientieren»;
- «Als Wiedereinsteigerin in den Beruf suche ich Gleichgesinnte»;
- «Ich möchte mich mit Frauen austauschen, die Beruf und Familie unter einen Hut bringen müssen»;
- «Ich bin Single und möchte voll in die Karriere durchstarten und suche Frauen, denen es ebenso geht»;
- «Ich möchte mich fachlich mit Kolleginnen austauschen»;
- «Für mich ist ein Netzwerk die Job- und Karrierebörse schlechthin»;
- «Als Studentin / Aufsteigerin / Berufsanfängerin suche ich den Kontakt zu Managerinnen»;
- «Ich suche den Austausch mit Unternehmerinnen»;
- «Ich möchte als Managerin mein Know-how weitergeben»;
- «Für mich ist ein Netzwerk ein Weiterbildungsforum»;
- «Ich möchte interessante Frauen kennenlernen»;
- «Der kleinste Nenner bei einem Netzwerk ist für mich das Frau-Sein».

Der Phantasie bei diesem Brainstorming sind keine Grenzen gesetzt. Aus den o. a. Gedanken geht schon hervor, daß die Frage Ihrer Zielsetzung auch an die berufliche Herkunft Ihrer Mitstreiterinnen gebunden ist. Es sollte Ihnen also in dieser frühen Phase klarwerden, ob Sie Frauen einer Berufsgruppe vernetzen möchten. Ob es Ihnen vorwiegend um die sogenannten Karrierefrauen geht oder ob Sie ein eher heterogenes Spektrum bevorzugen. Lieber Masse statt Klasse? Dürfen oder sollten auch Studentinnen oder Berufsanfängerinnen dabei sein? Durchdenken Sie die Vor- und Nachteile, die jede Konstellation mit sich bringt!

Wie auch immer Ihre Zielsetzung sein wird, ganz wichtig ist, daß Sie sich an Ihren Bedürfnissen orientieren. Was interessiert Sie am meisten? Die eigene Betroffenheit sollte Richtschnur Ihres Handelns sein. Nur dann werden Sie vermutlich die Ausdauer haben, die nötig ist, um langfristig zu arbeiten. Auch sollten Sie sich klarmachen, daß Netzwerke den beruflichen Interessen von Frauen dienen und kein Kaffee-Kränzchen-Ersatz sein sollten.

Die Suche geht los

Wenn Ihnen Ihre Ziele klargeworden sind, sollten Sie prüfen, ob es in Ihrer Umgebung nicht bereits ein Netzwerk oder einen Berufsverband gibt, das bzw. der nicht nur Ihren Zielen, sondern auch Ihren Wünschen in bezug auf die Mitstreiterinnen nahekommt. Überprüfen Sie dies anhand des Registers in diesem Buch.

Vielleicht haben Sie Glück und werden tatsächlich fündig. Mein Tip: Schenken Sie sich in diesem Fall die Neugründung eines «eigenen» Netzwerkes! Nicht die Menge kleiner Gruppierungen ist effektiv, sondern die Qualität der Umsetzung, sozusagen gebündelte «Frauenpower». Es lohnt sich m. E. auch dann, in ein bereits bestehendes Netzwerk einzusteigen, wenn nicht alle eigenen Vorstellungen von vornherein umgesetzt sind. Viele Netzwerklerinnen sind durchaus neuen Ideen gegenüber aufgeschlossen. Es kommt auf Ihre Tat- und Überzeugungskraft an. Ein Einstieg in bereits vorhandene Netzwerke ist auf jeden Fall weniger arbeitsintensiv als der komplette Neuaufbau.

Was tun, wenn an Ihrem Heimatort kein Netzwerk besteht? Ganz einfach, nutzen Sie dieses Buch als Adreßbuch. Finden Sie heraus, welches Netzwerk am meisten Ihren Vorstellungen entspricht. Suchen Sie den Kontakt zu den Frauen und bitten Sie um Erfahrungsaustausch. Nach meinen Befragungen sind die meisten Netzwerke gerne bereit, Hilfestellung und Unterstützung bei der Gründung zu geben. Vielleicht besteht ja auch die Möglichkeit, eine «Zweigstelle» eines bereits bestehenden Netzwerkes zu gründen. Frauen aus den neuen Bundesländern, die sich für eine Gründung interessieren, sollten Kontakt mit Frauen aus den Partnerstädten aufnehmen (wie z. B. kom!ma in Düsseldorf, siehe Seite 36).

Netzeln Sie schon von Anfang an!

Wenn Sie sich Klarheit darüber verschafft haben, was und wen Sie mit einem Netzwerk erreichen möchten, gehen Sie nun zielstrebig daran, kompetente und gleichgesinnte Mitstreiterinnen zu finden und in die Aufbauphase miteinzubeziehen. Vor Ihnen liegt ein langer Weg mit viel ehrenamtlicher organisatorischer und konzeptioneller Arbeit. Verteilen Sie schon jetzt die Arbeit auf möglichst viele Schultern!

Nutzen Sie Ihre privaten und beruflichen Kontakte. Wer von Ihren Freundinnen, Kolleginnen, Bekannten etc. könnte gewonnen werden? Sicher kennen Sie noch Frauen aus dem Studium oder aus Ihrer Ausbildung. Blättern Sie Ihr Adreßbuch einmal durch. Vielleicht kennen Sie ja eine Frau, die wiederum eine Frau kennt, die... Auch die Suche nach Netzwerkarchitektinnen ist bereits Netzwerkelei.

Die frühe Einbeziehung von prominenten Frauen und Multiplikatorinnen kann hilf- und erfolgreich sein.

An die Arbeit!

Sie wissen nun, was und wen Sie wollen, und zudem sind Sie nicht mehr allein, um Ihre Ziele zu verfolgen.

Nun geht es daran, dem Netzwerk in spe eine Struktur zu geben und organisatorische Weichen zu stellen.

Wenn Sie dieses Buch gründlich gelesen haben, wissen Sie, daß normalerweise alle Netzwerke eingetragene Vereine sind. Dies ist eine Folge des deutschen Vereinsgesetzes und hat wie alles im Leben Vor- und Nachteile. Nachteil ist unter Umständen, daß sie mit einer Vereinsgründung bestimmte Verpflichtungen und Bindungen eingehen, Ihr künftiges Vereinshandeln ist nicht beliebig gestaltbar. Meines Erachtens wiegen jedoch die Vorzüge eines «e. V.» bei weitem die Nachteile auf, die ganz klar auf der ökonomischen Seite liegen:*

Vereine sind nicht nur steuerbegünstigt im Hinblick auf die Einkünfte, also die Mitgliedsbeiträge und Spenden. Auch können Sie Spenden für Ihr Netzwerk e. V. einsammeln, was den Spenderinnen und Spendern eine abzugsberechtigte Quittung für das Finanzamt einbringt. So öffnen Sie der Spendenflut, die Sie sicher gebrauchen können, Tür und Tor!

Was eine Vereinsgründung ebenfalls begünstigt ist die Tatsache, daß das Netzwerk e. V. als Träger von ABM-Stellen auftreten kann. Sie kön-

* Ich möchte an dieser Stelle nicht auf die Details einer Vereinsgründung eingehen, auf die zahlreich erhältliche juristische Ratgeber verweisen.

nen z. B. eine Geschäftsführerinnenstelle durch Mittel der Arbeitsverwaltung finanzieren lassen. Auch stehen Ihnen Sachmittelkostenzuschüsse zu, z. B. für die Einrichtung eines ABM-Arbeitsplatzes, für einen PC, für Literatur. Informieren Sie sich bitte bei Ihrem zuständigen Arbeitsamt! Die Frage nach angestellten Mitarbeiterinnen hat zu Beginn der Planungsphase sicherlich nicht Priorität.

Zur Vereinsgründung müssen Sie aus formaljuristischen Gründen einen Vorstand wählen, der die Vereinsgeschäfte führt. Entscheiden Sie selbst, ob Sie eine solche hierarchische Struktur auch im Netzwerk-Leben umsetzen möchten. Die von mir befragten Netzwerke plädierten für eher flache Hierachrien. Als nächsten Schritt sollten Sie sich nun überlegen, wie Sie in Ihrem Netzwerk die Ziele umsetzen möchten, welche Aufgaben Sie sich stellen, welches Angebot und welche Serviceleistungen Sie den Mitfrauen bieten möchten. Lassen Sie sich von dem, was die «Konkurrenz» bietet, inspirieren.

Nicht kleckern, sondern klotzen!

Mehrere Monate Planungs- und Konzeptionsarbeit liegen nun hinter Ihnen. Sie und Ihre Mitstreiterinnen haben bereits die Erfahrung gemacht, daß Netzwerken viel ehrenamtliche Arbeit bedeutet. Jetzt trennt sich die Spreu vom Weizen, denn vielleicht ist schon die eine oder andere Frau wegen Arbeitsüberlastung ausgestiegen. Auch wenn es hart klingt: Weinen Sie ihr keine Träne hinterher, blicken Sie nach vorn. Netzwerke funktionieren nur, wenn die Arbeit gleichmäßig verteilt ist und nicht an den Vorstandsfrauen hängenbleibt. Wer nur von einem Netzwerk profitieren möchte, ohne zu investieren, ist bei Ihnen fehl am Platze!

Die Vereinsgründung und damit das offizielle Erscheinen des Netzwerks stehen unmittelbar bevor. Spätestens jetzt muß ein Plan vorliegen, der Ihre künftige Strategie in bezug auf Öffentlichkeitsarbeit beschreibt und festlegt.

Wo in den Funkhäusern und Sendern (öffentlich und privat) und wo in den Redaktionsstuben sitzen Kolleginnen, die geradezu begierig darauf warten, über Ihr Netzwerk zu berichten? Als erstes kommen natürlich die lokalen Sender (Radio und TV) und die Lokalpresse in Frage. Beschränken Sie sich jedoch nicht auf die Stadtteilblättchen. Auch überregionale Frauenzeitungen interessieren sich für Sie, Sie müssen's nur geschickt einfädeln. Netzwerke mit eindeutiger Orientierung auf Managerinnen und Karrierefrauen finden auch Gehör bei Wirtschaftsmagazinen.

Je breiter Sie an die Öffentlichkeit gehen wollen, um so professioneller sollten Sie nicht nur Ihr Informationsmaterial gestalten, auch die Räumlichkeiten für eine Pressekonferenz müssen ansprechend sein. Es muß ja nicht gerade das Kongreßzentrum oder der Ratskeller sein. Kulturzentren oder «normale» Gaststätten können sich für die Präsentation Ihres Netzwerks wunderbar eignen. Verzichten würde ich allerdings auf solche Räumlichkeiten, die Sie in Verbindung mit Parteien oder anderen Organisationen bringen könnten (sofern Sie dies nicht ausdrücklich wünschen). Auf die Ausgestaltung der Räume sollten Sie Zeit und Phantasie verwenden.

Für die hoffentlich zahlreich erscheinenden Journalistinnen und Journalisten haben Sie natürlich eine Pressemappe und Informationsmaterial vorbereitet. Auch hier gilt: nicht kleckern, sondern klotzen! Hektographierte Zettel werden schnell weggeschmissen. Ob vor oder nach dem Lesen ist oft nur eine Frage der Zeit. Dafür sollten Sie sich auf jeden Fall zu schade sein, schließlich stecken Ihre Arbeit und Ihr Geld darin. Gut ist es, wenn in Ihren Reihen schon eine Grafikerin / Werbefachfrau ist. Wenn nicht, lassen Sie sich professionell beraten. Es muß ja nicht gleich in eine Hochglanzbroschüre ausarten. Denken Sie bei der Gestaltung des Anschauungsmaterials daran, durch was Sie besonders angesprochen werden. Sind es bestimmte Farben? Welche Logos bleiben am besten hängen? Dieses Buch hält Beispiele für Sie bereit.

Kooperieren und kontakten!

Die offizielle Netzwerkgründung liegt nun hinter Ihnen. Aufgrund Ihrer vorausschauenden Planungsarbeit war die Pressekonferenz gut besucht. Sie waren zufrieden mit der Resonanz, die Ihrem Netzwerk zuteil wurde. Zu Masseneintritten in Ihren Verein kam es zwar nicht gerade, aber Sie konnten schon viele telefonische Anfragen verbuchen, und Sie sind gerüstet für die Aufnahme neuer Mitglieder.

Wenn nicht schon längst geschehen, sollten Sie sich jetzt nach potentiellen Kooperationspartnern umsehen. Mit wem könnte Ihr Netzwerk zusammenarbeiten, wen könnten Sie für einzelne Aktionen oder auf eine Mitgliedschaft ansprechen?

Kooperationspartner können Sie z. B. in Firmen finden, mit denen Sie einzelne Projekte durchführen (je nach Zielsetzung des Netzwerks verschieden, z. B. Frauenförderung). Denken Sie darüber nach, ob Sie sich um Sponsoren aus der Wirtschaft kümmern wollen. Das muß nicht gleich das Ende Ihrer Unabhängigkeit bedeuten.

Einen anderen Weg können Sie beschreiten, indem Sie prominente Frauen oder Männer für einzelne Aktivitäten gewinnen. Das könnte z. B. eine frauenbewegte Politikerin sein, wie z. B. die Bundestagspräsidentin, die als Schirmfrau für die Jahrestagung eines größeren Netzwerkes auftrat.

Apropos Politikerinnen: die Ministerien sind voll von Frauen (und Männern), mit denen Sie zusammenarbeiten können und müssen. Dies gilt auch für die Körperschaften.

Die Mitgliedschaft im Deutschen Frauenrat eröffnet Ihnen ebenso zahlreiche Kontakte und Öffentlichkeit. Klar sollte auch sein, daß Sie die Zusammenarbeit mit anderen Netzwerken nicht scheuen. Größere Veranstaltungen z. B. werden Sie zu Beginn nicht allein umsetzen können. Vernetzen Sie sich! Und nicht zuletzt: Auch wenn Sie ein Netzwerk für *Frauen* gegründet haben, kooperieren Sie auch mit Männern.

Schließlich gehören sie zum beruflichen Alltag jeder Frau und sind – leider noch – nach wie vor die Machtpromotoren in unserer Gesellschaft. In der Netzwerkbewegung wird zudem in letzter Zeit auch über das Thema «gemischte Netzwerke» nachgedacht.

Zu guter Letzt

Nach der euphorischen Anfangsphase ist mittlerweile der graue Netzwerkalltag eingekehrt. Es geht nun darum, die Arbeit zu konsolidieren. Sie werden feststellen, daß viele Dinge mehr Arbeit machen als ursprünglich gedacht. Vor allem dauert vieles bis zur Realisierung endlos lang. Frauen mit Erfahrung aus der guten alten Frauenbewegung werden dies kennen. Anderen sei hier gesagt: Bleiben Sie am Ball, steter Tropfen höhlt den Stein! Mit einer realistischen Zielsetzung und Zeitplanung können Sie sich manchen Frust ersparen. Schaffen Sie sich Höhepunkte in Ihrer Netzwerkarbeit, das motiviert und hilft über Durststrecken hinweg!

IX. ANHANG

Adressen

Berufliche Weiterbildungsmöglichkeiten für Frauen

(Diese Auswahl erhebt nicht den Anspruch auf Vollständigkeit; weitere Adressen erhalten Sie über die Arbeitsämter, Industrie- und Handelskammer, in den diversen Frauenzeitschriften usw. und in diesem Buch unter «Beratungsstellen für Berufsrückkehrerinnen»)

Wirtschaftsunternehmen, die auf die berufliche und persönliche Weiterqualifizierung / Beratung von Frauen spezialisiert sind, z. B. Führungstraining (eine Auswahl):

ABPF – Arbeitsgemeinschaft für berufliche und persönliche Förderung
Ausschläger Weg 68
2000 Hamburg 26
Tel.: 040/2501655

Additionen
Unternehmensberatung mit Frauen GmbH
Wartburgstr. 19
W-1000 Berlin 62
Tel.: 030/7826083

Frauenkolleg Regine Rau Stuttgart
Rosenbergstr. 50/1
7000 Stuttgart 1
Tel.: 0711/636 48 28

KOMBI Berlin
Dr. Doris Habermann/Yvonne Salazar
Teplitzer Str. 5
W-1000 Berlin 33
Tel.: 030/826 63 10/20
Fax: 030/826 63 30

PIB – Personalentwicklungs- und Identitätsberatungs GmbH
Rothenbaumchaussee 103
2000 Hamburg 13
Tel.: 040/41 70 51

RKW NRW – Forum für Frauen
Sohnstr. 70
4000 Düsseldorf 1
Tel.: 0211/680 01 28
Fax: 0211/680 01 68

STEP Gesellschaft für Kommunikation
und Chancengleichheit im Unternehmen mbH
Sachsenring 29–31
5000 Köln 1
Tel.: 0221/31 10 27
Fax: 0221/32 56 24
und
Alter Mühlenweg 61
4600 Dortmund
Tel.: 0231/12 40 70
Fax: 0231/12 22 35

T.W.I.S.T.
Team für weibliche Identität · Selbstmanagement · Training
Neureutherstr. 25
8000 München 40
Tel.: 089/2717303
Fax: 089/4704702

Bildung und Beratung für Existenzgründerinnen:

Frauenbetriebe in Frankfurt
Hamburger Allee 96
6000 Frankfurt/Main 90

Frau mit Konzept (Gesa Marquardt/Ilse Möller)
Im Großen Sande 10
2152 Horneburg
Tel.: 04163/3943 und 2342
Fax: 04163/7411

Frau und Arbeit e. V.
Grindelallee 43
2000 Hamburg 13
Tel.: 040/4444960 und 445137

Gründungsrausch
Leibnizstr. 57
W-1000 Berlin 12
Tel.: 030/3234400

Qualifizierungsprojekte für Frauen:

Frauenbetriebe
Verein QBS e. V.
Hamburger Allee 96
6000 Frankfurt/Main 90
Tel.: 069/700776/701033/700363/701034

Berufliche Autonomie für Frauen e. V.
BAFF
Behringstr. 14
2000 Hamburg 50
Tel.: 040/3906137/3906149/3906123/3906132

Maffiosa Bayern e. V.
Güllstr. 3
8000 München 2
Tel.: (beantragt)

Fortbildung für Berliner Künstlerinnen
Leibnizstr. 57
W-1000 Berlin 12
Tel.: 030/3235658

Zahnrad e. V.
Manshardtstr. 105e
2000 Hamburg 74
Tel.: 040/6511013

Kurse zur Fortbildung und beruflichen Wiedereingliederung für Frauen:

Deutscher Frauenring e. V. («neuer Start ab 35»)
Normannenweg 12
2000 Hamburg 26
Tel.: 040/254399

Senatsverwaltung für Frauen, Jugend und Familie
Am Karlsbad 8–10
W-1000 Berlin 30

Verein zur beruflichen Förderung von Frauen e. V.
Varrentrappstr. 47
6000 Frankfurt/Main 90

Verein zur Weiterbildung von Frauen e. V.
Venloer Str. 405–407
5000 Köln 30

Beratungsstellen für Berufsrückkehrerinnen

Baden-Württemberg:

Beratungsstelle für berufliche Wiedereingliederung von Frauen
Stadt Ludwigsburg
Mathildenstr. 31
7140 Ludwigsburg
Tel.: 07141/20781

Weiterbildungsberatungsstelle für Frauen
Berufliche Förderung von Frauen e. V.
Schlosserstr. 28
7000 Stuttgart 1
Tel.: 0711/6403903

Bayern:

Frauenberatungsstelle
Verband der Volkshochschulen im Landkreis Regen e. V.
Amtsgerichtstraße 6–8
8370 Regen
Tel.: 09921/4086

Beratungsstelle für Berufsrückkehrerinnen
Stadt Regensburg
Haidplatz 8
8400 Regensburg
Tel.: 0941/507–3432

Beratungsstelle für Frauen – Zurück in den Beruf
Industrie- und Handelskammer Würzburg/Schweinfurt
Mainaustraße 35
8700 Würzburg
Tel.: 0931/4194–262/263

Berlin:

KOBRA
(Koordinierungs- und Beratungszentrum für die Weiterbildung von Frauen)
Berliner Frauenbund e. V.
Knesebeckstr. 33/34
W-1000 Berlin 12
Tel.: 030/82100323 oder 82204087

Raupe und Schmetterling
Frauen in der Lebensmitte e. V.
Beratungsstelle für Berufsrückkehrerinnen
Pariser Str. 3
W-1000 Berlin 15
Tel.: 030/8929095

Bremen:

Zurück in den Beruf
Kontakt- und Beratungsstelle für Frauen
Arbeitsförderungszentrum GmbH
Am Wall 165–167
2800 Bremen 1
Tel.: 0421/321910

Hamburg:

Deutscher Frauenring («Neuer Start ab 35»)
Normannenweg 12
2000 Hamburg 26
Tel.: 040/254399

E.F.A. – Erwerbslose Frauen Altona e. V.
Erzbergerstr. 1–3
2000 Hamburg 50
Tel.: 040/3902924

Hessen:

Neue Wege – Neue Pläne
Beratung und Information zum beruflichen Wiedereinstieg
Verein zur beruflichen Förderung von Frauen e. V.
Varrentrappstr. 90
6000 Frankfurt/Main
Tel.: 069/7602099 oder 706285

ZAUG (Beratungsstelle für Arbeit und Umwelt – Gießener gemeinnützige Berufsbildungsgesellschaft mbH)
Abteilung Frauenförderung
Wilhelmstr. 15
6300 Gießen
Tel.: 0641/74952 und 74972

Niedersachsen:

Weiterbildungsberatung für Frauen
Volkshochschule Braunschweig e. V.
Leopoldstr. 6
3300 Braunschweig
Tel.: 0531/40688

Weiterbildungsberatung für Frauen
Katholische Familienbildungsstätte e. V.
Am Landgericht 3
4500 Osnabrück
Tel.: 0541/28157/58

Nordrhein-Westfalen:

Beratungsstelle «Frau und Beruf»
ESTA-Bildungswerk e. V.
Dr.-Louis-Lehmann-Straße 5
4970 Bad Oeynhausen
Tel.: 05731/21102/03

Rheinland-Pfalz:

Frauenberatungsstelle «Zurück in den Beruf»
Friedrich-Ebert-Str. 16
6740 Landau
Tel.: 06341/4051

Saarland:

Beratungsstelle für Berufsrückkehrerinnen
Landesarbeitsgemeinschaft
Soziale Brennpunkte e. V.
Mainzer Str. 131
6600 Saarbrücken
Tel.: 0681/66374

Schleswig-Holstein:

Frauen werden mobil
Weiterbildungsberatung von Frauen für Frauen
Berufsfortbildungswerk des DGB
Schleswiger Chaussee 35
2250 Husum
Tel.: 04841/7060

Bildungsangebote für Frauen in den neuen Bundesländern

(weitere Auskünfte erteilen jeweils die örtlichen Arbeitsämter, Industrie- und Handelskammern)

Berlin:

EDFrau GmbH
Schule Berlin
Chausseestr. 131
O-1040 Berlin

FrauenTechnikZentrum
Berlin-Hohenschönhausen e. V.
Zum Hechtgraben 1
O-1093 Berlin
Tel.: 3227339

Wirkstoff e. V.
Libauer Str. 10
O-1034 Berlin

Bernau:

Bildungs- und Begegnungszentrum Bernau e. V.
Fritz-Heckert-Str. 1
O-1280 Bernau
Tel.: 62207

Cottbus:

EDFrau GmbH Berlin
Neustädter Str. 19
O-7500 Cottbus
Tel.: 22844

Frauenförderverein für Fort- und Weiterbildung e. V.
Monika Schöttner
Kirchstr. 23
O-7551 Straupitz

Dresden:

Informatik für Frauen von Frauen e. V.
Dipl.-Ing. E. Eiselt
Jüngststr. 22
O-8053 Dresden
Tel.: 35104

Erfurt:

EDFrau GmbH Berlin
Schule Erfurt
Meister-Eckehardt-Str. 6
O-5020 Erfurt

Leipzig:

Frauentechnikzentrum Leipzig e. V.
Institut für Energetik
Torgauer Str. 114
O-7024 Leipzig
Tel.: 2374229

Magdeburg:

EDFrau GmbH Berlin
Schule Magdeburg
Keplerstr. 4a
O-3010 Magdeburg
Tel.: 31396/7

Potsdam:

Europäisches Frauen Culture Centrum e. V.
Ferdinand-Effenberger-Straße 2
O-1580 Potsdam
Tel.: 89278

Rostock:

EDFrau GmbH Berlin
Schule Rostock
Neuer Markt 12
O-2500 Rostock
Tel.: 22181/2

Verein zur Förderung der Weiterbildung von Frauen e. V.
Am Moorweg 11
Postfach 41633
O-2551 Groß-Lüsewitz

Schwerin:

Alternative Fraueninitiative e. V.
Richard-Wagner-Str. 29
O-2700 Schwerin

Suhl:

EDFrau GmbH
Schule Suhl
Gothaer Str. 1
O-6017 Suhl
Tel.: 22387

Ministerien mit Frauenreferaten

Auswärtiges Amt
Referat Familien- und Frauenfragen
Postfach 1148
Adenauerallee 99–103
5300 Bonn 1
Tel.: 0228/17–0
(Referat befaßt sich v. a. mit der Situation der Ehefrauen der Mitarbeiter des Auswärtigen Dienstes und mit den Angelegenheiten der Mitarbeiterinnen)

Bundeskanzleramt
Adenauerallee 139–141
5300 Bonn 1
Tel.: 0228/56–1

Bundesministerium für Bildung und Wissenschaft
Referat «Frauen in Bildung und Wissenschaft»
Postfach 200208
Heinemannstr. 2
5300 Bonn 2
Tel.: 0228/57–1
(Referat achtet auf die besonderen Belange von Frauen und Mädchen in allen Bereichen des Bildungswesens)

Bundesministerium für Forschung und Technologie
Postfach 200240
Heinemannstr. 2–12
5300 Bonn 2

Tel.: 0228/59-1
(im Referat «Sozialwissenschaften, Wissenschaftsförderung» werden die Auswirkungen der Neuen Technologien auf Frauen beobachtet)

Bundesministerium des Innern
Postfach 170290
Graurheindorfer Str. 198
5300 Bonn 2
Tel.: 0228/681-1
(Referat befaßt sich mit Frauenfragen in bezug auf innenpolitische Grundsätze sowie im Bereich des Dienstrechts)

Bundesministerium für Frauen und Jugend
Kennedyallee 105-107
5300 Bonn 2
Tel.: 0228/930-0

Bundesministerium für Finanzen
Graurheindorfer Str. 108
5300 Bonn 1
Tel.: 0228/682-0
(frauenbetreffende Fragen des Ministeriums werden im Personalreferat behandelt)

Bundesministerium für Post- und Telekommunikation
Frauenreferat
Postfach 8001
Heinrich-von-Stephan-Str. 1
5300 Bonn 2
Tel.: 0228/14-0
(eine Frauenbeauftragte sorgt für die Umsetzung der Chancengleichheit im Ministerium)

Bundesministerium für Wirtschaft
Frauenreferat
Villemombler Str. 76
5300 Bonn 1

Tel.: 0228/529-1
(eine Frauenreferentin achtet z. B. auf die Durchführung der Frauenförderungsrichtlinie sowie Gleichbehandlung von Frauen und Männern im Ministerium)

Übersektorale Grundsatzfragen / Frauenfragen
Bundesministerium für wirtschaftliche Zusammenarbeit
Postfach 120322
Karl-Marx-Str. 4-6
5300 Bonn 2
Tel.: 0228/535-1
(Referat achtet darauf, daß alle Projekte in bezug auf ihre Auswirkungen auf Frauen geprüft werden)

Bundesministerium für Raumordnung, Bauwesen
und Städtebau
Deichmanns Aue
5300 Bonn 2
Tel.: 0228/337-1
(frauenrelevante Themen werden im Referat «Wohnungsbauförderung, Familie und Wohnen» bearbeitet)

Landfrauen
Bundesministerium für Ernährung, Landwirtschaft und Forsten
Rochusstr. 1
5300 Bonn 1
Tel.: 0228/529-1
(Referat befaßt sich mit der Koordination von familien- und frauenbezogenen Aspekten des ländlichen Raumes)

Bundesministerium für Verteidigung
Referat für Angelegenheiten des weiblichen Personals
Postfach 1328
5300 Bonn 1
Tel.: 0228/337-1
(Referat kümmert sich um die Umsetzung der Frauenförderungsrichtlinie)

Presse- und Informationsamt der Bundesregierung
Ref. III A 4
Welcker Str. 11
5300 Bonn 1
Tel.: 0228/208-3140
(Referat verbreitet kostenlos Publikationen für Frauen – «Spiegel der Frauenpublizistik» sowie «Politik für Frauen» –)

Frauenbeauftragte und Gleichstellungsstellen der Länder

Ministerium für Arbeit, Gesundheit, Familie und Sozialordnung
Baden-Württemberg
Leitstelle für Frauenfragen
Postfach 103443
7000 Stuttgart 1
Tel.: 0711/66737092

Bayerisches Staatsministerium für Arbeit und Sozialordnung
Leitstelle für die Gleichberechtigung von Frauen und Männern
Postfach 132
8000 München 40
Tel.: 089/12611410–12
(Publikation: Politik für Frauen in Bayern)

Senatorin für Arbeit und Frauen
Rathaus Schöneberg
W-1000 Berlin 62
Tel.: 030/7832064
(Publikation: Frauenrundbrief)

Minister für Arbeit, Soziales, Gesundheit und Frauen
des Landes Brandenburg
Heinrich-Mann-Allee 107
O-1561 Potsdam
Tel.: 003733/36758

Bremische Zentralstelle für
die Verwirklichung der Gleichberechtigung der Frau
Schmidtstr. 9
2800 Bremen 1
Tel.: 0421/4963–133/346/183
(Publikation: Informationen für Frauen)

Senat der Freien und Hansestadt Hamburg
Senatsamt für die Gleichstellung der Frau
Postfach 105520
2000 Hamburg 1
Tel.: 040/36812101

Ministerium für Frauen und Arbeit
Dostojewskistr. 4
6200 Wiesbaden
Tel.: 0611/322822
(Publikation: Hessisches Fraueninfo)

Ministerium für Arbeit, Gesundheit und Soziales
des Landes Mecklenburg-Vorpommern
Abteilung Frauenpolitik
Werderstr. 124
O-2750 Schwerin

Niedersächsisches Frauenministerium
Schiffsgraben 44
3000 Hannover 1
Tel.: 0511/1201

Ministerium für die Gleichstellung von Frau und Mann
Breite Str. 27
4000 Düsseldorf 1
Tel.: 0211/8371415
(Publikation: Wir Frauen in NRW)

Leitstelle für Frauenfragen
bei der Staatskanzlei des Landes Rheinland-Pfalz
Peter-Alsmeier-Allee 1
Postfach 3180
6500 Mainz
Tel.: 06131/164603

Landesregierung Sachsen
Parlamentarische Staatssekretärin
für die Gleichstellung von Mann und Frau
Dr.-Rudolf-Friedrichs-Ufer 2
O-8060 Dresden
Tel.: 003751/59820

Staatskanzlei des Landes Sachsen-Anhalt
Palais am Fürstenwall
Hegelstr. 42
O-3010 Magdeburg

Die Frauenministerin des Landes Schleswig-Holstein
Beselerallee 41
2300 Kiel
Tel.: 0431/596–3100/2580

Staatskanzlei des Landes Thüringen
Landesfrauenbeauftragte
Johann-Sebastian-Bach-Straße 1
O-5085 Erfurt

Frauenarbeitsgemeinschaften der Parteien

Arbeitsgemeinschaft Berufstätiger Frauen
in der Christlich-Demokratischen Arbeitnehmerschaft
Johannes-Albers-Allee 3
5330 Königswinter
Tel.: 02223/73–0
Fax: 02223/73132
(Presseorgan: Soziale Ordnung)

Arbeitsgemeinschaft
sozialdemokratischer Frauen – ASF
Erich-Ollenhauer-Str. 1
5300 Bonn 1
Tel.: 0228/532331/532206
Fax: 0228/532410
(Presseorgan: Frauen in der SPD)

Bündnis 90/Die Grünen im Bundestag
Frau Christina Schenk
Bundeshaus
5300 Bonn 1
Tel.: 0228/163682

Die Grünen
Bundesgeschäftsstelle
Frauenreferat
Postfach 1422
5300 Bonn 1
Tel.: 0228/7261329

Frauen-Union der CDU
Konrad-Adenauer-Haus
Friedrich-Ebert-Allee 73–75
5300 Bonn 1
Tel.: 0228/544314/5

Fax: 0228/544216
(Presseorgan: Frau & Politik)

Frauen-Union der CSU
Nymphenburger Str. 64
8000 München 2
Tel.: 089/1243237

Kommission Gleichberechtigung und Familienpolitik der FDP
Baunscheidtstr. 15
5300 Bonn 1

«Liberale Frauen e. V.»
Büro Dr. Adam-Schwaetzer
Bundeshaus/Haus 6
5300 Bonn 1

Lisa – Frauenarbeitsgemeinschaft der PDS
Parteivorstand der PDS
Kleine Alexanderstr. 7–9
O-1020 Berlin

Landesfrauenräte

Baden-Württemberg:
Landesfrauenrat
Rotebühlstr. 133
7000 Stuttgart 1
Tel.: 0721/621135

Bayern:
Bayerischer Landes-Frauenausschuß
Winzerstr. 9
8000 München 40
Tel.: 089/126101
Fax: 089/1261–1122

Bremen:
Bremer Frauenausschuß e. V.
Landesfrauenrat Bremen
Schwachhauser Heerstr. 62
2800 Bremen 1
Tel.: 0421/342202

Hamburg:
Landesfrauenrat Hamburg
Arbeitsgemeinschaft Hamburger Frauenorganisationen
Bebelallee 10
2000 Hamburg 60
Tel.: 040/517360

Hessen:
Landesfrauenrat Hessen
Faulbrunnenstr. 9
6200 Wiesbaden
Tel.: 0611/374555

Niedersachsen:
Landesfrauenrat Niedersachsen e. V.
Arndtstr. 19
3000 Hannover 1
Tel.: 0511/329071

Nordrhein-Westfalen:
Frauenrat Nordrhein-Westfalen e. V.
Postfach 9107
4150 Krefeld
Tel.: 02151/602770/570541

Rheinland-Pfalz:
Landesfrauenbeirat Rheinland-Pfalz
Leitstelle für Frauenfragen bei der Staatskanzlei
Bauhofstr. 4
6500 Mainz
Tel.: 06131/164605
Fax: 06131/164636

Saarland:
Frauenrat Saarland
Völklinger Str. 106
6625 Püttlingen
Tel.: 06898/66305

Sachsen:
Sächsisches Frauenform
Comeniusstr. 98b
O-8019 Dresden

Schleswig-Holstein:
Landesfrauenrat Schleswig-Holstein e. V.
Bergstr. 11/13
2300 Kiel 1
Tel.: 0431/552065

Frauenabteilungen der Gewerkschaften

Deutsche Angestellten Gewerkschaft
Bundesvorstand
Hauptabteilung Weibliche Angestellte
Karl-Muck-Platz 1
2000 Hamburg 36
Tel.: 040/34915-448
Fax: 040/34915400
(Presseorgan: «Frauen in der DAG»)

Deutsche Postgewerkschaft
Abteilung Frauen
Rhonestr. 2
6000 Frankfurt/Main 71
Tel.: 069/6695-1

Deutscher Beamtenbund
Bundesfrauenvertretung
Dreizehnmorgenweg 76
5300 Bonn 2
Tel.: 0228/8110
Fax: 0228/811171

Deutscher Gewerkschaftsbund
Bundesvorstand
Abteilung Frauen
Hans-Böckler-Str. 39
Postfach 2601
4000 Düsseldorf 30
Tel.: 0211/4301-0
Fax: 0211/4301471
(Presseorgan: «frauen und arbeit»)

Gewerkschaft der Eisenbahner Deutschlands
Abteilung Frauen
Beethovenstr. 12–16
Postfach 170331
6000 Frankfurt/Main
Tel.: 069/7536–0

Gewerkschaft Erziehung und Wissenschaft
Abteilung Frauen
Unterlindau 58
Postfach 180109
6000 Frankfurt/Main 1
Tel.: 069/710000–0

Gewerkschaft Gartenbau, Land- und Forstwirtschaft
Abteilung Frauen
Druseltalstr. 51
Postfach 410180
3500 Kassel 1
Tel.: 0561/34068–9

Gewerkschaft Handel, Banken und Versicherungen
Abteilung Frauen
Tersteegenstr. 30
Postfach 300410
4000 Düsseldorf 30
Tel.: 0211/4582–0

Gewerkschaft Holz und Kunststoff
Abteilung Frauen
Sonnenstr. 14
4000 Düsseldorf 1
Tel.: 0211/786461–63

Gewerkschaft Kunst
Abteilung Frauen
Hans-Böckler-Str. 39
4000 Düsseldorf 30

Gewerkschaft Leder
Abteilung Frauen
Willi-Bleicher-Str. 20
7000 Stuttgart 1
Tel.: 0711/295555–56

Gewerkschaft Nahrung–Genuß–Gaststätten
Abteilung Frauen
Gertrudenstr. 9
2000 Hamburg 1
Tel.: 040/322981–85

Gewerkschaft Öffentliche Dienste, Transport und Verkehr
Abteilung Frauen
Theodor-Heuss-Str. 2
7000 Stuttgart 1
Tel.: 0711/2097–0

Gewerkschaft der Polizei
Abteilung Frauen
Forststr. 3a
4010 Hilden
Tel.: 0211/71040

Gewerkschaft Textil–Bekleidung
Abteilung Frauen
Roßstr. 94
4000 Düsseldorf 30
Tel.: 0211/4309–0

Industriegewerkschaft Bau–Steine–Erden
Abteilung Frauen
Bockenheimer Landstr. 73–77
Postfach 101144
6000 Frankfurt/Main 1
Tel.: 069/7437–0

Industriegewerkschaft Bergbau und Energie
Abteilung Frauen
Alte Hattinger Str. 19
Postfach 101229
4630 Bochum 1
Tel.: 0234/319–0

Industriegewerkschaft Chemie–Papier–Keramik
Abteilung Frauen
Königsworther Platz 6
Postfach 3047
3000 Hannover 1
Tel.: 0511/7631–0

Industriegewerkschaft
Druck + Papier, Publizistik + Kunst
Abteilung Frauen
Friedrichstr. 15
Postfach 102436
7000 Stuttgart 1
Tel.: 0711/2018–0

Industriegewerkschaft Metall
Abteilung Frauen
Wilhelm-Leuschner-Str. 79–85
Postfach 111031
6000 Frankfurt/Main 11
Tel.: 069/2647–0

Literaturtips

Assig, Dorothea: Mut gehört dazu. Informationen für Frauen, die beruflich selbständig sind oder werden wollen. (Rowohlt TB) Reinbek 1989

Barber, Jill / Watson, Rita: Frau gegen Frau. Rivalinnen im Beruf. (Rowohlt) Reinbek 1991

Beck-Gernsheim, Elisabeth: Das halbierte Leben. Männerwelt Beruf, Frauenwelt Familie. (Fischer TB) Frankfurt am Main 1985

Benard, Cheryl / Schlaffer, Edit: Grenzenlos weiblich. Europas schwaches Geschlecht: stark im Kommen. (Kiepenheuer & Witsch) Köln 1990

Bernardoni, Claudia / Werner, Vera (Hg.): Ohne Seil und Haken. Frauen auf dem Weg nach oben. Deutsche Unesco-Kommission, Bonn 1987

Bischoff, Sonja: Frauen zwischen Macht und Mann. Führungskräfte in Zeiten des Umbruchs. (Rowohlt TB) Reinbek 1990

Böhrk, Gisela (Hg.): Frauenhandbuch Schleswig-Holstein. Frauenministerium Schleswig-Holstein 1991

Cohen, Sherry S.: Sanfte Macht. Der neue weibliche Weg. (Kabel) Hamburg 1990

Demmer, Christine (Hg.): Frauen ins Management: Von der Reservearmee zur Begabungsreserve. (Gabler) Frankfurt am Main 1988

Dörpinghaus, Eva: Frauen-Berufe mit Zukunft. 44 Berufsporträts. (Mosaik) München 1990

«Chancen für Frauen»: DSV Studenten Verlag GmbH, Bodanstr. 2, CH-9000 St. Gallen

Helgesen, Sally: Frauen führen anders. Vorteile eines neuen Führungsstils. (Campus) Frankfurt am Main / New York 1991

Henes-Karnahl, Beate: Kurs auf den Erfolg. Karriere-Strategien für die Frau im Beruf. (Verlag Wirtschaft Recht und Steuern) Planegg / München 1989

Hennig, Margaret / Jardim, Anne: Frau und Karriere. Erwartungen, Vorstellungen, Verhaltensweisen. (Rowohlt TB) Reinbek 1987

Ibelgaufts, Renate: Karrierefrauen – Frauenkarriere. Der tägliche Umgang mit dem Erfolg. (Falken) Niedernhausen / Ts. 1991

Kück, Marlene (Hg.): Der unwiderstehliche Charme des Geldes. Vom Umgang mit Geld aus der Sicht von Frauen.
(Rowohlt TB) Reinbek 1988

LaRouche, Janice / Ryan, Regina: Strategien für Frauen im Beruf. Wie Sie Ihre Chancen am besten nutzen können. (Mosaik) München 1985

Lewis, Susan / Cooper, Cary L.: Karriere-Paare. Mehr Zeit für uns. (Rowohlt TB) Reinbek 1991

Loden, Marilyn: Als Frau im Unternehmen führen. Feminine Leadership. (Haufe) Freiburg 1988

Maindok, Herlinde: Frauenalltag in Männerberufen. (Fischer TB) Frankfurt am Main 1987

Pörner, Gabi: Karriereplanung für Frauen. Strategien für mehr Erfolg im Beruf. (W. Heyne) München 1991

Randzio-Plath, Christa: Frauenmacht – Ausweg aus der Krise. (Bund) Köln 1987

Reinhardt, Ute: Sie ist der Boss. Karriere-Frauen berichten. (Knaur) München 1988

Resch, Marianne / Rummel, Martina: Von allem die Hälfte. Frauen im Beruf. (Bund) Köln 1986

Rode, Irmgard: Zwischen Liebe und Arbeit. (Deutscher Studien Verlag) Weinheim 1990

Rohnstock, Karin (Hg.): Handbuch. Wegweiser für Frauen in den fünf neuen Bundesländern. (Frauenbuch bei Basisdruck) Berlin 1991

Scharnhorst, Julia: Zurück in den Beruf. Ein Ratgeber für Mütter. (Rowohlt TB) Reinbek 1991

Schenkel, Susan: Mut zum Erfolg. (Campus) Frankfurt am Main / New York 1989

Sichtermann, Barbara / Sichtermann, Marie / Siegel, Brigitte: Den Laden schmeißen. (Fischer TB) Frankfurt am Main 1985

Stechert, Kathryn: Frauen setzen sich durch. Leitfaden für den Berufsalltag mit Männern. (Campus) Frankfurt am Main 1988

Berufe / Berufsfelder und ihre Netzwerke und Berufsverbände

Ärztin	DÄB
Akademikerin	AK Wissenschaftlerinnen, DAB, F. A. M., Forum Frau und Management, Expertinnenberatungsnetz, FIT, Zonta
Anwältin	Anwältinnenverein Nord- und Süddeutschl., DJB
Architektin	FOPA, Baufachfrau
Arzthelferin	BdA, VWA
Atempädagogin / -therapeutin	AFA
Autorin	Bücherfrauen
Baufrau	Baufachfrau
Beamtin	Expertinnenberatungsnetz, kom!ma
Betriebswirtin	DJB
Buchhändlerin	Bücherfrauen
Cutterin	Medienfrauen
Datenverarbeiterin	GI
Diplompädagogin	Die Spinnen
Elektroingenieurin	VDE
Erwerbslose	Frauennetzwerk zur Arbeitssituation, pömps, Die Spinnen, FIT
Existenzgründerin	Expertinnenberatungsnetz, NÖBI
Filmarbeiterin / -schaffende	VEFI
Freiberuflerin	BFM, EWMD, MWF, FAU
Führungskraft	kom!ma, EWMD, FIM, MWF, fif, Zonta, Helga Stödter-Stiftung
Geisteswissenschaftlerin	AK Wissenschaftlerinnen

Geschäftsfrau	FAU
Handwerksfrau / -meisterin	UFH, Expertinnenberatungsnetz, Baufachfrau, FAU
Hausfrau	DHB, dhg
Hauswirtschafterin / -meisterin	BDM, MdH, DHB
Hebamme	BDH
Heilpraktikerin	LACHESIS
Herstellerin	Bücherfrauen
Hochschulangehörige	Die Spinnen
Informatikerin	GI
Ingenieurin	DIB, FIB (VDI), VDE, Baufachfrau
Journalistin	Dt. Journ. Bund, JournalistinnenInitiative / Journalistinnenstammtisch, Medienfrauen
Juristin	DJB, Anwältinnenverein Nord- und Süddeutschlands
Kamerafrau	VEFI
Kosmetikerin	BDK
Krankenschwester	Die Spinnen
Künstlerin	GEDOK
Landfrau / Landwirtin	DLV
Lehrerin	Die Spinnen
Lektorin	Bücherfrauen
Managerin	BF, EWMD, fif, FIM, FF, MWF
Maskenbildnerin	VEFI
Naturwissenschaftlerin	FIT, DIB, VDE
Orthoptistin	BOD
Planerin	FOPA
Prostituierte	Hydra
	Bücherfrauen (s. a. Journalistin)
Rechtsanwältin	DJB, Anwältinnenverein Nord- und Süddeutschlands, BFM
	Redakteurin
Regisseurin	VEFI
Rezensentin	Bücherfrauen, Dt. Journ. Bund, JournalistinnenInitiative / Journalistinnenstammtisch, Medienfrauen

Richterin	DJB
Selbständige	kom!ma, DVBF, UFH, VvU, FAU, FEM
Sekretärin	BDS, DSV, EAPS
Sozialarbeiterin / -pädagogin	Die Spinnen
Sozialwissenschaftlerin	AK Wissenschaftlerinnen
Steuerberaterin	BFM
Studentin	DAB, dib, FIB, FIT, FOPA, Forum Frau und Management, GI
Technikerin	FIB, FIT, VDE
Tierarzthelferin	BdA
Übersetzerin	Bücherfrauen
Unternehmerin	BFM, F. C. E. M., VvU, EWMD, MWF, FEM, FAU
Vertriebsmitarbeiterin	Bücherfrauen
Volkswirtin	DJB
Zahnarzthelferin	BdA, VWA

Ortsregister

Baufachfrau
BdA
BDH
BDK
BDS
bhf
BOD
Bücherfrauen
DAB
DÄB
DHB
dhg
dib
DJB
DLV
DSV
DVBF
EWMD
FIB
fif
FIM
FOPA
GEDOK
GI
Goldrausch
JB
Journalistinneninitiative und -stammtisch
LACHESIS
Medienfrauen
NÖBI
pömps
SI
VDE
VWA
VvU

Bielefeld:
bhf
DAB
SI
pömps
VDE

Bischofswerda:
VvU

Bocholt:
SI

Bochum:
DAB
DÄB
SI (Bochum / Witten)

Bonn:
BDS
Bonner Forum
DAB
DÄB
DF
DJB
DSV
DVBF
EAPS
GEDOK
GI
pömps
SI (Bonn / Bad Godesberg)
VWA

Brandenburg:
BdA
Journalistinneninitiative (geplant)

Braunschweig / Peine:
BDS
DAB
DÄB
DVBF
FIB
GI
SI
VDE
Zonta

Bremen:
AV-Nord
BdA
BDH
BDS
DAB
DHB
dhg
dib
DSV
DVBF
FIB
GEDOK
GI (Regionalgruppe Nord)
Medienfrauen
pömps
SI
VDE

Bremen-Weser-Ems:
VvU

Bremerhaven:
DVBF
SI

Bremerhaven-Wesermündung:
UFH

Celle:

DÄB
dib
DJB
DSV
DVBF
EAPS
FCEM
FIB
GEDOK
JB
Medienfrauen
pömps
Schöne Aussichten
SI
VDE
VEFI

Konstanz:
AV-Süd
pömps

Krefeld:
VDE

Lausitz:
DSV
VDE

Leipzig:
DSV
VvU

Leverkusen:
DAB
SI (Leverkusen / Leichlingen)

Lippe Detmold:
SI

Lippstadt:
DSV

Ludwigshafen / Mannheim:
AV-Süd
BDS
GEDOK
SI
UFH

Lübeck:
BDS
DÄB
DJB
DVBF
SI (Lübeck / Bad Schwartau)

Magdeburg:
BDS
DAB
DSV
VDE

Mainz:
AV-Süd
DAB
Medienfrauen
SI

Mannheim / Ludwigshafen:
AV-Süd
DAB
DVBF
GEDOK
pömps
SI
VDE

Marburg:
DÄB
pömps

Markkleeberg:
VDE

Mecklenburg-Vorpommern:
BdA
DLV
Journalistinnen-Initiative (geplant)

Merseburg:
DSV

Mettlen (Schweiz):
Women's DataBase

Mönchen-gladbach:
BDS
SI

München:
AV-Süd (+ Umgebung München)
BDS
bhf
Bücherfrauen
DAB
DIB
DJB
DSV
DVBF
EAPS
EWMD
F. A. M.
FIB
FIM
GEDOK
GI
JB
kofra
Medienfrauen
MWF
pömps

DSV
pömps
SI
Remscheid:
SI
Rendsburg:
BDS
UFH
Reutlingen:
GEDOK
Rheinland:
BDK
DHB
VvU
Rheinland-Pfalz:
BdA
BDH
BDK
bhf
BOD
DHB
dhg
DLV
MdH
UFH
Rhein-Main:
DJB
Rhein-Main-Taunus:
GEDOK
Rhein-Neckar:
DSV
Rostock:
BDS
DÄB
DSV
VDE
VvU
Ruhrgebiet:
AK Wissenschaftlerinnen
bhf
DJB
DSV
EWMD
FIB
GI
SI
VDE
Saarbrücken:
BDS
DÄB
Medienfrauen
SI
VDE
Saarland:
BdA
BDH
BOD
DJB
DSV
DLV
MdH
UFH
Sachsen:
BdA
Journalistinneninitiative (geplant)
UFH
Sachsen-Anhalt:
BdA
DLV
Journalistinneninitiative (geplant)
Schleswig:
UFH
Schleswig-Holstein:
AV-Nord
BdA
BDH
BDK
bhf
BOD
DHB
dhg
DLV
GEDOK
MdH
UFH
VvU
Schwäbisch-Hall:
BDS
Schweinfurt:
BDS
Schwerin:
DÄB
DSV
VvU
Siegen:
UFH
Solingen:
SI
Sonnenberg:
DSV
Spiekeroog:
bhf
St. Gallen:
Forum Frau und Management
Stuttgart:
AV-Süd (sowie Um-

Sachregister
Abkürzungsverzeichnis